Paul M. Zulehner · Priestermangel praktisch

Paul M. Zulehner

Priestermangel praktisch

Von der versorgten zur sorgenden Pfarrgemeinde

Kösel

Ferdinand Fromm, dem Nestor des Beirates der Konferenz der deutschsprachigen Pastoraltheologen, in Verehrung zugeeignet.

CIP-Kurztitelaufnahme der Deutschen Bibliothek

Zulehner, Paul M.:
Priestermangel praktisch : von d. versorgten zur sorgenden Pfarrgemeinde / Paul M. Zulehner. – München : Kösel, 1983.
ISBN 3-466-20243-4

ISBN 3-466-20243-4

Gesamtherstellung: Kösel, Kempten
Umschlag: Günther Oberhauser, München

Inhalt

Vorwort

> *»Aus einer Gemeinde, die sich pastoral versorgen läßt, muß eine Gemeinde werden, die ihr Leben im gemeinsamen Dienst aller und in unübertragbarer Eigenverantwortung jedes einzelnen gestaltet. Sie muß selbst mitsorgen, junge Menschen für das Priestertum und für alle Formen des pastoralen Dienstes zu gewinnen.«*
> *Gemeinsame Synode der Bistümer der Bundesrepublik Deutschlands, 1975*

Der Priestermangel ist schon eine Weile im Mittelpunkt der innerkirchlichen Diskussion. 1971 hat sich eine Römische Bischofssynode mit ihm beschäftigt, wobei es auch um die Frage ging, ob *Männer, in Beruf und Ehe bewährt,* zu Priestern geweiht werden sollen. Auf diesem Weg erhofften viele mehr Priester, um mit ihnen die zunehmend vielen verwaisten Pfarreien wieder »besetzen« zu können. *Johannes Paul II.* hat sich aber dem mehrheitlichen Wunsch der Weltbischöfe angeschlossen und die ererbte Praxis der katholischen Kirche bekräftigt: Katholischer Priester könne ein (gläubiger) Mann werden, der ehelos lebt und Theologie studiert hat.

Unter diesen Voraussetzungen suchten Kirchengebiete nach einer *Notlösung* für die vorhersehbar harten Zeiten des wachsenden Priestermangels; weiß doch inzwischen jeder Informierte, daß in vielen Diözesen bis 1990 fast die Hälfte der bestehenden Pfarreien keinen eigenen Pfarrer mehr haben werden. Vor allem die kleineren Pfarreien in ländlichen Gebieten werden als erste dransein. Die deutsche Kirche hat in der Ordnung der pastoralen Dienste vom 2. März 1977 ein Notstandskonzept verabschiedet. »Nichtpriesterliche Bezugspersonen« sollen während der »Durststrecke« des Priestermangels dafür sorgen, daß das religiöse Leben in den Gemeinden nicht vorkommt; allerdings sollen die akademisch voll ausgebildeten, zumeist verheirateten Laientheologen im pastoralen Dienst nicht als solche »Bezugspersonen« bestellt werden, um nicht auf diese Weise unbemerkt »Laienkapläne« zu schaffen[1].

Jede Entscheidung löst aber nicht nur Probleme, sie schafft auch neue. So ging gerade im Anschluß an dieses Dokument der Deutschen Bischöfe die Diskussion unvermindert weiter. Engagierte Gruppen von Christen, unter ihnen auch theologische

Experten, fragten, ob es nicht eine Art »(Gnaden-)*Recht der Gemeinde auf die Eucharistie*« gebe; dann aber gebe es auch ein pastoral begründetes »Recht auf einen Vorsteher der Eucharistie«[2]. Und dieses Recht stehe höher als die ererbten Zulassungskriterien zum Priesteramt. Damit war man wieder bei der Forderung angelangt, die Kirche solle das Kriterium des Zölibats und des akademischen Vollstudiums als Voraussetzung für die Priesterweihe überprüfen. Angeheizt wurde diese Diskussion auch durch die Beobachtung, daß in vielen Diözesen die Ordnung der pastoralen Dienste gegen den Druck der Fakten gar nicht durchgesetzt werden konnte: Immer mehr Laientheologen mit voller theologischer Fachausbildung wohnen und arbeiten (»wie ein Pfarrer«) als »nichtpriesterliche Bezugsperson« in leerstehenden Pfarrhäusern und Pfarrgemeinden; sie übernehmen also auf Dauer und mit Auftrag gebündelt priesterliche Aufgaben, ausgenommen den Eucharistievorsitz und die amtliche Feier der Versöhnung. Haben wir also, so fragt man, *neben geweihten Priestern zur Zeit auch »ungeweihte Priester«*[3]? Also Leute, deren »Priesterweihe erst im Himmel veröffentlicht werden wird«?
Bei all diesen Fragen fällt eines auf: Gerade die Theologie[4] scheint eine Art *Strategie der Verweigerung* betrieben zu haben. Die von Theologen vorgeschlagene Lösung des Priestermangels »viri probati« zu weihen, von vielen Christen und Bischöfen mitvertreten, konnte sich (bisher) nicht durchsetzen. Dies scheint die Fachleute (einer Oppositionspartei gleich) zu verleiten, ständig auf die Ausweglosigkeit der gegenwärtigen Entwicklung hinzuweisen und zu zeigen, *wie unsinnig es sei, die pastoralen Möglichkeiten der Kirche nicht auszuschöpfen und neue Gruppen gläubiger Christen als mögliche Priesteramtskandidaten zu erschließen.* Man zeigte also, wie das religiöse Leben in »unbesetzten Pfarreien« schwächer ist als in besetzten[5]. Man verwies auf Befürchtungen der Leute, daß es eine Katastrophe für die Pfarrei und deren christliche Vitalität sein werde, wenn eines Tages der Pfarrer fehlt[6]. Man überlas dabei aber gerne, daß in der Interpretation all dieser Forschungsergebnisse darauf hingewiesen wurde, *daß diese wirklichen (!) Befürchtungen zugleich ein Hinweis auf die höchst fragliche Gleichung Kirche = Priester sind.*
Worum sich aber die Fachtheologie in ihrem beleidigten Schmollwinkel kaum kümmerte, ist, *wie das Leben in den Pfarreien angesichts des voranschreitenden Priestermangels wirklich weitergehen könne,* noch mehr, wie diese Situation vielleicht sogar zu einer *historischen Chance* werden könne, um eine Gestalt der Kirche zu überwinden, die mehr gesellschaftlichen Herrschaftssy-

stemen denn biblischen Vorbildern entspricht. Wider ihre eigenen Prinzipien unken Theologen über die Entwicklung, statt in ihr einen »*Kairos*« zu sehen, den sie sicher nicht selbst gewollt haben: Aber ist eben dies nicht typisch für den theologischen Begriff des Kairos, daß er eine Situation ist, die nicht von uns »gemacht« wurde, und die dennoch theologisch gedeutet wird als Herausforderung an die Kirche, ihre Praxis und ihre Theorie? Gewiß, eine solche Zuversicht ändert nichts daran, daß möglicherweise die Kirche heute ihre pastoralen Entscheidungsmöglichkeiten bei weitem nicht ausschöpft, um den Priestermangel zum Wohl der Gemeinden energischer zu lösen. Aber erlaubt dies uns Theologen, eine Strategie der Verweigerung zu betreiben, und dies auf dem Rücken der betroffenen pfarrerlosen Gemeinden?
Die Texte dieses Buches sind *tastende Schritte einer positiven Zuwendung zu dieser Notsituation.* Geschrieben sind diese Zeilen in erster Linie für die Betroffenen, um sie sensibel dafür zu machen, was zur Zeit mit ihnen und in ihren Pfarreien geschieht, was dies theologisch heißt und was sich daraus für sie als Mitglieder dieser christlichen Pfarrgemeinden ergibt. Weil es sich um ein Buch für die Leute handelt, ist dementsprechend der *Stil einfach, »narrativ«*. Es ist eine *»arme Pastoraltheologie«*, hoffentlich nur, was die Präsentation der Inhalte betrifft. Das, was gesagt wird, ist bedacht, und wenn es in der einen oder anderen Hinsicht auf keinen Konsens stößt, ist schon im vorhinein die Hand zum Dialog ausgestreckt. Die Hoffnung, daß die *Grundperspektive* allgemein anerkannt wird, ist groß. Denn das Generalthama ist – wie auch der Untertitel des Buches besagt – ein Beschluß der Gemeinsamen Synode der Bistümer in der Bundesrepublik Deutschland: *»Aus einer Gemeinde, die sich pastoral versorgen läßt, muß eine Gemeinde werden, die ihr Leben im gemeinsamen Dienst aller und in unübertragbarer Eigenverantwortung jedes einzelnen gestaltet.* Sie muß selbst mitsorgen, junge Menschen für das Priestertum und für alle Formen des pastoralen Dienstes zu gewinnen.«[7]
Ich verbinde mit diesen Zeilen nicht nur viele Erinnerungen an große Tagungen mit Leuten aus pfarrerlosen Gemeinden in Österreich und in der Bundesrepublik Deutschland. Ich denke auch an die vielen Christen in solchen Gemeinden, von denen die Kirche in unseren Ländern bisher gelebt hat, und deren Glaubenskraft Grund der Hoffnung dafür ist, daß die gegenwärtige Krise der Kirche, die sich im Priestermangel ausdrückt, Anlaß zu erneuerter evangelischer Vitalität in unserer alten europäischen Kirche wird.

Passau, Weihnachten 1982 — Paul M. Zulehner

1. Teil
Von der versorgten zur sorgenden Gemeinde

Protokolle eines Weges

I. Der Schock: Kein Pfarrer mehr!

Pfarrei X. 2000 Katholiken. Über Nacht ist der langjährige Pfarrer verstorben. Der Bischof hat beim besten Willen keinen Priester, den er in die Pfarrei senden kann. Viele Vorsprachen der Vertreter der kirchlichen wie der politischen Gemeinde haben daran nichts ändern können. Rechtlich wird die verwaiste Pfarrei der Nachbarspfarrei zugeordnet. Deren Pfarrer wird nunmehr »Pfarrverweser« der Pfarrei X. Wir nennen ihn fortan »Provisor«, damit deutlich bleibt, daß er nur vorläufig, behelfsmäßig, eben provisorisch bestellt ist.

Schon bald kommt es zu einem ersten Gespräch mit den Vertretern der pfarrerlosen Pfarrei und dem Provisor. Dieser war theologisch nicht stehengeblieben. Er hatte eine gefestigte Auffassung von seinem Amt, und dies erlaubte ihm auch, die Eigenständigkeit und Arbeit vieler ehrenamtlicher Laien in der Gemeinde anzuerkennen und zu fördern. Sein Grundsatz lautete: *In der Pfarrgemeinde geschieht soviel, als alle zusammen tun. Er machte wohl mit. Aber er war nicht allein.*

Dies ermutigte ihn, für die Zeit der Not mit den Leuten in der pfarrerlosen Gemeinde X. ein Programm zu entwickeln, welches verhindern sollte, daß das religiöse Leben rasch verfällt. So war sein Ziel, möglichst viele Menschen zu gewinnen, die zusammen ein pastorales Mindestprogramm entwerfen und eigenständig verwirklichen. Dabei war er bereit, den fehlenden Priester wenigstens teilweise (»provisorisch«) zu ersetzen, ohne allerdings vergessen zu machen, daß dies nicht die wünschenswerte Situation ist. Dazu brauchte es aber nicht viel Worte: seine nur seltene Anwesenheit, das eher flüchtige Vorbeikommen, sein Fehlen bei wichtigen Arbeiten und Beratungen hielt den Leuten ohnedies deutlich genug in Erinnerung, daß sie keinen eigenen Pfarrer (am Ort) hatten.

1. Situation erkennen

Bald wurde eine Pfarrversammlung einberufen. Alle, welche am Leben der Kirchengemeinde interessiert waren, wurden gebeten, zu kommen. Eingeladen hat der Pfarrgemeinderat mit einem Brief an alle; der »Provisor«, also der Nachbarspfarrer, hatte mitunterzeichnet. Auch ermunterte er am Sonntag vor der Pfarrversammlung die Kirchenbesucher, unbedingt zu kommen: Es gehe nämlich um das Überleben der Pfarrei, und er allein könne dafür nicht sorgen. Dazu hätte er in der Nachbarspfarrei zu viel zu tun. Zudem wurden die Kirchenbesucher gebeten, nach Möglichkeit auch viele Nachbarn und Bekannte zur Versammlung im Pfarrsaal mitzubringen.

Tatsächlich kamen viele. *Irgendwo fühlten sie, daß sie jetzt zusammenstehen müßten, soll nicht etwas verloren gehen, was sie von ihren Vorfahren ererbt haben und was auch ihnen wichtig war: ihr Glaube, ihre Kirche.*

Bald nach der Begrüßung durch die Pfarrgemeinderatsvorsitzende und den Provisor wurden die Teilnehmer gebeten, sich *in kleinen Gruppen* zusammenzusetzen. Vor ihnen lag ein großes Blatt Papier, ein Plakat, dazu dicke Filzschreiber. Zwei Spalten gab es. Die eine war überschrieben mit »Befürchtungen«, die andere mit »Hoffnungen«. Die Leute sollten nun auf das Papier schreiben, welche angesichts der neuen Lage ihre Befürchtungen sind; und dann sollten sie fragen, ob die neue Situation nicht auch einen Hoffnungsfunken in sich trage.

Wie sich schon in den alltäglichen Gesprächen der letzten Wochen gezeigt hatte, *herrschten die Befürchtungen vor.* Sie bestimmten das Gefühl der Leute. Gerade die eifrigen Kirchenbesucher fühlten sich allein gelassen, vielfach hilflos, sahen keine gute Zukunft vorher. Ohne eigenen Pfarrer werde es nicht gehen.

Der Sonntagsmeßbesuch werde zurückgehen: weil die einen daheim bleiben, die anderen abwandern. Wer wird künftig erreichbar sein, wenn es um ein persönliches Problem geht, wenn man verzweifelt ist? Wer wird Rat geben? Auch die Sittlichkeit der Leute werde nachlassen, wenn der Pfarrer nicht mehr als »moralisches Gewissen« gegenwärtig ist. Und wer wird die Kinder erziehen, auf die Sakramente vorbereiten oder wenigstens die Vorbereitung organisieren und die Eltern schulen?

Es gab aber nicht nur Befürchtungen, auch wenn diese eindeutig überwogen. *Manche, die schon lange Zeit mitmachen wollten, sahen in der Not eine Chance.* Sie hofften, daß die Pfarrei immer mehr Sache aller werde, und nicht nur Sache des Pfarrers ist. Daß also viele mitmachen. Wer aber mitmacht, erlebt Gemeinde, so konnte man lesen[8]. Wer mitmacht, wächst auch tiefer in den Glauben hinein. Freilich, der Priester werde fehlen, so die Hoffnungsvollen, auch wenn zeitweise einer da sein werde, vor allem um die Sakramente zu spenden und die Eucharistie mit der

Pfarrei zu feiern. Aber vieles andere werde auch ohne den Pfarrer gehen, vielleicht etwas einfacher, weniger fachkundig, aber deswegen auch nicht schlecht. *Vor allem könne etwas vom biblischen Traum einer christlichen Gemeinde aufkommen: Daß nämlich viele zusammen jenes Schauspiel auf der Bühne der Welt inszenieren, in dem alle Menschen erkennen können, was Gott in Jesus mit allen vorhat.*

2. Situation durchdenken

Im zweiten Teil des Abends redete man dann über die Befürchtungen und die Hoffnungen. Dabei wurde deutlich, daß hinter den Befürchtungen eine andere Vorstellung von dem stand, was ein Christ, eine christliche Gemeinde der Kirche, was ein Priester ist als hinter den Hoffnungen. *Klar wurde gesehen, daß die Befürchtungen auf einen Satz hinausliefen: »Ohne den Pfarrer geht nichts«. Die Hoffnungsvollen aber dachten insgeheim: »Ohne uns geht nichts, also geht auch ohne Pfarrer noch sehr viel«.* Dabei übersahen sie nicht, daß der Priester wichtig und unentbehrlich ist, daß manches ohne ihn wirklich nicht geht. *Für die Befürchter mußte aber die neue Lage eine Katastrophe sein, denn für sie hing alles am Priester. Für die Zuversichtlichen hingegen war es eher eine schwierige, aber nicht katastrophale Lage, denn vieles konnte auch ohne Pfarrer* (mit einem geliehenen »Stunden-Priester«) *reibungslos weitergehen.*

Am Ende des Abends beschloß man, mit möglichst vielen Leuten in der Gemeinde über diese Fragen gründlicher nachzudenken; als eine moderne Art der Volksmission sollten Gemeindeabende stattfinden, und zwar mit folgenden Themen:

- Was ist denn das, ein Christ, was eine christliche Gemeinde?
- Wozu gibt es uns und die Pfarrei?
- Was gehört denn dazu, daß die Pfarrei lebt?
- Wer macht schließlich die Arbeit, oder genauer, welche Aufgaben der Pfarrei können auch die Mitglieder der Pfarrei selbst übernehmen, ohne daß sie dazu den Priester unbedingt brauchen?

Ein breiter Prozeß der Besinnung sollte stattfinden. *Alle verfügbaren Möglichkeiten sollten in den Dienst dieser Bewußtseinsbildung gestellt werden:* die Sonntagspredigt, eine Vortragsreihe in Verbindung mit einem theologischen Seminar, der Pfarrbrief, die Lokalzeitung, der Religionsunterricht, die Arbeit in den Gruppen.

Die Pfarrei sollte zur lebendigen Gemeinde werden, die nicht mehr versorgt werden muß, sondern sich um ihr Leben selbst sorgt.
Auf jeden Fall sollten die Mitglieder des vor kurzem gewählten Pfarrgemeinderates und alle, die schon bisher in Gruppen und Verbänden sowie in Vereinen eine Aufgabe wahrgenommen hatten, an den Veranstaltungen teilnehmen. *Ziel war, die aufgekommene Niedergeschlagenheit zurückzudrängen und Hoffnung aufkommen zu lassen.* Dies sollte nicht mit wohlgemeinten Worten geschehen, sondern durch ernsthafte biblische und theologische Besinnung. Das Gefühl sollte eingedämmt werden, daß alles vom Pfarrer abhänge und ohne ihn nichts gehe. Fachlich ausgedrückt: *Möglichst viele sollten gewonnen werden, damit aus der versorgten Gemeinde eine sorgende wird.*

II. Erstes Gemeindeseminar: Was ist eine lebendige Pfarrgemeinde, was ist ein Christ?

1. Thesen

Ziel der folgenden biblischen Meditation ist, so führte der Referent beim ersten theologischen Seminar aus, in Erinnerung an eine biblische Erzählung tiefer zu erkennen, was ein Christ, was eine lebendige Pfarrgemeinde ist. In Thesen verdichtet wird folgendes anschaulich gemacht:
(1) Was *Kirche* ist, verstehe ich nur, wenn ich auf Jesus hinschaue und begreife, was er macht und wer er ist.
(2) In *Jesus* wird deutlich, was Gott mit uns Menschen vorhat. Er ist leibhaftig Gott unter uns, er entziffert uns Gottes Absicht.
(3) *Diese Absicht heißt:* Lebe! (Ez 16,6)[9]. Und weil der Tod stets das Leben zurückdrängt, eindämmt, verschlingt, heißt Gottes Absicht: Überführen des Menschen von Tod zum Leben, schon jetzt, womit der Anfang der endgültigen Überwindung des Todes geschieht. Gottes Absicht für uns, sichtbar im Lebensschicksal Jesu, heißt daher *Auferweckung.*
(4) *Kirche und ihre Christengemeinden gibt es, damit diese in Jesus endgültig veröffentlichte Absicht Gottes für alle Menschen nicht vergessen wird.* Kirche ist damit gleichsam ein Schauspiel auf der Bühne der Welt, indem alle Menschen erkennen, was Gott mit allen vorhat. Kirche ist also Licht der Welt, Salz der Erde, »Weltsakrament« (vgl. *II. Vatikanisches Konzil,* Dekret über die Kirche, Nr. 1)[10].
(5) *Sichtbar und vorangetrieben wird in diesem Ereignis der Kirche die Erfahrung der Auferweckung, des Übergangs von Toden zum Leben.* Kirche wird so zum Ort, an dem die einst erhoffte bleibende Auferstehung jetzt schon anhebt. Kirche gibt damit dem noch Ausstehenden, der U-Topie, einen Ort, einen Topos. *Wer also mit Kirche in Berührung kommt, atmet auf, erhebt das Haupt, lebt auf, faßt Hoffnung.*

2. »Lebendige Gemeinde – Anwalt des Menschen«[11] Eine biblische Meditation zu Mt 8,1–4

Wer dieses Thema aufmerksam anschaut und mit unseren flüchtigen innerkirchlichen Reden nicht vertraut ist, mag fragen: Warum

mißtrauen sie denn dem Wort Gemeinde und fügen dem Hauptwort das Eigenschaftswort »lebendig« hinzu? Kann es denn eine christliche Gemeinde geben, die nicht lebendig ist?
Offenbar wird solches heimlich mitgedacht. Viele unserer Gemeinden sind angepaßt.Die herbe Kritik der geheimen Offenbarung an der kleinasiatischen Gemeinde in Laodizea liest sich wie das verdichtete Ergebnis pastoralsoziologischer Studien mitteleuropäischer Gemeinden:

> »Du behauptest: ›Ich bin reich und wohlhabend, und nichts fehlt mir‹. Du weißt aber nicht, daß gerade du elend und erbärmlich bist, arm, blind und nackt. Darum rate ich Dir«, so fährt diese harte Gemeindekritik fort, »kaufe von mir Gold, das im Feuer geläutert ist, damit du reich bist; und kaufe von mir weiße Kleider, und zieh sie an, damit du nicht nackt dastehst und dich schämen mußt; und kaufe Salbe für deine Augen, damit du sehen kannst« (Offb 3,17f.).

Wird solches in dieser Stunde geschehen können: Daß wir sehen lernen, was eine Gemeinde Jesu Christi in Wahrheit sein kann? Wir werden einen kritischen, und – wie ich hoffe – zugleich ermutigenden Traum von einer christlichen Gemeinde entwerfen, die lebt. Dabei greifen wir auf eine alte biblische Erzählung zurück. Berichtet wird die Heilung eines Aussätzigen. Es wird sich im Lauf meiner Ausführungen zeigen, daß wir eine Ostergeschichte vor uns haben, die uns verstehen macht, wie christliche Gemeinde lebt und handelt.
Wir schauen uns diesen alten Hoffnungstext aus Matthäus 8,1–4 gleichzeitig mit einer mittelalterlichen Darstellung an. Sie stammt aus dem berühmten *Codex-Echternach,* der 1040 geschrieben und mit Bildern ausgestattet wurde*.

> »Als Jesus vom Berg herabstieg, folgten ihm viele Menschen. Da kam ein Aussätziger, fiel vor ihm nieder und sagte: Herr, wenn du willst, kannst du machen, daß ich rein werde. Jesus streckte die Hand aus, berührte ihn und sagte: Ich will es – werde rein! Im gleichen Augenblick wurde der Aussätzige rein. Jesus aber sagte zu ihm: Nimm dich in acht! Erzähl niemand davon, sondern geh, zeig dich dem Priester und bring das Opfer dar, das Mose angeordnet hat. Das soll für sie ein Beweis [deiner Heilung] sein« (Mt 8,1–4).

Die mittelalterliche Bildexegese zeigt vier Personen bzw. Personengruppen: den Aussätzigen, in der Mitte Jesus, dahinter zwei Männer, die ihre Hand ansehen, und schließlich mittelalterliche Zeitgenossen.

* Heilung der Aussätzigen. Evangeliar aus Echternach, um 1040. Brüssel, Bibliotheque Royale. Als farbige Meditationsvorlage zu beziehen in: Kunstverlag Maria Laach Nr. 5610.

(1) Der Aussatz

Wir schauen uns die Lebenslage des Aussätzigen an. Der Künstler hat ihn an den Rand des Bildes gezeichnet. Er ist der Mensch, der am Rand des Lebens ist. Er ist buchstäblich unten, niedergedrückt. Er ist »ausgesetzt«, gehört nicht mehr zum Volk, wo Leben ist.
Dies war ja die Auffassung der alttestamentlich Frommen: Gott gönnt dem Menschen das Leben. Erlebbar wurde dies, indem man zum Volk dazugehörte. Das Volk war der Ort für ein Leben in Frieden. Nicht dazugehören, exkommuniziert zu sein, ausgesetzt zu werden, bedeutete daher: vom Lebensraum ausgeschieden, vom Leben abgeschnitten werden. Der Aussätzige ist abgedrängt in die Niederungen des Nicht-Lebens. Sozial ist er tot, längst bevor er stirbt.

- Kein Leben: das erfährt der Aussätzige, weil sich ihm niemand mehr zuwenden darf. Kam jemand von denen, die er liebte und die ihn liebten, in seine Nähe, mußte er schon von weitem rufen, er solle wegbleiben. Entbehrt der Mensch der *Zuwendung,* dann geht ihm auch die Erfahrung verloren, liebenswert, wertvoll und (an-)erkannt zu sein. Der Unansehnlich-Unangesehene ist ohne Ansehen.
- Kein Leben: das heißt auch, sich nicht mehr frei unter Freien bewegen zu können. Der Aussätzige ist eingezwängt in einen engen Bereich des Nicht-Lebens. Dort kann er im Grund nichts mehr machen. Er erlebt sich – gemessen an seinen Wünschen – als ohnmächtig. Sein Leben verkommt. Es gibt kein *Wachstum* mehr.
- Kein Leben: das ist schließlich der Verlust der Heimat. Er gehört nicht mehr dazu. Er lebt wie in der Fremde; entfremdet von den Seinen, entfremdet von sich selbst. Er schlägt keine *Wurzeln* mehr im Volk.

Freilich, das Leben ist noch nicht ganz ausgerottet. Wenigstens die Wünsche, die Hoffnungen sind noch lebendig. Er hört von Jesus und schöpft Hoffnung. Er macht sich auf den Weg, begegnet Jesus und streckt ihm – so der Künstler – die Hände entgegen. Sind diese leeren Hände nicht der unübersehbare Ausdruck für unausrottbare Hoffnung?
Heute ist Aussatz heilbar. Eine menschheitsalte Krankheit ist bezwungen. Doch haben wir uns *neuen »Aussatz«* zugezogen. Auch heute sind viele an den Rand des Lebens gedrängt. Dabei bedeutet dies keineswegs gleichzeitig »an den Rand der Gesellschaft«. Denn ist heute in unserer Gesellschaft in ihrem Zentrum wirklich intensives und befriedigendes Leben? Ist die Chance, lebendig zu sein, am Rand der Gesellschaft nicht oft größer als in

ihren Zentren? (Dem voreiligen Kirchenfreund sei an dieser Stelle Zurückhaltung empfohlen: Wünscht er nicht allzu schnell die Kirche im Zentrum dieser Gesellschaft? Wäre es für sie nicht besser, an ihrem Rand zu sein, damit sie die Hoffnung auf Leben für die vielen wachhalten könnte?)
Solche Überlegungen können aber nicht darüber hinwegtäuschen, daß es heute viele Menschen, Gruppen, ja Völker gibt, die an den Rand des Lebens geraten sind. Haben wir nicht die Alten, die Kranken, die Sterbenden abgeschoben? Lähmt uns nicht eine geheime Berührungsangst mit all diesen Leidenden, was dazu führt, daß wir sie sozial abschreiben, längst bevor sie auch körperlich nachsterben? Sind wir zur Zeit nicht dabei, viele Arbeiter, die wir in guten Zeiten gerufen haben, in sorgloser Weise abzuschieben? Wie gehen wir mit denen um, die aus persönlicher Schuld oder lebensgeschichtlicher Tragik straffällig geworden sind: Kriminelle, Leute, die in der Ehe scheitern, Priester, die ihr Amt niederlegen, Ordensfrauen, die ihre Gemeinschaft verlassen? Sind nicht auch insgesamt die Lebenschancen der Menschen selbst in unseren reichen Gesellschaften ungleich verteilt? Wirtschaftliche Rückschläge offenbaren, daß Arbeiter zunächst doch nur Arbeitskräfte im Sklavenhaus unserer Arbeitswelt sind; und wenn etwas beunruhigt, dann die schwindende Kaufkraft eines an Arbeitsmangel leidenden Volkes. Daß aber die Menschen dabei »krank« werden an sozialem Aussatz, wird vielfach übersehen. Leiden zudem nicht gerade jene, die – wie wir – viel haben, am fressenden Aussatz der Beziehungslosigkeit? Wir haben zwar viel Brot, sterben wir aber nicht gerade den Tod am Brot allein? *(D. Sölle)*
Längst ist die bereits lange Liste des modernen Aussatzes nicht erschöpft. Verurteilen nicht wir reichen Völker die Armen zum Nicht-Leben? Leben wir nicht auf Kosten der armen Nationen? Noch mehr, rüsten wir nicht in wahnsinniger und verbrecherischer Weise gegen sie: weil wir in einem Vorgang himmelschreiender Veruntreuung jene Überlebensmittel verrüsten, von denen viele leben könnten? Wir verordnen durch unsere Sicherheitspolitik vielen Menschen den Aussatz des Nichtlebens. Ja ist nicht die gesamte Menschheit an den Rand des Todes gedrängt? Die vielen ernstgemeinten Mahnungen der Experten sind uns längst vertraut: Wir plündern unsere Erde, verseuchen sie, leben auf Kosten der nächsten Generationen, kurz, wir überschreiten naiv oder mutwillig unerbittliche Grenzen und nehmen dabei den verordneten Tod vieler in Kauf.
Und dennoch ergeht es uns selbst angesichts solcher vielfältiger

Formen des sozial verordneten Todes wie dem Aussätzigen damals: Die urwüchsigen *Hoffnungen,* der Wunsch nach einem menschenwürdigen Leben in Frieden für alle, ist *unausrottbar.* Auch unsere Hände sind zwar leer, aber ausgestreckt. Wir finden uns nicht ab mit der Gewöhnung an das Totsein. Wir wünschen, daß der Stein von den Gräbern unseres Lebens weggerückt wird. Wir verlangen nach einem Leben in Frieden für die Menschen. Auferweckung wird erhofft, für die vielen. Auch heute.

(2) Jesus

Wir wenden uns Jesus zu und schauen an, was er macht.

• Matthäus berichtet, daß Jesus vom *Berg* herabkommt. Der Berg gilt in der Bibel als Symbol für die Nähe zu Gott. Jesus geht dorthin, wenn er seinem Gott leibhaftig nahe sein will. Mose vernimmt auf dem Sinai die Weisungen fürs Leben seines Volkes. Vom Berg, also von Gott her, kommt für den Menschen in der Todeszone das Leben.

• Jesus *geht* auf den Aussätzigen zu. Gott ruht nicht, so berichtet die Bibel (Joh 5,17). Es berührt ihn, wenn der Mensch in den Tod abdriftet. Die ganze Heilsgeschichte kann gefaßt werden mit dem Wort eines alttestamentlichen Liedes:

> »Das Auge des Herrn ruht auf allen,
> die ihn fürchten und ehren,
> die nach seiner Güte ausschaun;
> denn er will sie dem Tod entreißen
> und in der Hungersnot ihr Leben erhalten« (Ps 33,19f.).

Tod, auch sozialer Tod vor dem Sterben, ist wider Gottes Lebensabsicht. Solches Leid »be-leid-igt« ihn, bewegt ihn, um den Menschen bekümmert zu sein.

• Jesus *schaut* den Aussätzigen an, was dem mittelalterlichen Künstler darzustellen gut gelungen ist. Er wendet sich damit dem zu, der der Zuwendung entbehren mußte. Damit durchbricht er gesellschaftliche Regeln. Er macht sich Feinde. Hat die Kirche heute nicht zu viele Freunde? Vielleicht deshalb, weil wir auf der Seite der Falschen sind? Weil wir uns bequem-ängstlich an die eingespielten, aber eben oft lebensfeindlichen Spielregeln des gesellschaftlichen Lebens anpassen?

Wenn Jesus sich dem Aussätzigen zuwendet, gibt er dem Unansehnlichen Ansehen. Eben das ist ein Moment der Heilung. Alles wirkliche Leben, so formulierte M. Buber, entstammt der Begegnung. Ansehen: Wäre das nicht ein gutes Wort für Gnade? Er hat angesehen seine niedrige Magd, so formuliert jene Frau, Maria, die verstanden hat, was Gnade ist.

• Auffällig gezeichnet ist die *Hand* Jesu. Offenbar will der Künstler sagen, das Entscheidende ist, wie Jesus den Menschen behandelt. Es ist eine Behandlung, die zum Leben zurückführt, und dem Tod entreißt. Der Aussätzige, so der biblische Bericht, wird geheilt. Dabei besteht das Wunder keineswegs allein in der körperlichen Heilung. Ist ja schon die Krankheit in unserer deutschen Sprache nicht von den körperlichen Beschwerden her bestimmt, sondern von dem, was dem Kranken sozial widerfährt. Das Wunder der Heilung besteht also auch darin, daß der Kranke in den Bereich des Lebens zurückgegeben wird. »Geh, und zeig dich dem Priester«, laß dir bescheinigen, du gehörst wieder dazu, du kannst dich frei bewegen. Exkommunikation wird überwunden, Communio, Gemeinschaft wiederhergestellt.

Will man diese Begebenheit auf einen einzigen Begriff bringen, dann ist keiner angemessener als das Wort *»Auferweckung«*. Der Mensch, der im Bereich des Nicht-Lebens ist, erlebt einen Übergang in die Gemeinschaft, das Volk, wo jetzt schon wenigstens spurenhaft Leben ist. Übergang vom Tod zum Leben, also Auferweckung geschieht. Eine solche Deutung ist keineswegs ein begrüßenswerter Einfall einer »politischen Theologie«. Wer schon einmal auf der Insel Reichenau im Bodensee war, findet dort drei mittelalterliche Kirchen. In St. Georg zu Oberzell sind in gut erhaltenen Fresken die Wunderheilungen Jesu dargestellt. Auf der einen Seite sind die Totenerweckungen zusammengestellt. Die Heilung des Aussätzigen ist unter die Totenerweckungen eingereiht. Das Wunder, das Jesus am Aussätzigen wirkt, ist also nicht weniger als eine Auferweckung zum Leben.

• *Verkürzen* wir so nicht den biblischen Bericht? Ist Jesu Handeln nunmehr auf rein mitmenschliches Tun reduziert? Wer derart besorgt fragt, muß sich zunächst sagen lassen: Jesu Handeln kann *nie genug mitmenschlich* mißverstanden werden. Jesus ist nicht gekommen, um die Menschen fromm zu machen, sondern um die Frommen menschlich zu machen. Freilich, eben diese seine Menschlichkeit ist *(wie) ein Sakrament.* Es macht uns anschaulich und erfahrbar, wie menschlich Gott zu uns ist.

• *Verkürzen* wir nicht auch den biblischen Bericht auf das Diesseits? Nun gibt es zweifellos für manche Theologie heute die Versuchung, um der vorgeworfenen Vertröstung des Menschen auf ein (immerhin noch tröstliches) Jenseits zu entgehen, die Menschen auf ein (ziemlich trostloses) Diesseits zu vertrösten. Dennoch muß jenen, die eine Verkürzung auf das Diesseits befürchten, gesagt werden: Man kann Jesu Handeln *nie genug diesseitig* mißverstehen. Jesus leidet daran, wenn Menschen in die Todeszone sozial abgedrängt werden. Es geht ihm sehr wohl um ein Leben vor dem Tod, um Auferweckung zu einem befriedigenden Leben jetzt schon. Denn, so der Korintherbrief, »zu einem Leben in Frieden hat Gott euch berufen« (1 Kor 7,15). Freilich, eben diese diesseitige Auferweckung ist wiederum *wie ein Sakrament.* Sie ermöglichen Spuren gelungenen Lebens. Diese aber geben eine Ahnung von einem Leben, das noch aussteht, von schlechthin sinnvollem, also ewigem Leben. Die kleinen Auferstehungen vor dem Tod werden so zu Sakramenten der erhofften großen Auferweckung am Ende des Lebens.

(3) Menschen hinter Jesus

Die Darstellung im Codex Echternach zeigt hinter Jesus zwei Männer. Sie schauen ihre Hand an. Offenbar haben sie begriffen, was ein Christ ist, was damit christliche Gemeinde, was Kirche ist.

Typisch für sie ist, wie sie die Menschen behandeln. Kirche entsteht somit dort, wo Menschen *hinter Jesus hergehen* (ihm nachfolgen), und anfangen, genau das zu tun, was auch Jesus getan hat. Das heißt damit:

- Kirche kommt, wenn sie wirklich hinter Jesus hergeht, *vom Berg herab,* lebt damit von der Nähe zu Gott, der sich selbst uns geben will, vom Gebet und der Anbetung; noch mehr, Kirche lebt vor allem davon, zunächst selbst von Jesus geheilt zu sein, und nun dazu berufen zu sein, Jesu heilendes Tun unter den Menschen weiter zu betreiben.
- Kirche *geht* auf den Menschen zu. Gerade wenn sie über viele finanzielle Mittel verfügt, neigt sie dazu, anders als Jesus, Menschen zu verwalten. Verwaltung kann aber nicht mehr sein als zum Teil unentbehrliche Voraussetzung für das, was in der Kirche Jesu geschieht: heilende Begegnung. Erwünscht sind Gesichter, Menschen, Hände, nicht Papier, Zahlkarten und tote Gesetze.
- Zentrales Kriterium dafür, daß die Kirche wie Jesus *handelt,* ist, daß auch in ihr »Auferweckung« erfahren werden kann. Wer immer mit der Kirche in Berührung kommt, kann aufatmen, das Haupt erheben, Hoffnung schöpfen. Kirche wird so zur Verortung von Auferstehung. Verortung meint: Das, was noch keinen Ort hat, also noch eine »U-Topie« ist, erhält einen Topos, einen Ort: Wird also erlebbar. »Wir sind vom Tod zum Leben übergegan-

gen«, so erzählen in lobender Aufregung die ersten Christen (1 Joh 3,14).

a. Erzählte Auferstehung
Dem Kenner der Geschichte des Christentums ist unsere Schlüsselidee nicht neu. Von Anfang an war die wichtigste Erfahrung, die von den ersten Christengenerationen an weitererzählt wurde, die Auferstehung Jesu. Das Thema der Auferweckung ist so zentral, daß Paulus den Christen in Korinth schreiben konnte: »Wenn es keine Auferstehung der Toten gibt, ist auch Christus nicht auferweckt worden. Ist aber Christus nicht auferweckt worden, dann ist unsere Verkündigung leer und euer Glaube sinnlos« (1 Kor 15,13f.).

b. Gefeierte Auferstehung
Wie die Verkündigung der Kirche, lebt auch die Liturgie und leben die Sakramente vom Übergang vom Tod zum Leben, also von Auferweckung. Schon das jüdische Volk feierte sein Paschafest als Erinnerung an die Befreiung des Volkes aus der tödlichen Sklaverei im elenden Ausland Ägyptens hinein in das lebenstrotzende Land Kanaan. Christen begehen festlich die Erinnerung an die Befreiung des Menschen schlechthin aus der Sklaverei des Todes hinein in jenes Leben, das nicht mehr vergeht. Dabei ist für Juden wie Christen die Erinnerung an die geschehen auferweckende Befreiung zugleich Grund für eine hoffnungsvolle Erinnerung nach vorn, an unsere eigene Befreiung, unsere Auferweckung. Gepriesen wird ein Gott, der auferweckt hat und deshalb auch uns auferwecken wird. Wir feiern einen Gott, der den Tod bezwungen hat, also auch unseren jetzigen und den noch ausstehenden Tod überwinden wird.

c. Gelebte Auferweckung
Heißt aber das Herz der Verkündigung wie der Liturgie Auferweckung, dann kann es gar nicht anders sein, als daß auch die Praxis der Kirche, das was sie mit und für Menschen tut, vom Prinzip der Auferweckung her zu bestimmen ist. Praxis einer christlichen Gemeinde, die den Anspruch erhebt, konsequent hinter Jesus her zu sein, also wirklich nachzufolgen, die also im Sinn unseres Themas »lebendig« ist, wird demnach immer *Auferstehungspraxis* sein.
Damit schließt sich der Kreis unserer Überlegungen. Haben wir doch zu Beginn den Aussätzigen angesehen und nach dem vielfältigen Aussatz der Menschen und der Völker heute gefragt.

Damit sind auch schon die wichtigsten Aufgaben einer Kirche genannt, die nicht nur in ihrer Liturgie und in ihrer Verkündigung, sondern auch in ihrer Praxis von Ostern, von der Auferstehung her lebt und *Verortung der Auferweckung* in unserer Gesellschaft ist. Das heißt näherhin: Kirche wird mit hoher Empfindsamkeit die vielfältigen kleinen und großen *Tode* inmitten des heutigen Lebens aufspüren. Sie wird ihre Berührungsangst mit diesen Toten überwinden. Wir werden die Kirchen und ihre Christen daher gerade bei jenen finden, die wenig vom Leben haben, denen man den Lebensraum eingeengt hat, denen sozial der Tod verordnet wird. Wir werden sie bei den Unterdrückten, den Alten, Kranken und Sterbenden, den Behinderten, den mißhandelten Frauen und den benachteiligten Geschiedenen und Alleinerziehenden ebenso finden wie bei denen, die sich um die weltweiten himmelschreienden Ungerechtigkeiten kümmern, die also nach einer Neudefinition in den wirtschaftlichen und politischen Beziehungen der nördlichen und südlichen Hemisphäre suchen, die sich über das maßlose Diktat der Militärtechnologie über die künftige Entwicklung der Menschheit entrüsten, die also angesichts wachsender weltweiter Herausforderungen an die Menschheit das Zusammenrücken aller Menschen guten Willens verlangen. Christliche Gemeinden werden ihre Jugendlichen auffordern, für den Frieden selbst initiativ zu werden, auch wenn es ihnen dabei nicht immer hinlänglich gelingt, Gruppen abzuschütteln, die ihren Friedenswillen mißbrauchen.

(4) Die Zeitgenossen

Der mittelalterliche Künstler hat im Hintergrund des Bildes Zeitgenossen in das Heilsgeschehen eingefügt. Werden wir seine Botschaft verstehen? Es ist die Aufforderung, in das Ereignis einzutreten und mitzumachen.
Lateinamerikanische Theologen werfen uns Europäern vor, daß wir zu einer satt-neugierigen *Zuschauertheologie* neigen. Zu sehr sind wir auf der Seite der Etablierten, zu viel müßten wir verlassen, zu viele gesellschaftliche Freunde und Privilegien könnten wir aufs Spiel setzen, würden wir uns von der herausfordernden Mächtigkeit biblischer Erzählungen gefangen nehmen lassen. So bleiben wir in unseren Lehnstühlen, schreiben spitzfindige theologische Abhandlungen, unterhalten einen aufwendigen Bildungsbetrieb, versammeln uns selbstgefällig zu Katholikentagen und kehren dann, bürgerlich befriedigt, uns gegenseitig auf die Schulter

klopfend, in unsere warmen Stuben zurück. Zuschauertheologie ist an ihrem »katastrophalen Mangel an Folgen« erkennbar.
Der mittelalterliche Maler sagt: Haltet euch nicht heraus aus dem erzählten Ereignis. Steigt ein! Macht aus euren Gemeinden einen Ort, wo etwas davon erlebbar ist, was im Ereignis geschehen ist. Wendet euch denen zu, die aussätzig sind, also nicht leben. Behandelt sie gut, nehmt sie auf in eure Gemeinschaft, gebt ihnen Ansehen und Zuwendung, freien Lebensraum und Heimat. Laß sie darin etwas von der Menschenfreundlichkeit Gottes erleben. Verortet Gottes Absicht für den Menschen, nämlich Auferwekkung. (Verortet sie, aber verordnet sie nicht!)
Mancher mag sagen: Welch schöner Traum von christlicher Gemeinde. Schön wäre es, gäbe es den Traum auch in der Wirklichkeit. Aber brauchen wir nicht Träume, wenn wir auf Änderung hoffen? Mir wird immer klarer: Wer keinen Mut zum Träumen hat, hat auch keine Kraft zum Kämpfen. Wer das Unmögliche nicht anstrebt, wird auch das Mögliche nicht erreichen.

III. Zweites Gemeindeseminar: Wie eine Pfarrei lebt: Urgesten gemeindlichen Lebens

Im Anschluß an das Referat über die »lebendige Gemeinde« hatten sich viele tiefe und geistliche Gespräche angeknüpft. Einige waren vom Traum wie erschlagen: So weit sind wir von diesem Ideal der Gemeinde weg!, dachten sie. Andere hingegen warfen ein: Wir wissen aber wenigstens, wohin der Weg geht, den wir nächste Zeit miteinander gehen wollen.

Vor dem Auseinandergehen war angekündigt worden, daß beim kommenden Seminar die Frage behandelt werden solle, was denn in einer solchen Gemeinde überhaupt geschieht, welche Vorgänge und Aufgaben geschehen, damit Kirche jetzt schon etwas von der erhofften Auferweckung erfahrbar macht. Wieder waren viele Menschen zum neuerlichen Gemeindeseminar gekommen.

Der Pfarrprovisor, der diesen Abend selbst bestritt, hielt sich dabei ziemlich genau an das kleine Büchlein »Lebe! Das Anliegen Gottes als Schwerpunkt der Pastoral seiner Kirche«, das von *J. Brandner u. a.* stammt (Freising ^{2}1981, Kyrios). Mit biblischen Bildern (er zeigte sie mit Hilfe eines Diaprojektors: Die Dias liegen dem Heft »Lebe!« bei) und anschaulichen Gesten konnte er verdeutlichen, welches die Urgesten, die Grundvorgänge (die Fachleute sagen etwas unschön die »Grundfunktionen«) einer christlichen Gemeinde sind. Wir geben hier protokollartig den Vortrag wieder.

Zunächst stellte sich der Pfarrprovisor vor die Menschen hin und sagte: *die Urgesten des Lebens einer Pfarrgemeinde sind empfangen-loben-austeilen.* Dabei unterstrich er seine Worte durch entsprechende Gesten: zuerst streckte er seine leeren Hände empfangend aus; sodann applaudierte er, klatschte er in seine Hände, als Ausdruck für Loben; schließlich machte er eine Geste des Weitergebens, des Austeilens. Genau das, so sagte er, machen wir Christen. Von Gott her empfangen wir; dafür danken wir ihn lobend; und diese Dankbarkeit treibt uns, das Empfangene weiterzuverschenken.

1. Empfangen

Mit alten Bildern machte er dies anschaulich. Zunächst zeigte er ein Bild von der *Verkündigung* des Engels an Maria*, die Jungfrau. Diese Szene war in eine Kirche hineingezeichnet. Offenbar wollte der Künstler sagen: Willst Du begreifen, was sich in der Kirche abspielt, brauchst Du nur diese Begebenheit anschauen.

* Verkündigung. Sakramentar aus Köln, um 1000, Paris, Bibliothèque Nationale. Als farbige Meditationsvorlage zu beziehen in: Kunstverlag Maria Laach Nr. 5548.

Da sah man einen *Boten,* von Gott gesandt. In der Kirche geschieht also etwas von Gott her. Von Gott kommt eine Nachricht, eine Botschaft, ein Wort. Der Bote hat die Hand zum Segen erhoben. Das Wort sagt also Gutes über den Menschen (*bene dicere* heißt lateinisch Gutes sagen, segnen). Gott sprach, so erzählt die Bibel, und die Welt entstand, die Menschen wurden erschaffen. Gott machte sich sodann den Menschen immer wieder vernehmlich, vor allem durch Menschen, die er sich aussuchte, damit sie ihm seinen Mund leihen (»Propheten«). Gott sprach dann schließlich das entscheidende Wort: Er sandte seinen »Sohn«, sein leibhaftiges Wort in die Welt, er schenkte sich darin uns selber. In ihm vollendete Gott seine Absicht mit uns. In ihm kann jeder erkennen, wo die Geschichte der Menschheit einmündet: In die selige Umarmung durch Gott selbst, was ewiges Leben sein wird.
Dargestellt ist sodann eine *Frau,* Maria. Sie ist von ihrem Sitz aufgestanden, dem Boten einen Schritt entgegengegangen, und im Stehen drückt sie noch aus, daß sie bereit ist, dem Wort auch zu »folgen«. Ihre Hände sind dem Boten leer entgegengestreckt. Sie empfängt das Wort, nimmt es entgegen, glaubt. So zeigt die Frau, wie wir Menschen mit dem Wort umgehen sollen, das von Gott herkommt. Sie zeigt, was Glauben ist. Kirche, Christen in ihr, sind solche, die empfangen.
Das ist somit die erste Grundbewegung: In der Kirche empfangen Menschen das Wort, das Gott uns sagt. Und dieses Wort ist Gott selbst. Christen empfangen also Gott selbst, unverdient, aus Gnade. Weil Gott sich uns zuwendet, sich selbst uns schenkt, können wir mit leeren Händen empfangen.
Beides geschieht in jeder Gemeinde der Kirche: Gottes Wort wird vernehmbar verkündet, sein Wort wird empfangen, gehört, und mit dem Herzen empfangen. Wir werden als Christen so »Maria« *(Angelus Silesius):* Glaubende, die hören und empfangen[12].

2. Loben

Ein zweites Bild wurde gezeigt. Jesus wird von Gott *in den Himmel hineingezogen**. Unten stehen die Jünger, und applaudieren. Gott, das hast du großartig gemacht mit deinem Jesus! Bravo! Und weil er einer, ja der Wichtigste von uns Menschen ist, geschieht das, was Gott an Jesus als dem Ersten tut, an uns allen. Bravo! Halleluia! Also werden auch wir bei Dir ankommen. Halleluia!

* Himmelfahrt. Egbert-Kodex, um 980. Reichenauer Schule. Stadtbibliothek Trier. Als farbige Meditationsvorlage zu beziehen in: Kunstverlag Maria Laach Nr. 5828.

Vom Morgen bis zum Abend leisten sich Christen den Luxus des Lobens. Auch stellen sie den *Tag des Lobens* an den Anfang. Bevor sie etwas unternehmen und arbeiten, kommen sie am Herrentag (am Sonntag) zusammen, um Gott ein großes Dankgebet zu sprechen. Christen sind Menschen, die zuerst Zeit haben zum Loben. Sie spielen ihre Liturgie vor Gott. Sie sind vom Tod befreit und als Freigelassene der Schöpfung begehen sie *Sonntag um Sonntag ein kleines Fest der Auferstehung:* Weil das eine Osterfest ihnen nicht reicht. Immer wieder erzählen sie die Geschichte ihres Jesus, vor allem reden sie von seinem Tod und seiner Auferstehung. Sie holen sie in einem großen Schauspiel (der Eucharistiefeier) in ihr Leben herein. *Und indem wir Christen uns an Jesu Sieg über jeglichen Tod erinnern, erinnern wir uns nach vorn an unsere eigene Zukunft: Wir werden mit ihm auferstehen.* Tod, wo ist dein Stachel, dein Sieg?! Halleluia!
Christen sind so voll des dankbaren Lobes, daß sie keine wichtige Gelegenheit vorübergehen lassen, Loblieder anzustimmen und zu feiern: die großen Stationen des Lebens Jesu, die wichtigen Stationen im Leben der Menschen (als Feier der Taufe, der Versöhnung, der Berufung von Menschen zur Ehe oder zum priesterlichen Amt), die Feiern anläßlich des guten Ausgangs des Lebens von Christen, einzelner Heiliger, aller Heiligen. *Christen betreiben in einer Welt, in der man nicht genug raffen und schaffen kann, demonstrativen Luxus des Lobens.*

3. Austeilen

Ein letztes Bild schien auf. Es zeigt die Brotvermehrung*. Die Mitte des Bildes beherrscht *Jesus,* dargestellt zugleich als der Gekreuzigte und Auferstandene. Mit beiden Händen verteilt er Brot. Er nannte sich selbst das Brot für das Leben der Welt.
Links und rechts von ihm stehen *Männer.* Mit der einen Hand empfangen sie Brot. Sie haben nicht – wie der Herr in der Mitte – das Brot aus sich. Sie leben von Jesus her. Sie empfangen. Weil sie aber empfangen haben, können sie Brot weitergeben: austeilen. Sie geben das Brot weiter, an die Menschen, die »in Not und Todesschatten sitzen«, damit sie das Leben haben.
Empfangen, loben und austeilen: Das sind also die drei Grundgesten christlichen Lebens, es sind die Grundgesten der christlichen Gemeinde. Die Fachleute, die über Leben und Arbeit der Kirche nachdenken, nennen diese Urgesten *Verkündigung, Liturgie und Diakonie* (Dienst am Leben der Menschen).

* Brotvermehrung. Evangeliar aus Echternach, um 1040. Nürnberg, Germanisches Museum. Als farbige Meditationsvorlage zu beziehen in: Kunstverlag Maria Laach Nr. 5771.

4. Was auch ohne Pfarrer läuft

Nachdem der Pfarrprovisor die Bilder mit den Leuten angeschaut und sie ihnen ausgedeutet hatte, schlug er ihnen vor, sie sollten sich wieder in kleinen Gruppen zusammensetzen. Wieder lag ein großer Bogen Papier vor ihnen, sie hatten auch dicke Filzschreiber. Drei Spalten waren vorgemerkt: empfangen – loben – austeilen. *Die Leute sollten nun in der Gruppe in die jeweiligen Spalten eintragen, wo sie in der Gemeinde bisher das Empfangen, das Loben und das Austeilen erlebt hätten.* Dann sollten sie *jene Vorgänge im Pfarrleben unterstreichen, bei denen sie keinen Pfarrer brauchen.*

Wir halten hier wieder einige Beispiele fest:

- So schrieb man in die Spalte »*empfangen*«*:*
– miteinander die Bibel lesen und einander erzählen, was einem dabei aufgeht;

- Eltern bereiten Kinder auf den Empfang der ersten Sakramente vor (Erstkommunion, Erstbeichte);
- einige Erwachsene machen den Firmunterricht;
- in der Schule wird durch eine Lehrerin Religion unterrichtet;
- jemand hält bei einem Wortgottesdienst in der Kirche, bei einer Rosenkranzandacht, bei einem Kreuzweg eine kleine Ansprache;
- in einer Gruppe lesen Jugendliche zusammen die Bibel und ziehen daraus Konsequenzen für die Friedenspolitik, für den pflegenden Umgang mit der Welt;
- im Rahmen des Bildungswerks wird ein Referent eingeladen, der ein Bibelseminar veranstaltet;
- wollte ein Paar aus der Pfarrei heiraten, dann wurden sie in eine Familienrunde eingeladen; dort wurden Erfahrungen über die Trauung, über das Leben in einer gläubigen Ehe ausgetauscht und Fragen des Brautpaares diskutiert.

• In der Spalte »*loben*« konnte man lesen:

- Jugendliche versammeln sich mit einigen Erwachsenen zu einer »Frühschicht« am Morgen in der Kirche;
- eine Gruppe lädt am Mittwoch abends zum Rosenkranz ein;
- es findet ein Abend des Bildungswerks statt, mit dem Thema: Beten mit Kindern. Viele nehmen Anregungen mit und beginnen, mit den Kindern daheim zu beten;
- eine Gruppe bereitet einen Bußgottesdienst vor; viele nehmen daran teil; man liest Texte aus der Bibel, berichtet von Erfahrungen mit Schuld und Umkehr, einer spricht eine Bitte um Vergebung;
- An Sonntagen, an denen kein Priester kommt (unlängst wurde der Pfarrprovisor krank, ein Ersatz konnte kurzfristig nicht gefunden werden...), wird ein Wortgottesdienst gefeiert, ein Kommunionhelfer teilt die Kommunion aus. (Für kurzfristige Absagen des Pfarrers ist ein Notgottesdienst stets vorbereitet).
- Eine Gruppe von Kommunionhelfern trägt die Krankenkommunion aus und betet mit den Kranken. Zu besonderen Anlässen nehmen sie den Gemeindegottesdienst auf Tonband auf, vervielfältigen die Bänder und bringen sie den Kranken mit; diese wissen sich dadurch mit dem Gotteslob der Gemeinde tief verbunden;
- das alte vorweihnachtliche Brauchtum wird aufgefrischt; benachbarte Familien treffen sich zur »Herbergsuche«; diese Nachbarschaften kommen auch zu anderen Anlässen zusammen, es wird Kirche in den Häusern (und nicht nur in den Familien) erlebt, man singt und betet zusammen;

– eine Gruppe plant, einmal in der Woche aus dem Stundengebet der Kirche die Vesper zu feiern: Warum soll dieses ehrwürdige Gebet nur den Mönchen und Priestern vorbehalten bleiben?
– Schließlich fanden sich in der Spalte »loben« auch die Sonntagsmesse, die Feier des Buß-, des Ehesakraments, überhaupt die Spendung der Sakramente. (Lediglich diese waren eingeklammert, weil dazu der Priester notwendig sei.)

• Reichlich gefüllt war schließlich die Spalte *»austeilen«*. Die Leute waren erstaunt, was sie in dieser Hinsicht schon längst ohne Priester taten:

– da gab es einen Pfarrbesuchsdienst: eine Gruppe besuchte reihum die Leute, um einfach zu sehen, wie es ging, ob einer in Not war und Hilfe brauchte: ein gutes Wort, Trost, materielle Hilfe, Menschen, die ihre Zeit hergaben;
– einige unter ihnen waren besonders um jene besorgt, die einen Angehörigen oder lieben Menschen verloren haben und nun trauerten;
– andere suchten Kontakte zwischen alten Menschen zu knüpfen; einige Alte riefen sich schon einige Zeit regelmäßig gegenseitig an; meldete sich niemand, wurde jemand von der pfarrlichen Gruppe benachrichtigt;
– da gab es Leute, welche für ausländische Kinder Nachhilfeunterricht organisierten;
– ein Jugendpfleger, der im Kreis angestellt war, erklärte sich bereit, für Kinder aus der Pfarrei ein Sommerlager zu organisieren;
– andere besuchten jene Kranken, die im Krankenhaus waren; sie brachten Blumen mit;
– ein kleiner Kreis strengte sich an, daß eine Familie, die durch die Krankheit des Mannes über Nacht in Not geriet, die ärgsten Sorgen los wurde;
– eine Gruppe von Frauen bildete mit einigen alleinerziehenden Vätern und Müttern eine Runde; notfalls halfen sie sich auch gegenseitig aus, so daß die alleinerziehenden Männer und Frauen auch manchmal Zeit für sich fanden und nicht stets bei den Kindern angehängt waren;
– verfolgt wurde auch die Idee, die Leute in der Nachbarschaft wieder näher zusammenzubringen, dabei vor allem Zugezogene einzubinden, damit jeder das Gefühl hatte, dazuzugehören und im Notfall Hilfe in unmittelbarer Reichweite war; vereinzelt konnte schon von guten Erfahrungen berichtet werden: am schwierigsten war diese Arbeit in einer Siedlung mit anonymen Hochhäusern.

Angesichts dieser langen Liste von Tätigkeiten der Pfarrei, zu denen gar kein Priester erforderlich sei, wichen bisherige Befürchtungen zurück, daß jetzt, ohne ortsansässigen Pfarrer, das Leben in der Pfarrei ersterben werde. Dafür kamen *neue Ängste* auf: Woher sollen die Leute, neben Beruf und Familie, die Zeit nehmen? Dazu kam die Angst, daß jetzt, wo kein Pfarrer mehr am Ort ist, niemand in Reichweite ist, zu dem man gehen konnte, wenn etwas nicht klappte. Es fehlte gleichsam einer, der anregte, ermutigte, die Fäden in der Hand hatte und mit seiner Autorität dahinterstand. Man konnte den Leuten, zu denen man ging, sagen, der Pfarrer sende Grüße mit. Jetzt aber käme man auf sich allein gestellt, und käme bestenfalls im Namen der Pfarrei, nicht des Pfarrers. Die Leute aber hätten eben doch lieber einen Pfarrer zu Besuch, oder zumindest jemanden, den der Pfarrer schickt. Aber einfache Leute aus der Gemeinde? Und schließlich: Geht es nicht zuweit, wenn Christen ohne einen Priester in der Kirche zusammenkommen und beten, das Wort Gottes vorlesen, wenn es einer aus seiner gläubigen Erfahrung deutet, eine Ansprache hält (die Ansprache des Lektors war übrigens viel lebensnaher als viele Predigten des bisherigen Pfarrers!), wenn einer von den Leuten und kein Priester die Kommunion reicht, sogar aus der Kirche wegträgt und kranken Leuten bringt, und dies alles ohne Priester?

Solche Fragen standen am Ende des zweiten Seminars. So erwarteten sie mit Neugierde das dritte Gemeindeseminar: *Was können denn die einfachen Gemeindemitglieder in eigener Verantwortung tun, ohne einen Priester oder gar den Bischof um Erlaubnis fragen zu müssen?* Wie weit gehen die Befugnisse und damit die Aufgaben der Leute?

Weitere Fragen fügten sich an: Selbst wenn vieles von den Leuten getan werden kann: *Praktisch* ergeben sich dabei immer noch viele Probleme: Sind die Leute nicht überfordert? Haben sie nicht zu wenig Zeit, zu wenig Begabung? Wer hilft, wenn etwas nicht gut weitergeht, wenn es Konflikte gibt? Wo findet man die Gemeinde? Wer ist verantwortlich dafür, daß jemand gesucht wird? Wer sieht zu, daß die einzelnen nicht nebeneinander oder gegeneinander arbeiten, sondern miteinander, damit es der Pfarrgemeinde gut tut, was die einzelnen Leute und Gruppen unternehmen?

IV. Drittes Gemeindeseminar: Der Charme der Kirche: ihre Charismen

»Auf seiner zweiten Missionsreise«, so erzählte der Pfarrprovisor zur Einführung des dritten Gemeindeseminars, »so um 50 oder 51 nach Christus, war Paulus nach *Korinth*, die griechische Hafenarbeiterstadt gekommen. Dort konnte er eine Christengemeinde gründen. Nach seiner Weiterreise blieb er mit dieser Gemeinde nach wie vor in Verbindung. Als er zwischen 53 und 55 in Ephesus in Kleinasien weilte, erreichen ihn viele Fragen über das Gemeindeleben in Korinth; Leute aus der Gemeinde hatten ihm Anfragen überreicht. Er sollte dazu etwas sagen. Aus seiner schriftlichen Beantwortung erfahren wir sehr viel über die Ordnung in dieser frühchristlichen Gemeinde, wie das Leben dort aussah, wer für die Gemeinde verantwortlich war und die Arbeit machte«.
Sodann teilte der Provisor ein Blatt aus, auf dem aus dem *1. Korintherbrief* die Kapitel 12 bis 14 abgezogen waren. Es ist der Text, so meinte er, vom »Charme der Kirche«. Charme sei im Französischen ein Wort, das vom griechischen »charis«, Gnade, Zuwendung, Ansehen[13] kommt. Der Text berichtet also von den Zuwendungen Gottes, seines Geistes an die Christen in Korinth. Es geht um Gottes Gnadengaben an jeden Christen. Das Fachwort für diese Begabungen der einzelnen Gemeindemitglieder ist eben »Charisma«.

DIE GEISTESGABEN UND DAS LEBEN DER CHRISTEN: 12,1–14,40

Der eine Geist und die vielen Gaben: 12,1–11

12 Auch über die Gaben des Geistes möchte ich euch nicht
in Unkenntnis lassen, meine Brüder. 2 Als ihr noch Heiden
wart, zog es euch, wie ihr wißt, mit unwiderstehlicher Gewalt
zu den stummen Götzen. 3 Darum erkläre ich euch: Keiner,
der aus dem Geist Gottes redet, sagt: Jesus sei verflucht! Und
keiner kann sagen: Jesus ist der Herr!, wenn er nicht aus dem
Heiligen Geist redet.

4 Es gibt verschiedene Gnadengaben, aber nur den einen
Geist. 5 Es gibt verschiedene Dienste, aber nur den einen

Herrn. 6 Es gibt verschiedene Kräfte, die wirken, aber nur den einen Gott: Er bewirkt alles in allen. 7 Jedem aber wird die Offenbarung des Geistes geschenkt, damit sie anderen nützt. 8 Dem einen wird vom Geist die Gabe geschenkt, Weisheit mitzuteilen, dem andern durch den gleichen Geist die Gabe, Erkenntnis zu vermitteln, 9 dem dritten im gleichen Geist Glaubenskraft, einem andern – immer in dem einen Geist – die Gabe, Krankheiten zu heilen, 10 einem andern Wunderkräfte, einem andern prophetisches Reden, einem andern die Fähigkeit, die Geister zu unterscheiden, wieder einem andern verschiedene Arten von Zungenrede, einem andern schließlich die Gabe, sie zu deuten. 11 Das alles bewirkt ein und derselbe Geist; einem jeden teilt er seine besondere Gabe zu, wie er will.

Der eine Leib und die vielen Glieder: 12,12–31 a

12 Denn wie der Leib eine Einheit ist, doch viele Glieder hat, alle Glieder des Leibes aber, obgleich es viele sind, einen einzigen Leib bilden: so ist es auch mit Christus. 13 Durch den einen Geist wurden wir in der Taufe alle in einen einzigen Leib aufgenommen, Juden und Griechen, Sklaven und Freie; und alle wurden wir mit dem einen Geist getränkt. 14 Auch der Leib besteht nicht nur aus *einem* Glied, sondern aus vielen Gliedern. 15 Wenn der Fuß sagt: Ich bin keine Hand, ich gehöre nicht zum Leib!, so gehört er doch zum Leib. 16 Und wenn das Ohr sagt: Ich bin kein Auge, ich gehöre nicht zum Leib!, so gehört es doch zum Leib. 17 Wenn der ganze Leib nur Auge wäre, wo bliebe dann das Gehör? Wenn er nur Gehör wäre, wo bliebe dann der Geruchssinn? 18 Nun aber hat Gott jedes einzelne Glied so in den Leib eingefügt, wie es seiner Absicht entsprach. 19 Wären alle zusammen nur *ein* Glied, wo bliebe dann der Leib? 20 So aber gibt es viele Glieder und doch nur *einen* Leib. 21 Das Auge kann nicht zur Hand sagen: Ich bin nicht auf dich angewiesen. Der Kopf kann nicht zu den Füßen sagen: Ich brauche euch nicht. 22 Im Gegenteil, gerade die schwächer scheinenden Glieder des Leibes sind unentbehrlich. 23 Denen, die wir für weniger edel ansehen, erweisen wir um so mehr Ehre, und unseren weniger anständigen Gliedern begegnen wir mit mehr Anstand, 24 während die anständigen das nicht nötig haben. Gott aber hat den Leib so zusammengefügt, daß er dem geringsten Glied mehr Ehre zukommen ließ, 25 damit im Leib kein Zwiespalt entstehe, sondern alle Glieder einträchtig füreinander sorgen. 26 Wenn darum *ein* Glied leidet, leiden alle Glieder mit; wenn ein

Glied geehrt wird, freuen sich alle anderen mit ihm. [27] Ihr
aber seid der Leib Christi, und jeder einzelne ist ein Glied an
ihm.
[28] So hat Gott in der Kirche die einen als Apostel eingesetzt,
die andern als Propheten, die dritten als Lehrer; ferner
verlieh er die Kraft, Wunder zu tun, sodann die Gaben,
Krankheiten zu heilen, zu helfen, zu leiten, endlich die
verschiedenen Arten von Zungenrede. [29] Sind etwa alle
Apostel, alle Propheten, alle Lehrer? Haben alle die Kraft,
Wunder zu tun? [30] Besitzen alle die Gabe, Krankheiten zu
heilen? Reden alle in Zungen? Können alle solches Reden
auslegen? [31a] Strebt aber nach den höheren Gnadengaben!

Die höheren Gnadengaben – das Hohelied der Liebe: 12,31 b–13,13

[31b] Ich zeige euch jetzt noch einen anderen Weg, einen, der
alles übersteigt:

13 Wenn ich in den Sprachen der Menschen und Engel redete,
hätte aber die Liebe nicht,
wäre ich dröhnendes Erz oder eine lärmende Pauke.
[2] Und wenn ich prophetisch reden könnte
und alle Geheimnisse wüßte
und alle Erkenntnis hätte;
wenn ich alle Glaubenskraft besäße
und Berge damit versetzen könnte,
hätte aber die Liebe nicht,
wäre ich nichts.
[3] Und wenn ich meine ganze Habe verschenkte,
und wenn ich meinen Leib dem Feuer übergäbe,
hätte aber die Liebe nicht, nützte es mir nichts.
[4] Die Liebe ist langmütig,
die Liebe ist gütig.
Sie ereifert sich nicht,
sie prahlt nicht,
sie bläht sich nicht auf.
[5] Sie handelt nicht ungehörig,
sucht nicht ihren Vorteil,
läßt sich nicht zum Zorn reizen,
trägt das Böse nicht nach.
[6] Sie freut sich nicht über das Unrecht,
sondern freut sich an der Wahrheit.

7 Sie erträgt alles,
glaubt alles,
hofft alles,
hält allem stand.
8 Die Liebe hört niemals auf.
Prophetisches Reden hat ein Ende,
Zungenrede verstummt,
Erkenntnis vergeht.
9 Denn Stückwerk ist unser Erkennen,
Stückwerk unser prophetisches Reden;
10 wenn aber das Vollendete kommt,
vergeht alles Stückwerk.
11 Als ich ein Kind war,
redete ich wie ein Kind,
dachte wie ein Kind
und urteilte wie ein Kind.
Als ich ein Mann wurde,
legte ich ab, was Kind an mir war.
12 Jetzt schauen wir in einen Spiegel
und sehen nur rätselhafte Umrisse, dann aber schauen wir
von Angesicht zu Angesicht.
Jetzt erkenne ich unvollkommen,
dann aber werde ich durch und durch erkennen,
so wie ich auch durch und durch erkannt worden bin.
13 Für jetzt bleiben Glaube, Hoffnung, Liebe, diese drei;
doch am größten unter ihnen ist die Liebe.

Über die Charismen der Prophetie und der Zungenrede: 14,1–25

14 Jagt der Liebe nach! Strebt aber auch nach den
Geistesgaben, vor allem nach der prophetischen Rede!
2 Denn wer in Zungen redet, redet nicht zu Menschen,
sondern zu Gott; keiner versteht ihn: Im Geist redet er
geheimnisvolle Dinge. 3 Wer aber prophetisch redet, redet zu
Menschen: Er baut auf, ermutigt, spendet Trost. 4 Wer in
Zungen redet, erbaut sich selbst; wer aber prophetisch redet,
baut die Gemeinde auf. 5 Ich wünschte, ihr alle würdet in
Zungen reden, weit mehr aber, ihr würdet prophetisch reden.
Der Prophet steht höher als der, der in Zungen redet, es sei
denn, dieser legt sein Reden aus; dann baut auch er die
Gemeinde auf.
6 Was nützt es euch, Brüder, wenn ich komme und in Zungen

vor euch rede, euch aber keine Offenbarung, keine Erkennt-
nis, keine Weissagung, keine Lehre bringe? 7 Wenn leblose
Musikinstrumente, eine Flöte oder eine Harfe, nicht deutlich
unterschiedene Töne hervorbringen, wie soll man dann
erkennen, was auf der Flöte oder auf der Harfe gespielt wird?
8 Und wenn die Trompete unklare Töne hervorbringt, wer
wird dann zu den Waffen greifen? 9 So ist es auch mit euch,
wenn ihr in Zungen redet, aber kein verständliches Wort
hervorbringt. Wer soll dann das Gesprochene verstehen? Ihr
redet nur in den Wind.
10 Es gibt wer weiß wie viele Sprachen in der Welt, und nichts
ist ohne Sprache. 11 Wenn ich nun den Sinn der Laute nicht
kenne, bin ich für den Sprecher ein Fremder, wie der Sprecher
für mich. 12 So ist es auch mit euch. Da ihr nach Geistesgaben
strebt, gebt euch Mühe, daß ihr damit vor allem zum Aufbau
der Gemeinde beitragt. 13 Deswegen soll einer, der in Zungen
redet, darum beten, daß er es auch auslegen kann. 14 Denn
wenn ich nur in Zungen bete, betet zwar mein Geist, aber
mein Verstand bleibt unfruchtbar. 15 Was folgt daraus? Ich
will nicht nur im Geist beten, sondern auch mit dem Verstand.
Ich will nicht nur im Geist Gott preisen, sondern auch mit dem
Verstand. 16 Wenn du nur im Geist den Lobpreis sprichst und
ein Unkundiger anwesend ist, so kann er zu deinem Dankge-
bet das Amen nicht sagen; denn er versteht nicht, was du
sagst. 17 Dein Dankgebet mag noch so gut sein, der andere hat
keinen Nutzen davon. 18 Ich danke Gott, daß ich mehr als ihr
alle in Zungen rede. 19 Doch vor der Gemeinde will ich lieber
fünf Worte mit Verstand reden, um auch andere zu unterwei-
sen, als zehntausend Worte in Zungen stammeln.
20 Seid doch nicht Kinder an Einsicht, Brüder! Seid Unmündi-
ge an Bosheit, an Einsicht aber seid reife Menschen! 21 Im
Gesetz steht: *Durch Leute, die anders und in anderen
Sprachen reden, werde ich zu diesem Volk sprechen;* aber auch
so *werden sie nicht* auf mich *hören,* spricht der Herr. 22 So ist
Zungenreden ein Zeichen nicht für die Gläubigen, sondern
für die Ungläubigen, prophetisches Reden aber ein Zeichen
nicht für die Ungläubigen, sondern für die Glaubenden.
23 Wenn also die ganze Gemeinde sich versammelt und alle in
Zungen reden, und es kommen Unkundige oder Ungläubige
hinzu, werden sie dann nicht sagen: Ihr seid verrückt! 24 Wenn
aber alle prophetisch reden und ein Ungläubiger oder
Unkundiger kommt herein, dann wird ihm von allen ins
Gewissen geredet, und er fühlt sich von allen ins Verhör

genommen; 25 was in seinem Herzen verborgen ist, wird
aufgedeckt. Und so *wird er sich niederwerfen,* Gott *anbeten*
und ausrufen: *Wahrhaftig, Gott ist bei euch!*

Die rechte Einheit und Ordnung im Gottesdienst: 14,26–40
26 Was soll also geschehen, Brüder? Wenn ihr zusammen-
kommt, trägt jeder etwas bei: einer einen Psalm, ein anderer
eine Lehre, der dritte eine Offenbarung; einer redet in
Zungen, und ein anderer deutet es. Alles geschehe so, daß es
aufbaut. 27 Wenn man in Zungen reden will, so sollen es nur
zwei tun, höchstens drei, und zwar einer nach dem andern;
dann soll einer es auslegen. 28 Wenn aber niemand es auslegen
kann, soll auch keiner vor der Gemeinde so reden. Er soll es
für sich selber tun und vor Gott. 29 Auch zwei oder drei
Propheten sollen zu Wort kommen, die anderen sollen
urteilen. 30 Wenn aber noch einem andern Anwesenden eine
Offenbarung zuteil wird, soll der erste schweigen; 31 einer
nach dem andern könnt ihr alle prophetisch reden. So lernen
alle etwas, und alle werden ermutigt. 32 Die Äußerung
prophetischer Eingebungen ist nämlich dem Willen der
Propheten unterworfen. 33 Denn Gott ist nicht ein Gott der
Unordnung, sondern ein Gott des Friedens.
Wie es in allen Gemeinden der Heiligen üblich ist, 34 sollen die
Frauen in der Versammlung schweigen; es ist ihnen nicht
gestattet zu reden. Sie sollen sich unterordnen, wie auch das
Gesetz es fordert. 35 Wenn sie etwas wissen wollen, dann
sollen sie zu Hause ihre Männer fragen; denn es gehört sich
nicht für eine Frau, vor der Gemeinde zu reden. 36 Ist etwa das
Gotteswort von euch ausgegangen? Ist es etwa nur zu euch
gekommen?
37 Wenn einer meint, Prophet zu sein oder geisterfüllt, soll er
in dem, was ich euch schreibe, ein Gebot des Herrn erkennen.
38 Wer das nicht anerkennt, wird nicht anerkannt. 39 Strebt
also nach der Prophetengabe, meine Brüder, und hindert
niemand daran, in Zungen zu reden. 40 Doch alles soll in
Anstand und Ordnung geschehen.

Nachdem sie den ausführlichen Text gelesen hatten, begannen sie darüber miteinander zu reden. Der Provisor redete eifrig mit, hatte er sich ja zuvor ausführlich in Fachbüchern um die Auslegung dieses Textes gemüht. *Aber ihm war nicht nur wichtig, daß der Text bibelwissenschaftlich exakt verstanden wurde; er hoffte vor allem, daß beim eingehenden Hin- und Herdrehen des Textes den Leuten selbst einsichtig werde, was Gottes Geist auch längst an ihnen getan hat, als sie Christen wurden, was in der Taufe und mit der die Taufe vollendeten Firmung öffentlich bekundet wurde.* Oder waren von ihnen einige noch gar nicht dazu gekommen, zu übernehmen, was die kirchliche Gemeinschaft auf Bitte einiger ihrer Mitglieder (der Eltern, des Paten) vorwegnehmend an den meisten als Säuglinge unternommen hatte[14]?

1. Die vielen Begabungen

Einige Momente, so kann man dem kleinen Gedächtnisprotokoll eines Teilnehmers entnehmen, haben das gemeinsame Gespräch bestimmt:

- Da war unter den Teilnehmern des Gemeindeseminars großes Erstaunen darüber, mit welcher *Selbstverständlichkeit sich Christen in der Gemeindeversammlung von Korinth zu Wort meldeten. Man bewunderte, daß sie das von sich aus taten, ohne daß sie ein Pfarrer dazu aufmunterte.* Freilich, das war zeitweise offenbar recht turbulent, ja chaotisch, und kaum einer hatte dann etwas davon. Deshalb riet ihnen Paulus zu einer Ordnung, einer soll nach dem anderen reden, und nicht zu viele, zudem mit Verstand (1 Kor 14,19), und Unverständliches, wenn es schon sein mußte, sollte einer ausdeuten (wer erklärt manche Predigt?!). Aber Paulus kommt nie auf die Idee, er selbst müßte Leute suchen, die lehren, prophetisch reden, heilen, leiten, Wunder wirken. *Diese Gabe trägt jeder in sich: Jeder hat sie unmittelbar durch Gottes Geist,* und *nicht vom Pfarrer delegiert. Jeder ist Mitarbeiter Gottes, und nicht des Pfarrers; als Mitarbeiter Gottes aber Mitarbeiter der Gemeinde: »um aufzubauen, zu ermutigen, Trost zu spenden«* (1 Kor 14,3). Jeder mußte also sein eigener »Vorsitzender« sein, er blieb verantwortlich für seine Begabung. Zu dieser Verantwortung gehörte aber auch, daß es dem Aufbau der Gemeinde nützt. Nur darüber konnte er nicht allein bestimmen: Wenn Propheten reden, sollen die anderen urteilen (1 Kor 14,29). Vielen wurde klar, daß sie bisher viel zu sehr vom Pfarrer abhängig waren und dabei oft überhörten, was Gott mit ihnen zum Wohl der Gemeinde vorhatte.
- Überrascht war man auch über *die vielen Begabungen. Wie reich an Begabungen muß diese Gemeinde in Korinth gewesen sein!* Wie anstrengend-langweilig nimmt sich dagegen manche heutige Pfarrei aus! Da gab es Wundertäter, Propheten, Lehrer, Glaubensstarke, Krankenheiler, Leiter. Viele überlegten, welche Begabungen es auch in ihrer Gemeinde gibt. Sie fanden gar nicht wenige: den

Organisten, der durch seine Musik Glanz in den Gottesdienst brachte; den Finanzverwalter im Kirchenvorstand, der mit den pfarrlichen Geldern bestens umging; die vielen Frauen und Männer, die ihre Arbeit in der Erstkommunionkatechese und in der Firmvorbereitung gut und mit freudiger Ausdauer machten; die Frauen und Männer vom Pfarrbesuchsdienst; jene, welche sich um die Trauernden, die Alten, die Kranken in der Pfarrei und im Krankenhaus umschauten; der Kantor, welcher zeitweilig auch Wortgottesdienste vorbereitete, ansonsten eine Schola von Kindern und Jugendlichen leitete; die pensionierte Lehrerin, welche im leeren Pfarrbüro zeitweise da war und die Schreibarbeiten der Pfarrei machte; die Ehepaare, mit denen Brautleute ihre Erfahrungen in den Liebesbeziehungen und ihre Erwartungen an die Ehe austauschen konnten, und die mit ihnen sogar die Trauung vorbereiteten, dann bei der Trauung auch mitwirkten, durch Fürbitten, kleine Gaben, durch Blumenschmuck, wodurch die Brautleute das Gefühl bekamen, die Pfarrgemeinde will sie gern als Eheleute in ihrer Mitte.

• Eine Entdeckung wurde allen ganz wichtig. Verbreitete sich doch zunächst der Eindruck, ein guter Christ ist nur der, welcher in der Pfarrei etwas tut. Da aber nicht alle mitmachen, unterstellte man denen, die nichts tun, sie wären schlechtere Christen. Bis einer entdeckte, daß es *viele Gaben sind, aber nicht alle die Gabe haben, in der Gemeinde etwas zu tun:* der Provisor gab dieser Einsicht noch einen kleinen Akzent. Er sagte, daß viele eine Gabe für die Gemeinde haben, die nicht in ehrenamtlicher Mitarbeit in der Gemeinde besteht, sondern in anderem: zum Beispiel darin, daß einer den Gottesdienst besucht, mitsingt, ja vielleicht sogar hinter der Säule stehen bleibt, weil er sich zur Zeit zu nichts anderem fähig weiß; ein anderer arbeitet als Vertreter in der politischen Gemeinde, in der sozialistischen Partei oder in einer anderen, weil er begriffen hat, daß der Einsatz für ein menschenwürdiges Zusammenleben die höchste Form christlicher Liebe ist (*Paul VI.*, 1971)[15]; wieder ein anderer ist in der Wirtschaft, einer sorgt sich darum, daß sein Unternehmen lebensfähig ist und damit Arbeit für die Leute da ist, ein anderer ist Betriebsrat, damit nicht die Sorge um die Produktion die Sorge um den Menschen erdrückt. Kurz, man lernte zu verstehen, daß die wichtigsten Geistesgaben gar nicht im engeren Raum Pfarrgemeinde sichtbar werden müssen, schon gar nicht unbedingt zu einer ehrenamtlichen Tätigkeit führen. Der Ort vieler Begabungen ist Gottes Welt. Die Mutter, die ausdauernd ihre drei Kinder erzieht, eines davon ist mongolid, ist genauso ein Charme der Kirche wie der Mann, der durch einen

Verkehrsunfall querschnittgelähmt wurde und nunmehr tapfer seine Behinderung trägt.

• Am längsten blieben sie beim 13. Kapitel des Korintherbriefes hängen. Dieses war ihnen von Hochzeiten, manchen auch noch aus ihrer romantischen Jugend her in Erinnerung, währens sie die übrigen Kapitel als völlig neu empfanden. *Sie begannen zu begreifen, daß alle diese Begabungen »nichts« sind, wenn die Liebe fehlt.* Hier half der Provisor mit, daß sie noch ein wenig tiefer graben konnten. Wer in Jesus hineinwächst, und durch ihn in Gott Wurzeln schlägt, wächst dadurch auch mit den anderen Menschen zusammen. Wie die vielen Bäume zusammen den Wald ergeben, so werden die vielen Menschen zusammen, verwurzelt in dem einen Boden »Gott«, seine Menschheit. *Glaube verbindet somit alle Menschen, und die Christen stellen diese tiefe Verbundenheit aller Menschen in Gott sichtbar dar und treiben sie voran.* Wir können nicht Gott lieben, wenn wir einen Menschen hassen. »Denn wer seinen Bruder nicht liebt, den er sieht, kann Gott nicht lieben, den er nicht sieht« (1 Joh 4,20).

• Obwohl die Leute an diesem wunderschönen 13. Kapitel des Korintherbriefes sich lange freuten, entging es ihnen nicht, daß es seine Entstehung wenig erbaulichen Verhältnissen in Korinth verdankte. Es gab Streitereien, wer zu wem gehört. Die einen wollten Paulus-Jünger sein, die anderen waren Anhänger eines Apollos. Die einen redeten sich ständig prophetisch gegenseitig drein, andere lallten unverständlich vor sich hin. *Es ging also offenbar zeitweise drunter und drüber.* Paulus hatte schon Gründe, warum er die Liebe so hoch pries. Sie sollte von der Wurzel her Ordnung schaffen, so daß das Leben in der Korinther Gemeinde würdig und angemessen sein könne. Gottes Geistgaben waren also ziemlich ungezähmt. Es gab Übereifrige, Ungestüme, vielleicht auch Fanatische. Wer schneidet den Wildwuchs zurück?

• Viele dachten, hätten diese Korinther nur einen Pfarrer gehabt; der hätte durch seine Autorität schon Ordnung geschaffen. *Aber auf den ersten Blick entdeckten die Leute der Pfarrei X. in der Gemeinde von Korinth keinen Pfarrer im heutigen Sinn.* Doch fanden sie »Geistbegabte«, welche sich um die Koordinierung der ungestümen Begabungen mühten: Allen voran war der *Apostel* selbst, der offenbar hohes Ansehen genoß und gebeten worden war, bei der Herstellung eines ordentlichen Miteinanders behilflich zu sein. Einer verwies auch darauf, daß offenbar in Korinth selbst einer war, der die Begabung hatte zu *leiten. Zugleich waren aber sichtlich andere Aufgaben, die man heute beim Pfarrer suchen würde, auf mehrere Leute verteilt, denn neben dem, der leitet, war ein Lehrer, ein anderer Prophet.* Es fiel auf, daß Paulus, der die Gemeinde gegründet hatte, ein anderes Verhältnis zu ihr hatte, als der, welcher »vom Geist« die Gabe bekam, zu leiten. Paulus war mehr »außerhalb«, der Gemeinde »gegenüber«, der Leiter in der Gemeinde hingegen (wohl vom Apostel als Leiter anerkannt) lebte mit den anderen zusammen; im übrigen hatte er gar nicht alles allein zu entscheiden. Ob einer prophetisch gut geredet hatte, darüber urteilten alle.

2. Von den vielen Charismen zum Charismenbündel

Nach einer Pause hielt der Provisor einen kurzen Vortrag. Dabei benützte er einen Tageslichtschreiber, um durch seine Ausführungen zeichnerisch zu unterstützen:

- »Ihr habt also durch den Brief des Paulus erfahren, daß in der Gemeinde in Korinth *viele Begabungen* waren. Es herrschte, wenn die Christen zusammenkamen, ein reges Leben, auch wenn es da und dort unersprießlich zuging. Jeder konnte sich auf Gottes Geist berufen, was auch der Apostel Paulus tat. Für die Lebendigkeit der Gemeinde waren alle verantwortlich.
- Das änderte sich allmählich. Im Lauf der Zeit wurden jene Leute immer wichtiger, die (im Auftrag eines Apostels, später eines Bischofs) für die Ordnung in den Kirchengemeinden Sorge trugen. Wichtig war für die Entwicklung der christlichen Gemeinden, daß die Kirche ein Teil des Römischen Staates wurde. Ich verwende für das, was geschah, ein Bild«, sagte der Provisor: »*Die ›Priester‹, wie man sie jetzt anfing zu nennen, saugten wie ein Schwamm viele einzelne Charismen auf.* Waren früher Propheten, Lehrer, Leiter verschiedene Leute, so war jetzt der Priester alle diese Charismen in einer Person, oder vorsichtiger ausgedrückt, es wurden dem Priester alle diese Aufgaben zugedacht (ob er sie auch hatte, oder ob sie nicht doch bei anderen Christen waren und dort schlummerten, kann man nicht so leicht sagen). *Aus den vielen Charismen wurde gleichsam ein Charismenbündel.*

Natürlich hatte man dabei den einfachen Leuten in den Gemeinden, die man alsbald Pfarreien nannte, *nicht alle Aufgaben abgenommen:* Immer noch hielt man es für ihre Pflicht, zusammenzukommen, miteinander zu glauben, zu beten, zu singen; und weil die Masse von Christen träge wurde (vielleicht auch deshalb, weil man sie im Grund zur Arbeit in der Pfarrei nicht mehr brauchte?), mußte man mit strengen Kirchengeboten die Leute zu dieser Form von Teilnahme drängen. *Aber das wahrnehmbare Bild*

der Gemeinde änderte sich doch merklich. Für die vielen Leute der Pfarrei gab es einen Pfarrer, vom Bischof geschickt, und für alle Aufgaben der Pfarrei zuständig.
Nicht übersehen dürfe man freilich, *daß damals die Pfarrer auch nicht unbewältigbar viele Aufgaben hatten: Vieles besorgte der christliche Staat mit allen zur Verfügung stehenden Mitteln wie Erziehung, Strafrecht, öffentliche Meinung.* Wer Bürger war, mußte auch Christ sein. Die Pfarrer konnten in erster Linie Sakramente spenden und Sittenpredigten halten. Als dann nach dem grausamen langen Krieg nach der Kirchenspaltung die Leute unsicher wurden, was zu glauben war, und auch sonst manche Oberflächlichkeit, besonders beim »gemeinen Manne« einriß (so eine Verordnung der Kaiserin *Maria Theresia*)[16], mußten die Pfarrer auch anfangen, für die Leute Christenlehren zu halten. Aber es war unvorstellbar, daß in der Kirche jemand anderer als ein Pfarrer etwas tat. Die »Laien« waren »passiv«. Ausnahme waren lediglich die politisch Mächtigen. Die soeben erwähnte Kaiserin Maria Theresia begann ihre Verordnung über die Heiligung der Sonn- und Feiertage mit dem Hinweis, daß ihr die Beförderung der Ehre Gottes am Herzen liege ...: so gesehen trieb sie zweifellos auf ihre Weise Seelsorge, ihr Charisma war nicht ganz vom Klerus verschluckt worden.

MODELLE DER KIRCHENGEMEINDE

Ein Kirchenmitglied mit seinem Grundcharisma des Glaubens, der Hoffnung und der Liebe;

○ sein pastorales Charisma im engeren Sinn;

● Amtscharisma

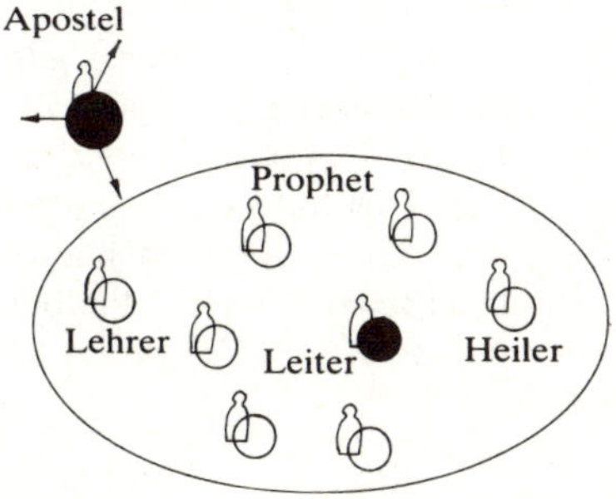

Viele Begabungen (Charismen)
darunter Lehrer, Propheten, Leiter ...
wichtig ist Apostel als Gemeindegründer
Bild der Gemeinde durch die vielen begabten Christen bestimmt.

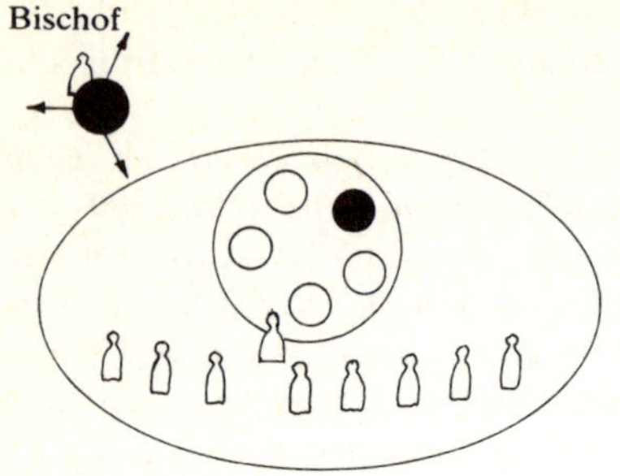

Bündelung der Charismen in Priestern; sie werden zum »Klerus«, aktiv, für die Versorgung der Leute bestellt; aus der Brudergemeinde wird Klerus- und Volkskirche.
Bild der Kirche vor allem durch Klerus bestimmt. Heute noch: Kirche = Priester

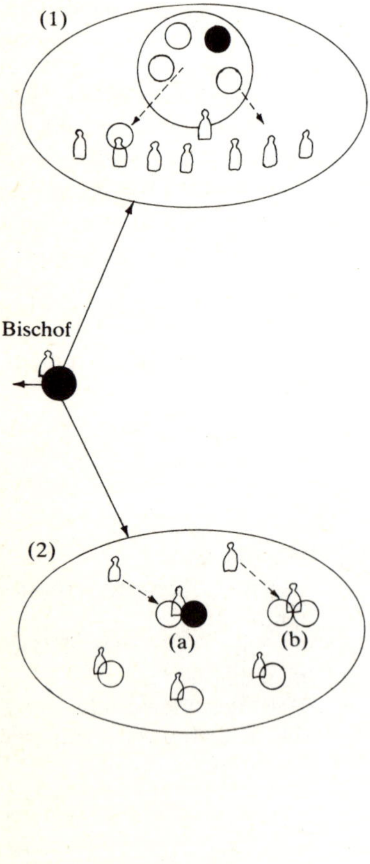

Viele neue Aufgaben, zeit- und personenintensiv.
Zwei Entwicklung(sstuf)en:
(1) Leute werden zu Mitarbeitern der Kleriker

(2) Leute entdecken ihre Aufgabe wieder, Priester gewinnen etwas von ihrer ursprünglichen und einfacheren Aufgabe wieder
(a) Solange viele wenig Zeit haben, zahlen sie für einige, damit sie (freigestellt), für sie Aufgaben übernehmen. So kommt es, daß ein Teil der Aufgaben der Leute bei den Priestern bleiben
(b) In manchen reichen Ländern (Gemeinden) gibt es zudem einige freigestellte Laien, die für andere Arbeit tun. Das hat neben Vorteilen (Arbeit geschieht), auch Nachteile (viele bleiben passiv)

3. Wiederentdeckung der vielen Charismen

Diese für die Seelsorge geschützten Zeiten gingen in den letzten Jahrhunderten langsam zu Ende. *Die Religionsfreiheit wurde eingeführt, damit wurde es möglich, als Bürger auch zu leben, ohne so intensiv, wie die Kirche es wünschte, am kirchlichen Leben teilzunehmen.* Zunächst kleine, dann aber ganze Teile der Gesellschaft machten von dieser Möglichkeit Gebrauch: Intellektuelle, Arbeiter, Städter, Jugendliche... Dies stellte die Arbeit der Kirche auch in den Pfarreien vor neue Aufgaben. Bestrebt, nach wie vor möglichst viele für den Glauben an Jesus Christus zu gewinnen und damit in eine Kirchengemeinde einzubinden, konnte man sich jetzt nicht mehr auf den Staat und seine gesellschaftlichen Einrichtungen verlassen. Die Kirche mußte ihre Aufgabe zunehmend allein wahrnehmen. Und das unter erschwerten Bedingungen. *Dies konnte aber nur geschehen, wenn mehr Leute die vermehrte Arbeit mittrugen.*

- Ein erster Schritt bestand darin, *daß die Pfarrer einzelne Leute mit Aufgaben betrauten. Sie »delegierten« etwas von ihrer Arbeit. Damit gab der »Schwamm wieder Wasser ab, das er vor langer Zeit aufgesogen hatte«*, so der Provisor. Und weil das Wasser solange im Schwamm war, meinten die Leute, es komme auch von dort her.
- Allmählich wurde aber wieder deutlicher, *daß es dasselbe Wasser war, das der Schwamm früher aufgesogen hatte. Er gab also etwas her, was er gar nicht selbst war, sondern nur aufgesogen hatte:* Ohne Bild gesprochen: *Die Leute merkten, daß sie zurückerhielten, was sie vor längerer Zeit verloren oder auch freiwillig abgegeben hatten.* Nicht der Pfarrer delegiere ihnen Aufgaben, sondern *sie selbst sind es, die dem Pfarrer ihre Aufgaben delegiert hatten, freilich vor urdenklicher Zeit.* Daraus folge aber auch, daß sie eben nicht vom Pfarrer Aufgaben zugeteilt bekommen, sondern sie eine Aufgabe erfüllen, zu der sie – schon unabhängig vom Pfarrer – berufen sind. Etwas von der Christengemeinde in Korinth begann sich allmählich wieder einzustellen[17].

»*Wie aber geht es dem Schwamm ohne Wasser?* Die Priester müssen viel umlernen«, so der Provisor. »Denn viel Verantwortung macht nicht nur viel Arbeit, sondern bringt auch Ansehen und Wichtigkeit.« Umgekehrt ist verständlich, daß viele Leute von dieser Entwicklung gar nicht erfreut sind, und wünschen, das Wasser solle nur im Schwamm bleiben. Denn es sei »immer so gewesen« (man hat es eben nie anders erlebt und Bibel durfte man als Katholik keine haben), außerdem sei es auch sicher und

angenehm, wenn man als Kind der Kirche von der verläßlichen Mutter Kirche gut versorgt werde.
Insgesamt lasse sich aber die Entwicklung, so schloß der Provisor seinen kurzen Ausflug in die Pastoralgeschichte, nicht mehr aufhalten. *»Das Wasser muß aus dem Schwamm, soll das Leben in den Pfarreien nicht vertrocknen«*. Eine Pfarrei lebt heute, wie einst, nur, wenn viele mitmachen, also ihre Begabung entdecken und »zum Aufbau der Gemeinde« zur Verfügung stellen: also etwas von ihrer Zeit, ihrer Phantasie, ihrer Kraft.
Am Schluß hatte ein junges Mädchen eine Idee, die es verdient, erzählt zu werden. *Wenn wir also jetzt keinen Pfarrer haben, dann ist das gut und schlecht zugleich:* Es ist gut, so meinte sie, weil dann niemand das Wasser unserer Begabungen aufsaugen kann. Es ist aber dann schlecht, wenn wir meinen, er hätte beim Weggehen alle unsere Begabungen mitgenommen. *Ich wünschte mir, wenn ein Pfarrer schon unbedingt gehen muß, daß er vorher noch fest Wasser abgibt oder sogar ausgedrückt wird, damit viel Wasser in der Pfarrei bleibt.* Die Leute verstanden rasch, was sie meinte: Wären doch alle jene Priester, die wissen, daß sie für längere Zeit der letzte Pfarrer in einer Pfarrei sein werden, in der Lage, rechtzeitig möglichst viel von jenem Wasser der Begabungen loszulassen, das sich in ihrem Schwamm gesammelt hat. Dann ist es wenigstens keine Katastrophe, wenn einige Zeit kein Pfarrer da ist.

4. Charismenlehre praktisch

Bei all diesen Überlegungen hatten die Teilnehmer am Gemeindeseminar gemischte Gefühle. Sie sahen wohl ein, daß sie jetzt nicht mehr einfach alles vom Pfarrer erwarten konnten; schon gar nicht, wenn kein Priester mehr in der Pfarrei wohnte, sondern nur dann und wann vorbeischauen konnte. Sie selbst mußten wieder anfangen, ihre eigene Aufgabe anzupacken.
Dabei fiel ihnen ihr Beruf ein. Wie froh waren sie doch, wenn ein Arbeitstag zu Ende ging. Endlich freie Zeit, in der man etwas für sich machen konnte. Vor allem, *nach Hause* zu gehen und mit dem Mann und manchmal auch den heranwachsenden Kindern etwas Gemeinsames zu unternehmen. Auch die Männer, die keinen großen Drang nach der Familie spürten, sondern nicht ungern zu einem Verein, zu Freunden gingen, sahen solche Unternehmungen durch ihre biblische Erleuchtung gefährdet. Christsein verlangte plötzlich etwas von einem, und zwar nicht nur zur Messe zu gehen,

oder Gebote zu erfüllen. Mancher spürte für sich deutlich, daß von ihm auch erwartet wurde, daß er etwas für die Pfarrei tun kann und daher auch soll.
Wie das aber zusammenpaßt, Beruf, Familie, Wunsch nach Freizeit, und jetzt dazu die Mitverantwortung in der Pfarrgemeinde? So setzten sich die Leute noch einmal in kleinen Arbeitsgruppen zusammen, um diese Frage zu überlegen. Bald hatte man auch ein paar Ergebnisse, einer konnte von einer anderen Pfarrei erzählen, ein anderer hatte ein Buch gelesen, in dem es um die Mitarbeit in der Gemeinde ging. Und als sie wieder im Plenum zusammenkamen, konnten sie aus den Arbeitsgruppen *eine Reihe bemerkenswerte Regeln und Ideen festhalten.* Im Protokoll konnte man sie nachlesen:

- Wichtig ist, *daß jeder selbst bestimmt,* ob er mitmacht, was er tun möchte, wie lange er/sie eine Aufgabe übernehmen will. Man beschloß, einen *Fragebogen* einzusetzen, der sich anderswo schon einmal bewährt hat:

AKTION: MITARBEIT...

Viele Hände für kleine Dienste

pfarrgemeinde · monschau · mützenich

Liebes Mitglied unserer Pfarrgemeinde!

An alle Pfarrangehörigen von 9 bis 90 Jahren

Der neue Pfarrgemeinderat steht vor einer Fülle von Aufgaben, die er nicht allein bewältigen kann, und ... die er nicht allein bewältigen muß ... darf ... soll ... will ...
Sehr deutlich sagen ja unsere Bischöfe: »Aus einer Gemeinde, die sich seelsorglich versorgen läßt, muß eine Gemeinde werden, die ihr Leben *im gemeinsamen Dienst aller* gestaltet.«
Anders gesagt: Nicht einige sollen vieles tun, sondern viele sollen einiges tun...!

Bitte

Wenn Sie nun einen kleinen Dienst in unserer Gemeinde übernehmen möchten, bitten wir Sie freundlichst:

- Überlegen Sie an Hand dieses Fragebogens, *wie* Sie mitarbeiten können.
- Machen Sie dort *ein Kreuzchen,* wo Sie feststellen: »Jawohl, bei diesem Dienst könnte ich mitmachen!«
- Sollten Sie in der Vergangenheit *bereits mitgearbeitet haben,* bitten wir Sie trotzdem, Ihren Dienst anzukreuzen.
- Und wenn Sie *etwas Neues anregen* möchten, schreiben Sie es dann zum Stichwort: »*Ich rege an:*«

Wir brauchen einander

Wir brauchen einander für viele kleine Dienste und für gute Anregungen.
Ja, der Pfarrgemeinderat braucht viele Mitarbeiterinnen und Mitarbeiter, junge und ältere und alte.

Warum?

Wir brauchen einander, weil wir nur miteinander Gemeinde sein können ... lebendige Gemeinde ... Gemeinde Jesu Christi ... in Mützenich!

Wir laden Sie herzlich ein mitzumachen!

Mützenich, im Februar '82

Margarete Steffens	Franz Stams
1. Vors. Pfarrgemeinderat	Pfarrer

I VORHANDENE DIENSTE IN UNSERER GEMEINDE

Drei Grundfunktionen

Es gibt 3 Grundfunktionen einer Pfarrgemeinde:
1. *Verkündigung* – Zeugnis des Glaubens (in Wort und Tat)
2. *Liturgie* – Feier des Glaubens (Gottesdienst u. Sakramente)
3. *Diakonie* – Tun des Glaubens (Bruderdienst)

Im Rahmen dieser drei Grundfunktionen sind bei uns bereits *folgende Dienste vorhanden:*

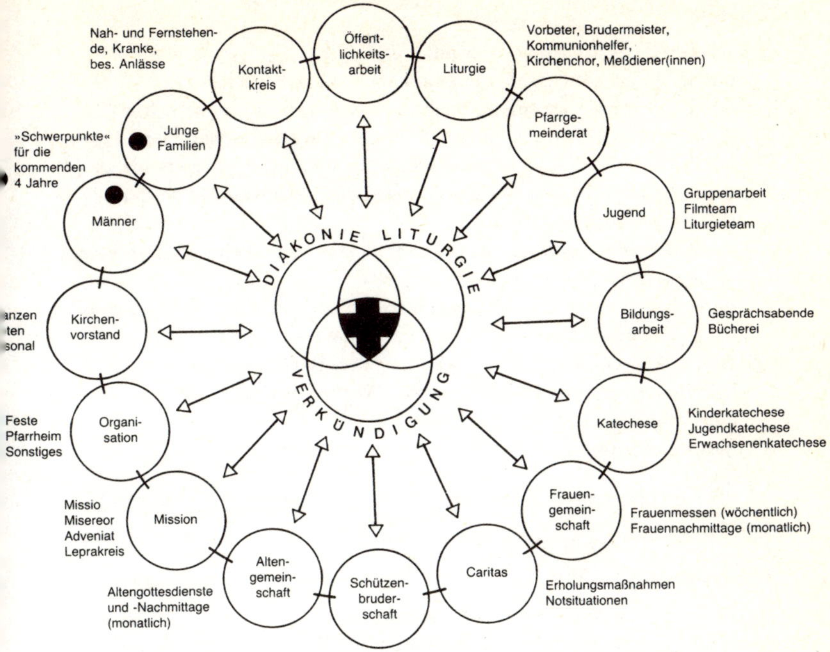

II AUSBAU DER DIENSTE IN UNSERER GEMEINDE

1. Liturgie

Ich bin bereit zur Mitarbeit (bitte ankreuzen ☐)

☐ als Vorbeter(in) im Gottesdienst (1)
☐ als Meßdiener(in) (2)
☐ als Kommunionhelfer(in) bei Krankenkommunionen (3)
☐ bei der Vorbereitung der Schulmessen (4)
☐ bei der Vorbereitung der Familienmessen (5)
☐ als Sänger(in) im Kirchenchor (6)
☐ als Sänger(in) im Kinderchor (7)
☐ durch Instrumentalbeiträge z. B. in der Flötengruppe (8)
☐ als Brudermeister bei Prozessionen u. Wallfahrten (9)
☐ als Vorbeter(in) in den Totenwachen (10)
☐ als Vorbeter(in) bei Kreuzwegandachten (11)

☐ als____________________________________ (12)

*Ich rege an:*____________________________________

2. Caritas

Ich bin bereit zur Mitarbeit (bitte ankreuzen ☐)

☐ durch 1 × im Monat einen Kranken im Dorf zu besuchen (1)
☐ durch 1 × im Monat einen Kranken im Krankenhaus zu besuchen (2)
☐ durch 1 × im Monat einen alten Menschen im Dorf zu betreuen (3)
☐ durch 1 × im Monat einen alten Menschen im Altersheim zu besuchen (4)
☐ durch besondere Sorge um eine Familie, die durch Ausfall eines Mitgliedes (Mutter) in Not geraten ist (5)
☐ durch Mitnahme eines alten oder behinderten Menschen zum Sonntagsgottesdienst (6)
☐ durch Fahrten oder Begleitung eines alten oder behinderten Menschen bei besonderen Anlässen z. B. Altennachmittag (7)
☐ durch gelegentliche kurze Fahrten oder Begleitung eines alten oder behinderten Menschen während der Woche zum Arzt oder zum Friseur oder zum Einkauf (8)
☐ durch Einladung von Alleinstehenden zum Essen (9)

☐ durch ______________________________ (10)

Ich rege an: ______________________________

3. Gemeinde-Katechese

Ich bin bereit zur Mitarbeit (bitte ankreuzen ☐)

☐ bei der Vorbereitung zur Erstkommunion (1)
☐ bei der Vorbereitung zur Firmung (1)
☐ durch Leitung von Tischgruppen bei Gesprächsabenden (3)

☐ durch ______________________________ (4)

Ich rege an: ______________________________

4. Kinder und Jugend

Ich bin bereit zur Mitarbeit (bitte ankreuzen ☐)

☐ bei Spielnachmittagen für Kinder (alle 14 Tage) (1)
☐ bei Ferienkinderspielen (2)
☐ als Mitglied einer Jugendgruppe (3)
☐ durch Übernahme praktischer Dienste, z. B. Babysitterdienst an Frauennachmittagen (4)
☐ bei der Vorbereitung von Kindergottesdiensten (5)
☐ im Jugendliturgieteam (6)
☐ als Sänger(in) des Jugendchores (7)
☐ als Mitglied der Instrumentalgruppe (8)
☐ als Mitglied des Filmteams (9)

☐ als ______________________________ (10)
☐ Ich möchte Mitglied einer Jugendgruppe werden (11)

Ich rege an: ______________________________

5. Frauengemeinschaft

Ich bin bereit zur Mitarbeit (bitte ankreuzen ☐)

☐ durch Dienste bei Frauennachmittagen z. B. Saal gestalten, Kaffee kochen (1)
☐ durch Beiträge zur Gestaltung von Frauennachmittagen (2)
☐ durch Vorträge bei Karnevalssitzungen (3)
☐ durch Backen von Kuchen für Feste z. B. Pfarrfest (4)
☐ bei der Durchführung von Ferienkinderspielen (5)

☐ durch ______________________________ (6)

Ich rege an: ______________________________

6. Altengemeinschaft

Ich bin bereit zur Mitarbeit (bitte ankreuzen ☐)

☐ durch Mitnahme zum Altennachmittag (1)
☐ durch Beiträge zur Gestaltung von Altennachmittagen (2)
☐ durch praktische Dienste bei Altennachmittagen z. B. Saal gestalten, Kaffee kochen. (3)
☐ durch Besuche bei Alleinstehenden und Kranken (4)

☐ durch ______________________________ (5)

Ich rege an: ______________________________

7. Mission

Ich bin bereit zur Mitarbeit (bitte ankreuzen ☐)

☐ bei gelegentlichen Aktionen zugunsten der Dritten Welt (1)
☐ bei den Aktionen Adveniat – Misereor – Missio (2)
☐ durch Austragen der Missionszeitschriften (3)
☐ durch Mitarbeit im »Leprakreis« (4)

☐ durch ______________________________ (5)

Ich rege an: ______________________________

8. Öffentlichkeitsarbeit

Ich bin bereit zur Mitarbeit (bitte ankreuzen ☐)

☐ durch Schaukastengestaltung (1)
☐ durch Fotografieren von Gemeinde-Ereignissen (2)
☐ durch Kontaktaufnahme mit Zeitungen u. Zeitschriften (3)
☐ durch Gestaltung von Werbung bei besonderen Veranstaltungen z. B. Besinnungswoche (4)

☐ durch ______________________________ (5)

Ich rege an: ______________________________

9. Organisation

Ich bin bereit zur Mitarbeit (bitte ankreuzen ☐)

☐ bei der Vorbereitung der Pfarr- u. Dorffeste (1)
☐ bei der Durchführung der Pfarr- u. Dorffeste (2)
☐ bei der Vorbereitung der Besinnungswochen (3)
☐ bei der praktischen Durchführung der Besinnungswochen (4)
☐ durch kleine handwerkliche Arbeiten im Pfarrheim (5)
☐ durch kleine handwerkliche Arbeiten in der Kirche (6)
☐ durch Aufbau der Krippe (7)
☐ durch Hilfe bei den Altpapiersammlungen (8)

☐ durch ______________________________ (9)

Ich rege an: ______________________________

III. FEHLENDE DIENSTE IN UNSERER GEMEINDE

Ich hätte Interesse an:

☐ einem Kreis junger Familien (1)
☐ einer Intensivierung der Männerseelsorge (»Männerrunde«) (2)
☐ und ______________________________ (3)
☐ und ______________________________ (4)

Dank

Wir danken Ihnen, daß Sie für diese Aktion Interesse gezeigt und diesen Fragebogen gelesen haben
Sollten Sie nun zu denen gehören, die selber *nicht aktiv mitarbeiten können oder wollen,* würden wir uns freuen, wenn Sie trotzdem unser Bemühen um eine lebendige Pfarrgemeinde durch Ihr *Wohlwollen* unterstützen würden!

- Wenn Sie aber *mittun wollen* oder *in diesem Fragebogen Anregungen gegeben haben,* wäre es wichtig, daß Sie ihre Anschrift angeben, damit wir auf Sie zurückkommen können!

Ihre Anschrift

Name: ______________________________
Vorname: ______________________________
Straße: ______________________________ *Telefon:* ______________________________
Alter (wenn Sie möchten): ______________________________

Einsammeln:

Dieser Fragebogen wird in der Zeit *vom 15. 2. bis 20. 2.* durch ein Mitglied des Pfarrgemeinderates oder des Kontaktkreises abgeholt!
Falls Sie in der obengenannten Zeit *abwesend sein sollten,* können Sie diesen Fragebogen auch in einen dafür in der Kirche aufgestellten Kasten geben.

Im voraus herzlichen Dank!

»WIR SIND GOTTES MITARBEITER«

Grundlagen · Modelle · Arbeitshilfen

»Wir sind Gottes Mitarbeiter« – die Pfarrgemeinde St. Bartholomäus in Monschau-Mützenich in der Eifel (s. auch FORUM I/82, S. 12, Rückseite) hat versucht, ihren Traum ein wenig zu verwirklichen.
Der neugewählte Pfarrgemeinderat und ein Kontaktkreis haben 1270 Fragebogen persönlich zu jedem Katholiken zwischen 9 und 90 Jahren gebracht. Mehr als ein Drittel der Fragebogen wurden ausgefüllt zurückgegeben.
Nach den Beratungen und Vorarbeiten im PGR stand am Anfang der »Aktion« eine Predigt.

Liebe Mitchristen!

Am 8. November 1981 wählten wir in unserer Pfarrgemeinde einen neuen Pfarrgemeinderat. Nun erwarten wir von diesem Pfarrgemeinderat mit Recht neue Impulse zur Belebung und Vertiefung unseres Gemeindelebens. Diese Aufgabe ist aber so groß, daß der Pfarrgemeinderat sie nicht *allein* bewältigen kann und ... sie ist auch so geartet, daß der Pfarrgemeinderat sie nicht allein bewältigen darf!
Denn sonst macht er als Gruppe den gleichen Fehler, den früher der einzelne Priester gemacht hat: er macht alles *allein.*
»Lebendige« Pfarrgemeinde ist aber nicht dort, wo einige alles machen, sondern wo *ein Netz des Miteinanders* entsteht und zwar ein Netz vielfältiger Dienste und Beziehungen, an dem der einzelne mitträgt und von dem er auch getragen wird. ... Ja, wenn wir wirklich eine *Gemeinde* Jesu Christi sein wollen, dann brauchen wir nicht nur Jesus Christus, sondern dann brauchen wir auch einander. Und warum? Weil wir nur *miteinander* Gemeinde Jesu Christi sein können!
Ausgehend von diesen grundsätzlichen Überlegungen, möchte deshalb der Pfarrgemeinderat seine Arbeit beginnen mit *einer Suche nach Mitarbeiterinnen und Mitarbeitern.* Diese Suche heißt denn auch:

»Aktion Mitarbeit«

Und der Untertitel dieser Aktion lautet:

»Viele Hände für kleine Dienste«

Ich möchte jetzt diese Aktion kurz erläutern. Im Laufe der kommenden Woche erhalten alle Pfarrangehörigen ab einem Alter von 9 Jahren einen großen grünen Fragebogen. Er wird ihnen ins Haus gebracht. Dieser Fragebogen besteht aus drei Teilen:
Im ersten Teil werden durch eine Graphik die *bereits vorhandenen Dienste* in unserer Gemeinde aufgezeichnet. Sie werden dabei feststellen, daß bei uns schon manches vorhanden ist. Vielleicht mehr als Sie ahnten. Gott sei Dank!
Der zweite Teil dieses Fragebogens trägt die Überschrift: *Ausbau der vorhandenen Dienste* in unserer Gemeinde.

Damit kommen wir zum Kern der Aktion Mitarbeit! Denn da werden – eingeteilt in neun Gruppen – viele Angebote zur Mitarbeit aufgeführt.
Hier einige Beispiele: Ich bin bereit zur Mitarbeit

- als Meßdiener(in)
- durch einmal im Monat einen Kranken im Dorf besuchen,
- durch Mitnahme eines behinderten Menschen zum Gottesdienst,

ich bin bereit zur Mitarbeit

- bei der Vorbereitung zur Firmung,
- im Leprakreis
- im Liturgie-Team der Jugend,
- bei den Ferienkinderspielen usw.

Es sind insgesamt ca. 60 Angebote zur Mitarbeit und Mitverantwortung. Dazu hat jeder die Möglichkeit, auch noch auf andere Dienste hinzuweisen bzw. dazu Anregungen zu geben.
Wenn Sie nun einen bestimmten kleinen Dienst in unserer Gemeinde übernehmen können und auch möchten, dann werden Sie gebeten, diesen Dienst im Fragebogen anzukreuzen.
Im dritten Teil dieses Fragebogens wird schließlich auf *total fehlende Dienste* in unserer Gemeinde hingewiesen.
Deshalb hat der Pfarrgemeinderat in diesem Zusammenhang für die kommenden vier Jahre auf *zwei Schwerpunkte* in unserer Gemeinde aufmerksam gemacht:
1. Kreis junger Familien
Das ist sicher eins der wichtigsten Anliegen der Zukunft, weil damit ja die Zukunft unserer Gemeinde verbunden ist.
2. Eine Intensivierung der Männerseelsorge
Auf dem Gebiet passiert ja so gut wie nichts. Es ist nur die Frage, ob die Männer sich ansprechen lassen wollen, um zu einer »Männerrunde« zu finden. Wir hoffen es!

Diese Aktion »Mitarbeit« ist sicher etwas ganz Neues. Und weil es etwas Neues ist, besteht die Möglichkeit diese Aktion abzulehnen oder anzunehmen. Ich möchte deshalb einige Dinge klarstellen:

erstens: Sagen Sie bitte nicht: *»Der Pfarrgemeinderat soll selber diese Dienste leisten, dafür ist er ja gewählt!«* ...
Wer so spricht, will wohl eine »Pfarrei« haben, aber keine »Pfarrgemeinde«! Dies ist keine Wortspielerei. Eine *»Pfarrei«* ist eine gesetzlich festgelegte, territoriale Größe, die verwaltet und betreut wird. Dort wird ein Service angeboten ... jeder nimmt, was ihm gefällt und geht wieder. Eine solche Pfarrei ist gleichsam ein Ort der Betreuung, ja, ein Unternehmen, das religiöse Dinge anbietet und verwaltet. Das heißt, ich kann dort bestimmte Dienste beanspruchen, z. B. Sonntagsmesse, Taufe, Hochzeit, Beerdigung usw. Für den Rest bin ich aber nicht mitverantwortlich und mit dem Rest habe ich auch nichts zu tun. »Dafür bezahle ich ja Kirchensteuer«, heißt es in einer solchen Pfarrei.

Wer aber so denkt und handelt – und viele haben es in der Vergangenhheit nicht anders gelernt –, hat von dem, was Jesus Christus gewollt hat, nämlich Mitglied einer »Gemeinde« zu sein, nichts verstanden. Eine *»Pfarrgemeinde«* ist – im Gegensatz zu einer Pfarrei – »ein *Miteinander* von Menschen, die an Jesus Christus glauben.« Und nur wenn dieses Miteinander stimmt, kann ich von einer »lebendigen« Pfarrgemeinde sprechen; sonst nicht!
Scharf formuliert heißt das sogar: wenn in einer Gemeinde nur ein paar Leute (z. B. der Pfarrgemeinderat) alles machen und managen, dann ist dort zwar äußerlich »viel los« aber ... solange die übrigen Mitglieder sich von einigen bedienen lassen, bilden diese Menschen keine Gemeinde, keine Gemeinschaft, keine Pfarrgemeinde ...
Bestenfalls ist es eine gut funktionierende Verwaltungseinheit, die sich »Pfarrei« nennt. »Lebendig« wird hier mit Service bzw. mit Betrieb und Betriebsamkeit verwechselt.

zweitens: Sagen Sie bitte nicht: »wer da mitmacht, will sich hervortun, will auffallen, hält sich für einen besseren Christen.« Wer so denkt und spricht, denkt und spricht zutiefst unchristlich. Ein echter Christ freut sich nämlich über das Gute, das getan wird, weil dadurch ein kleines Stück vom Reich Gottes unter den Menschen aufgebaut wird. Wer aber das Gute durch lieblose Bemerkungen verhindert oder gar zerstört, muß sich fragen, ob er überhaupt noch zur Pfarrgemeinde gehört. »Pfarrgemeinde« ist ja, wie gesagt, ein Miteinander von Menschen, die an Jesus Christus glauben. Lieblose Kritik ist aber kein christliches Glaubenszeugnis. Im Gegenteil!

drittens: Und sagen Sie schließlich auch nicht: *»Ich bin jetzt irgendwie gezwungen einen Dienst anzukreuzen,* sonst mache ich einen schlechten Eindruck beim Pfarrgemeinderat oder beim Pfarrer«.
Hier möchte ich deutlich betonen:
»Diese Aktion ist keine fromme Erpressung ihrer Dienste und keine heimliche Vergewaltigung ihrer Freiheit«!
Selbstverständlich freut sich der Pfarrgemeinderat über jeden kleinen Dienst und über jede Anregung, aber nur, wenn dies ganz freiwillig geschieht! Ob Sie also mitmachen oder nicht, wir respektieren Ihre Entscheidung. Allerdings wären wir Ihnen wohl sehr dankbar, wenn Sie – falls Sie nicht mitmachen können oder wollen – diese Aktion mit Ihrem Wohlwollen unterstützen würden. Ja, das wäre schon eine wertvolle Mitarbeit.
Diese Aktion ist ja ein Wagnis! Und zwar ein Wagnis, das entweder eine große Enttäuschung oder aber eine große Freude in sich birgt. Wie diese Aktion auch ausfallen mag, sie ist in jedem Fall ehrlich, d. h. sie ist ein ehrlicher Test der tatsächlichen Situation und der wirklichen Qualität unserer Gemeinde. Mit anderen Worten, wenn dieser Test *gut* ausfällt, dürfen wir sagen: »Gott sei Dank, die Gemeinde lebt!«
Wenn dieser Test *schlecht* ausfällt, müssen wir uns sagen: »Es ist noch ein weiter Weg von der Pfarrei zur Pfarrgemeinde Mützenich!«

Die sogenannten »Realisten« unserer Zeit vertragen keine Träume. Sie haben wenig Phantasie, etwas Neues zu entwickeln. Vor allem mögen sie kein Denken und Planen, das vom üblichen Schema abweicht.
Wir aber dürfen uns von der Diktatur der sogenannten »Realisten« nicht leiten lassen. Im Gegenteil! Trotz der rauhen Wirklichkeit dieser Zeit müssen wir träumen ... Und zwar in diesem Fall träumen von einer Gemeinde, in der jeder leben kann und in der auch jeder anders leben kann als in einer Pfarrei mit dem üblichen Sakramentenservice, ohne Kontakte miteinander und ohne Verantwortung füreinander. Also träumen wir – trotz allen Schwierigkeiten des langen Weges – von einem lebendigen Miteinander, in dem als Mittelpunkt Jesus, der Herr, lebt ... Ja, wenn wir den Mut haben, von einer solchen lebendigen Christengemeinde zu träumen, dann können wir mit dem brasilianischen Bischof Dom Helder Camara sagen: »Wenn man allein träumt, ist das nur ein Traum. Wenn man aber gemeinsam träumt, ist das der Anfang der Wirklichkeit ...« Träumen wir also!

P.S. der Redaktion: Für den Pfarrer von Mützenich und seinen Pfarrgemeinderat gibt es keine Wertung der Dienste: »Der Friseur, der einmal im Monat an seinem freien Tag einen Kranken besucht, tut genausoviel wie ein Katechet oder eine Frau, die zum Pfarrfest einen Kuchen backt.«

- Einig war man sich darüber, daß es besser ist, wenn jemand eine Aufgabe *nicht für immer* übernimmt. Erstens ist das Gefühl angenehm, daß eine Aufgabe auch wieder zu Ende geht, zumal wenn sie viel Zeit und zusätzliche Kraft kostet. Zum anderen dachte man, ist es gut, wenn neue Leute drankommen, damit neue Ideen, neue Charismen.
- Für sehr wichtig hielt man es, daß die *Leute für ihre Aufgaben fähig gemacht werden.* Es ist zu wenig, so betonte man, wenn man jemandem nur eine Aufgabe überträgt und ihn dann allein läßt. Viele fühlten sich angesichts einer solchen Vorstellung überfordert. Ich habe das noch nie gemacht. Ich kann das nicht; schon gar nicht, wenn kein Pfarrer da ist, den ich fragen kann, der mir weiterhilft, der die Verantwortung behält. Wo kann man also lernen, so fragte man, wie man einen Sonntagsgottesdienst ohne Priester vorbereitet, wenn es nötig sein sollte, weil der Provisor erkrankt ist, auf Urlaub geht, und kein anderer Priester erreichbar ist? Wo kann ich lernen, wie ich mit schwerkranken Leuten rede? Auch Leute so einfach von der Pfarrei aus besuchen, hielten viele nicht gerade für einfach. Sie hatten leise untergründige Angst vor den neuen Aufgaben. Dies müsse aber nicht so sein, sagte einer, der schon Erfahrungen anderswo gesammelt hatte. Für wichtige Aufgaben gibt es schon *Kurse* in der Diözese: Für Pfarrgemeinderatsausschüsse, für die Gemeindekatechese. Es gibt sogar die *Möglichkeit einer längeren Ausbildung für ehrenamtliche Mitar-*

beit, zum Beispiel für Gottesdiensthelfer[18]. Man kann also schon etwas machen, um die eigenen Begabungen zu entwickeln. Das sei übrigens normal, daß Begabungen nicht von selbst schon eine gute Arbeit ergeben, sondern dies sei nur bei entwickelten Begabungen der Fall.

- Ein Hinweis war besonders hilfreich, den der Provisor gab. Er erzählte von einer Pfarrei, die auch schon keinen Pfarrer mehr hat. Dort wurden viele einzelne Aufgaben (wie Gottesdienst vorbereiten, Krankenbesuche organisieren) immer *von mehreren gemeinsam verantwortet.* Dies hatte den großen Vorteil, daß man sich hin und wieder traf, um einzelne Fälle zu besprechen, die schwierig waren. Meistens war jemand in der Gruppe dabei, der raten konnte. Charismen unterstützen sich am besten gegenseitig, so nannte es der Provisor in seiner theologischen Fachsprache. Übrigens sei dies auch anderswo selbstverständlich. Ein guter Psychotherapeut habe auch seine Gruppe, in der er komplizierte Fälle vortrage und Kollegen um Rat frage.
- In ganz schwierigen Fällen sei es dann immer noch möglich, einen *Fachmann* um Hilfe und Rat zu bitten. Jemand wußte zu erzählen, daß bei der Diözese in einzelnen Referaten Leute waren, die man holen konnte, um sich eine Zeitlang beraten zu lassen.
- Immer noch aber bewegte einzelne Leute das Bedenken, daß »ihre Arbeit« am Ende doch nicht die »Qualität« der bisherigen Arbeit des Pfarrers und seiner Mitarbeiter haben werde. Es werde auch nicht mehr so viel geschehen, vor allem wenn kein voll angestellter pastoraler Arbeiter in der Pfarrei wohnen werde, etwa eine Gemeindereferentin, ein Pastoralreferent, ein Diakon. Dafür fehle dann schlicht die Zeit. Zwar hatten einige mitbekommen, daß *die Arbeitszeit in den nächsten Jahren ohnedies weiter verkürzt werde*[19], daß vielleicht manche Leute über längere Zeit keine bezahlte Arbeit mehr finden konnten, und daher von der Arbeitslosenunterstützung leben mußten: Dann wäre es aber doch gut, wenn Leute das Gefühl behalten konnten, man könne sie gut gebrauchen und es gebe wenigstens in der Pfarrei eine sinnvolle und nützliche Arbeit. Manche Hausfrauen, deren Kinder erwachsen waren, konnten jetzt schon von solchen Erfahrungen berichten. Sie waren auf das Geldverdienen nicht angewiesen. Ihnen ging es um gute Arbeit. Und diese fanden sie in der Pfarrei, als Tischmutter bei der Erstkommunionvorbereitung, beim Besuch von Trauernden.

Dennoch war allen klar, daß ein Unterschied besteht zwischen der Arbeit von hochspezialisierten Pastoralarbeitern (die von einer Fachhochschule oder Universität kamen), und ihrer ehrenamtlichen Mitarbeit. *Sie fühlten sich außerstande, den Standard der hochspezialisierten Luxuspastoral auch nur annähernd zu erfüllen.* Insgeheim dachten aber auch wenige, dies müsse gar nicht sein. Sei der Betrieb nicht schon in einer bedenklichen Weise übertrieben gewesen? Hatte man, weil eben Leute freigestellt werden konnten, zu viel in Angriff genommen, dabei manchmal eben auch Überflüssiges? War es wirklich ein Schaden, wenn die Seelsorge der Pfarrei wieder ein wenig einfacher wurde? *Diese Einfachheit könnte leicht dadurch aufgewogen werden, daß die Seelsorge auch wieder etwas menschennäher werde.* Einfache Leute, ohne langjährige Ausbildung abseits vom alltäglichen Leben der Leute, reden nicht selten verständlicher, erfahrungsreicher, können sich in die alltäglichen Sorgen von Leuten durchaus gut einfühlen. Und steht dann ein gläubiges Herz dahinter, und lernt man in Gruppen, in denen gemeinsam die Bibel gelesen und mit den Erfahrungen des Lebens verflochten wird, ein wenig von seinen persönlichen Glaubenserfahrungen zu erzählen, und kann man dann auch da das Leben in seine gläubigen Tiefen hin ausloten, dann geschieht in der Begegnung zwischen einfachen Christen zweifelsfrei gute Seelsorge. Dies dachte man nicht gegen die ausgebildeten Priester und Pastoralarbeiter. *Doch hatte man Zweifel, ob für alle Aufgaben die pastoralen Experten von Haus aus schon die am besten Geeigneten sind.*

Man hatte auch einige markige Worte gefunden: *Abschied von der Luxuspastoral, Anbruch einer armen Pastoral.* Beispiele erläuterten das Formulierte.

– So könne die Hinführung der Kinder zur Erstkommunion als Gemeindekatechese ein hochspezialisierter religionspädagogischer Vorgang sein. Es sei aber auch möglich, daß eine Mutter einige Kinder zu sich einlädt, mit ihnen einige Stunden verbringt, ißt, und dabei erklärt, was Mahl feiern heißt, vom Leiden und Sterben Jesu erzählt, vom Zusammenkommen der Christen, welche die Auferstehung Jesu nicht vergessen wollen, weil das für sie selbst Trost und Hoffnung ist.

– So könne die Ehevorbereitung eines Brautpaares, von Fachleuten organisiert, ein spannender und langwieriger Vorgang sein, eine Art »Intervallkurs« über längere Wochen. Es ist aber ebenso denkbar, daß eine Gruppe von Ehepaaren aus der Gemeinde ein junges Brautpaar einlädt, und sie den einen oder anderen Abend darüber reden, was ein christliches Eheleben ist, was die Trauung meint, und wie sie daraus ein gemeinsames Fest des Wohlwollens und der Treue Gottes machen können.

– So kann man ein hochqualifiziertes Jugendzentrum errichten, mit hauptamtlichen Jugendpflegern. Ebenso ist es aber möglich, daß einige Leute aus der Pfarrei mit einer bunt zusammengewürfelten Gruppe ein Zeltlager machen und sich auch während des Jahres hin und wieder treffen, im Pfarrheim, oder aber privat.

- Eine wichtige Rolle fiel dem *Pfarrgemeinderat*[20] *und seinen Ausschüssen* zu. Irgendjemand mußte ja praktisch die Verantwortung dafür übernehmen, daß die Leute, die ihre Fähigkeiten zum Aufbau der Gemeinde zur Verfügung stellten, zusammenarbeiteten; für manche Aufgaben mußten zudem erst Leute gesucht werden.

Zwar war den Leuten in der Gemeinde bewußt, daß der eigentliche Leiter fehlte, und seine Aufgabe provisorisch durch den Nachbarspfarrer notdürftig übernommen wurde. Dies bezog sich insbesondere auf die Sonntagsmesse und die Spendung der Sakramente. *Viele praktische Leitungsaufgaben übernahm hingegen die gewählte Vorsitzende des Pfarrgemeinderates.* Sie wurde praktisch zur Bezugsperson der Pfarrei: Dazu hatte sie einen Abendkurs in der Diözese mitgemacht; und da sie ein Talent hatte, mit Leuten und Gruppen gut umzugehen, hatte sie an ihrer Arbeit Freude. Sie berief – anfangs ziemlich oft – die gewählten Pfarrgemeinderatsmitglieder zusammen, bereitete mit den Ausschußleitern die Tagesordnung vor, und schließlich gab sie zweimal im Jahr für alle Pfarreiangehörigen einen ganz einfachen Empfang, bei dem über die Arbeit der Pfarrei berichtet wurde. Der Provisor besprach mit ihr die Arbeit, die ansonsten die Vorsitzende des Pfarrgemeinderates eigenständig machte, und unterstützte ihre Arbeit in der Öffentlichkeit, lobte sie bei der Jahresschlußansprache, und sagte ihr persönlich nicht selten, wie froh er sei, daß sie ihm seine notdürftige Ersatzarbeit als Provisor so erträglich mache.

Die meiste Arbeit des Pfarrgemeinderates fand nicht in den Sitzungen des Rates, sondern in den – beschlossenen Schwerpunkten[21] der Pastoral entsprechenden – *Ausschüssen* statt. Dort wurde gearbeitet, gedacht, überlegt, phantasiert, vorbereitet, nachbesprochen, wurden Leute gesucht, die mitmachten, für ihre Arbeit vorbereitet, ihre Arbeit wurde mit ihnen besprochen. Der Rat nahm die Arbeit zur Kenntnis, ermunterte, weiter zu arbeiten, gab kritische Anregungen; nur wenn der Pfarrgemeinderat zur Auffassung kam, daß für eine wichtige Arbeit ein Ausschuß fehlte, berieten alle zusammen, was zu tun sei und wer dafür die Verantwortung übernehmen könnte. Vor allem war man im Rat ständig bestrebt, in die Pfarrei hineinzuhorchen, Begabungen aufzuspüren. Man gab sich das Prinzip: *Das Leben kommt nicht von oben,* weder vom Pfarrer, noch vom Pfarrgemeinderat. Nur insofern stimmte das »oben«, als Gottes Geist seine Gaben gibt, aber nicht auf dem Umweg der Pfarrer und Pfarrgemeinderäte, sondern auf dem Weg der einzelnen Begabungen.

• Eines Tages kam der Provisor mit einer bedenkenswerten Idee. Er war auf sie gestoßen, als er seinen Terminkalender der letzten Wochen rückblickend untersuchte. Dabei stellte er fest, daß er, seitdem er Provisor in der Nachbarspfarrei, zusätzlich zur Pfarrei, in der er wohnte und arbeitete, war, auf einmal fast doppelt so viele Sitzungen zu halten hatte. Dies wurde ihm schier zuviel. Zwar ließ er sich zunehmend oft in der einen oder anderen Pfarrei entschuldigen. Manche hatten ihm sogar schon scherzhaft gesagt, er könne sich jetzt, da er zwei Pfarreien habe, von der Arbeit in beiden unauffällig dadurch drücken, indem er jeweils die andere vorschob. Aber so war es beileibe nicht.

So kam er auf die Idee, *die Leute in beiden Pfarreien zu ermuntern, intensiver als bisher zusammenzuarbeiten.* Praktisch sollte dies so aussehen, daß die beiden Pfarrgemeinderäte zusammen Sitzungen abhielten und wichtige Aufgaben miteinander berieten. Es zeigte sich alsbald, daß dies nur zum Vorteil beider Pfarreien war. Mehr Leute, mehr gute Ideen, so die Erfahrung nach kurzer Zeit. Noch stärker als bei den Sitzungen der ganzen Pfarrgemeinderäte wirkte sich die Zusammenarbeit in den Ausschüssen aus. Die Leute merkten, daß sich manche Arbeit halbierte, vieles konnte für beide Pfarreien gleichzeitig vorbereitet werden, die Weiterbildung der Mitarbeiter fand gemeinsam statt, aber auch der ungewohnte Wind aus den Ausschüssen der anderen Pfarrei wirkte belebend. *Nicht alle Ausschüsse arbeiteten jedoch gemeinsam.* Die Pfarrei, die noch ihren Pfarrer hatte, begann soeben, einen Pfarrbesuchsdienst aufzubauen. Die Pfarrei, die den Pfarrer verlor, hatte einen solchen Besuchsdienst schon lange Zeit. Vielleicht würden auch diese beiden Ausschüsse eines Tages zusammengelegt; jetzt sei aber die Zeit dafür noch nicht reif. Die Erkenntnis war: *Zusammenarbeit zwischen den Pfarreien, zwar aus der Not (vor allem des Pfarrers) geboren, wirkte sich belebend für beide Pfarreien aus.* Man hätte eigentlich, so bemerkte ein kritischer Beobachter der laufenden Entwicklung, mit solcher Zusammenarbeit schon viel früher beginnen sollen.

• Es fiel auch auf, daß die Zusammenarbeit allmählich auch *auf die Leute der beiden Pfarreien* selbst übergriff. Sie merkten, daß eine *Pfarrgemeinde gar nicht katholisch ist, wenn sie für sich lebt und nicht mit der Nachbarsgemeinde* (und mit der Diözese und ihrem Bischof) *in Verbindung steht.* Jugendliche hielten mit

Nachbarspfarreien viermal im Jahr (die alten Quatembertage wurden ausgegraben) gemeinsame Gottesdienste zusammen mit evangelischen Jugendlichen. Die Bildungswerke organisierten ihr Programm überpfarrlich, und die Verantwortlichen waren froh darüber, waren doch bisher zu guten Vorträgen und Abenden eher zu wenig Interessierte gekommen. Jetzt war der Besuch besser, kamen doch die Leute aus zwei Pfarreien; und man konnte es sich jetzt auch finanziell leisten, hin und wieder einen Starreferenten einzuladen. Der Pfarrer/Provisor ermunterte zudem die Christen, nicht immer nur in der einen Kirche die Sonntagsmesse zu besuchen, sondern auch einmal die *Gastfreundschaft in der Pfarrei in Anspruch zu nehmen, die den Pfarrer verloren hatte* und deshalb nicht selten das Gefühl bekam, weniger angesehen und benachteiligt zu sein. Vor allem *zu den hohen Festtagen* feierten die Gemeinden ohne größere Probleme den einen gemeinsamen Gottesdienst: am Karfreitag, in der Christnacht; auch Bußfeiern soweit sie nicht in der Gemeinde von einem Laien geleitet wurden, hielt man zusammen.

• Diese Entwicklung machte verständlich, daß bald auch benachbarte Pfarreien ihr Interesse bekundeten, mit diesen beiden Pfarreien zusammenzuarbeiten. Es wurde nach einer stürmischen Sitzung der Vorstände mehrerer Pfarreien beschlossen, einen *Pfarrverband zu errichten.* Der eingeladene Raumpfleger der Diözese machte dabei zwar die Entdeckung, daß die Grenzen dieses Pfarrverbandes anders aussahen, als sein Plan vorsah. Da er aber nicht dem Schreibtisch, sondern dem Geist Gottes vertraute, unterstützte er gegen seinen eigenen amtlichen Vorschlag den Beschluß der versammelten Verantwortlichen.

• Von großem Wert erwiesen sich die von den Pfarreien unabhängigen Verbände, Vereine, die »Katholische Aktion«. Weil sie nicht vom Pfarrer abhängig waren, ging ihre Tätigkeit in den Pfarreien und überpfarrlich auch nach dem Verlust des Ortspfarrers mehr oder minder unbehindert weiter. Hier zeigt sich, wie wichtig es ist, daß zumal der Katholik nicht nur in seiner Ortsgemeinde Kirche lebt und erlebt, sondern auch in überpfarrlichen kirchlichen Vorgängen verwurzelt ist. Auf diese Weise wird die Pfarrei gehindert, unbemerkt eine sektoide »Kuschelgruppe« zu werden. Übrigens: Pfarrer, die den Weg von der versorgten zur sorgenden Gemeinde verhindern möchten, werden durch die Verbände auch – zu Recht – dabei behindert, ihre keineswegs erfreuliche Macht wird eingedämmt: zum Wohl der Gemeinden und ihrer Mitglieder.

V. Eine stürmische Sitzung: Wir brauchen wieder einen eigenen Pfarrer

Es war eines jener Wochenende, die der Pfarrgemeinderat in einem nahegelegenen Tagungshaus der Diözese verbrachte. Vier Mal im Jahr kamen sie für gewöhnlich zusammen, sie reisten am Freitag mittag an und blieben bis zum Samstag abend; dann blieb immer noch Zeit für die Familie.
Wie gewöhnlich war der größte Teil des Samstags einem grundsätzlichen Thema gewidmet. Dieses Thema war von einer Arbeitsgruppe vorbereitet worden, deren Leitung die Vorsitzende des Pfarrgemeinderates innehatte. Die Frage war tatsächlich von großer Bedeutung für die weitere Entwicklung der Pfarrei. Die Arbeitsgruppe hatte für den Pfarrgemeinderat zwei Anträge vorbereitet; diese sollten ausführlich diskutiert und nach Möglichkeit einem Beschluß zugeführt werden.

1. Bezugsperson für das Pfarrhaus

Der erste Antrag hatte folgenden Wortlaut:
»Da unser Pfarrhaus seit dem Tod unseres letzten Pfarrers schon geraume Zeit leer steht, und daher für viele Aufgaben der Pfarrei *keine dauernde »Ansprechperson« da ist, soll* Herr M. gebeten werden, hinkünftig im Pfarrhaus zu wohnen. Vor allem soll er *hauptamtlich* einige Arbeiten übernehmen, welche wegen der starken Belastung vieler in Beruf und Familie ehrenamtlich nicht mehr gut genug und im wünschenswerten Ausmaß wahrgenommen werden können. Da die Diözese nur einen Teil der Bezahlung übernehmen kann, weil die Kirchenbeitragsgelder in der letzten Zeit drastisch zurückgegangen sind, beschließt der Pfarrgemeinderat (in Absprache mit dem Kirchenvorstand), *einen Teil der Bezahlung von Herrn M. selbst zu tragen.* Dies legt sich um so mehr nahe, als Herr M. sich bereit erklärt hat, mit einem Lohn leben zu wollen, der weit unter den bisher üblichen Gehältern kirchlicher Angestellter liege: Ihm persönlich liege sehr viel daran, auf diese

Weise der *Forderung des Evangeliums nach Armut* nachkommen zu können. Die näheren Aufgaben sollen mit Herrn M. in der nächsten Zeit ausgehandelt werden. *Dabei sei darauf zu achten, daß der bisherige Veränderungsprozeß der Pfarrei von einer versorgten zu einer sorgenden Gemeinde nicht blockiert werde.* Hauptaufgabe von Herrn M. sei daher die Suche, Ermutigung und Förderung von ehrenamtlichen Mitarbeitern. Daneben stehe es ihm frei, mit anderen ehrenamtlichen Pfarreiangehörigen die pastorale Arbeit mitzumachen.«

Diesen ausführlichen Antrag begründete der Sprecher der Vorbereitungsgruppe, also die Vorsitzende des Pfarrgemeinderates, laut Protokoll der Sitzung so:

- Der *Provisor* habe schon einige Zeit geklagt, daß ihn die Arbeit neben der Aufgabe in der Hauptpfarrei körperlich und seelisch zunehmend belaste; auch die zweifellos für die Entwicklung beider Pfarreien günstige Errichtung des Pfarrverbandes habe ihn nicht entscheidend entlastet. Dazu komme, daß der Pfarrer im nächsten Pfarrverband (dort haben sich vier Pfarreien zusammengefunden, und dieser Pfarrer »providiert« neben der Hauptpfarrei drei weitere mit!) oft krank sei, was durch die viele Arbeit in den vier Pfarreien erklärlich ist. Ein Fachmann der Seelenheilkunde hatte dazu einmal die Bemerkung fallen gelassen, daß solche *psychosomatische Krankheiten bei Pfarrern immer häufiger werden würden;* denn in Gehorsam und Opfergesinnung lange eingeübt, hätten sie verlernt, dann Nein zu sagen, wenn sie dazu angesichts ihrer begrenzten Kräfte verpflichtet wären. So übernehmen viele ein Übermaß an Arbeit. Das Nein, das sie sich aber nicht zu sagen getrauen, zwinge ihnen ihr überangestrengter Organismus ab. Sie werden krank, was auch in der Gesellschaft als anständiger Grund dafür gilt, eine Zeitlang nicht mehr arbeiten zu müssen (weil man eben nicht mehr kann).

Der Provisor, der nun manchmal auch noch für den erkrankten Nachbarskollegen einzuspringen gebeten wurde, wollte nicht diesen Weg des versteckten Neins gehen. *So beschloß er, beraten von seiner Supervisionsgruppe, Arbeit abzugeben, auch wenn dadurch der Mangel an Priestern von den Gemeinden noch viel schmerzlicher verspürt werden sollte.* So kam es, daß sich der Provisor immer weniger um die verwaiste Pfarrei umschauen konnte. Immer seltener war er im Pfarrhaus anzutreffen. Den Klagen der Pfarrangehörigen entgegnete er mit dem Hinweis, daß seine Kräfte bis aufs Äußerste angespannt seien. Zugleich ermunterte er sie, sich wie es so schön im amtlichen Texten heißt – um eine »*nichtpriesterliche Bezugsperson*« umzusehen.

• Dies fiel bei einigen Mitgliedern des Pfarrgemeinderates auf guten Boden. Hatten sie doch selbst in der letzten Zeit stundenweise im Pfarrhaus »Dienst« gemacht; auch eine ältere, schon pensionierte Lehrerin hatte mitgeholfen. *Alle zusammen hatten aber das Gefühl, daß dieser Notbehelf auf die Dauer auch von ihnen neben Beruf und Familie unzumutbar sei;* und die ältere Lehrerin hatte auch nur begrenzte Kräfte zur Verfügung.
So gab man in die Lokalzeitung, in die Kirchenpresse und in theologische Fachzeitschriften ein Inserat: Pfarrei X., schon geraume Zeit ohne eigenen Pfarrer, sucht eine »nichtpriesterliche Bezugsperson«. Interessenten mögen sich bei Frau P., der Vorsitzenden des Pfarrgemeinderates melden.
Bald kamen einige Bewerbungen. Verständlich, waren doch viele Abgänger von Fachhochschulen und theologischen Fakultäten ohne Arbeit, da sie in der Kirche nicht mehr unterzubringen waren und der Arbeitsmarkt der Gesellschaft immer noch sehr schlecht war.
Ein Bewerber ragte aus den vielen heraus. Es war ein *junger Mann aus einer lebendigen Pfarrei,* dreißig Kilometer entfernt gelegen. Er hatte keine fachliche pastorale oder theologische Ausbildung vorzuweisen. Doch konnte er auf eine ausgezeichnete Mitarbeit in seiner Herkunftspfarrei hinweisen, was ihm sowohl der Vorsitzende des dortigen Pfarrgemeinderats als auch der Provisor dieser Pfarrei bescheinigte, der sich dabei auf das Urteil des Pfarrgemeinderates stützte.
Er hatte sich schon bald nach seiner Bewerbung bereit erklärt, auf *einige Zeit zur Probe* in der Pfarrei X. zu arbeiten. Man brauche ihn in dieser Zeit nicht zu bezahlen, er habe von seinen Eltern noch einiges Geld; wenn er nur frei wohnen und bei irgend jemand in der Pfarrei essen gehen könnte.
So begann Herr M. seine *Probezeit.* Er interessierte sich für das, was bisher in der Pfarrei angelaufen war. Nicht schwer fiel es ihm, sich in die vorfindbare Arbeit einzulassen. Bald entwickelte er auch eigene Initiativen, unterstützte Ausschüsse beim Herbeischaffen von Behelfen, koordinierte auch viele Arbeiten. Es tat den Leuten vor allem gut, daß im Pfarrhaus am Abend wieder das Licht brannte. Es gingen auch wieder viele junge Leute im Pfarrhaus ein und aus. Man fühlte, wie wieder das Leben in das längere Zeit tote Haus einzog. Im übrigen hatten die Leute den Eindruck, daß Herr M. auch in einem sehr kargen Sinn fromm war, man sah ihn hin und wieder in der Kirche, mit der Bibel in der Hand; mancher Besucher überraschte ihn auch beim Lesen theologischer Bücher. Einmal in der Woche besuchte er auch einen

Kurs, der in der Diözese für »Bezugspersonen« von Pfarreien veranstaltet wurde. Kurz, die Verantwortlichen im Pfarrgemeinderat (und mit ihnen der Provisor) waren von der Arbeit des Herrn M. sehr angetan.

• So konnte man *nach einigen Monaten Probezeit daran gehen, über eine dauerhaftere Anstellung zu reden.* Drei Eigenschaften sprachen vor allem dafür, daß er ein »vir probatus« ist.

– Zum ersten hatte in der Zeit, in der Herr M. zur Probe mitmachte, *die Zahl der ehrenamtlichen Mitarbeiter zugenommen; darauf hatten die Verantwortlichen des Pfarrgemeinderates empfindlich genau geachtet; denn sie wollten niemanden, der ihren Weg von der versorgten zur sorgenden Gemeinde wieder behindern sollte.* Von anderen Gemeinden hatten sie vernommen, daß manche sogenannte »hauptamtliche Bezugsperson« wieder – wie einst Pfarrer – alle Verantwortung und oft auch die Arbeit an sich gezogen hätten. Dies sei wohl erklärlich, denn vor allem hauptamtliche Laien, aber auch Diakone, müßten ja vor aller Öffentlichkeit demonstrieren, wie wichtig sie sind (nur das schafft ja Anerkennung in unserer Gesellschaft), wichtig ist aber nach Meinung vieler, wer unentbehrlich ist, also viel tut. Herr M.'s Eigenschaft war, daß er zwar auch wichtig war, aber nicht weil er viel Arbeit und Verantwortung an sich zog, sondern für andere die Möglichkeit zu einer eigenständigen Mitarbeit in der Pfarrei zu eröffnen suchte.

– Zum anderen hatte man den *Eindruck, daß Herr M. nicht nur einen sicheren Job und durch ihn Geld suchte, sondern daß ihm an der Pfarrei lag.* Er hatte für sich einige Zeit überlegt, ob er nicht in einem Kloster Ordensbruder werden sollte. Dazu konnte er sich aber nicht entschließen. Dafür lebte er, wie er es nannte, als *»Alltagsmönch«;* war also nicht verheiratet, ging in einer auffälligen Weise behutsam mit seiner Macht um, fragte mit anderen in Gruppen oft, was denn wohl Gottes Wille für sie jetzt sei, man fand ihn auch immer auf der Seite der Schwächeren, in Diskussionen, wenn er jemanden besuchte, hielt er es mit den Kleinen.

– Daß ihm die Armut wirklich am Herzen lag, zeigte sich, als es um die *Bezahlung* ging. Die Pfarrei war ja in keiner günstigen Situation. Die Diözese konnte kein volles Gehalt geben; ein *pfarrlicher Selbstbehalt* war somit unvermeidlich (darüber sollte der Pfarrgemeinderat ja noch beraten). Selbst wenn man die diözesanen und pfarrlich gesammelten Mittel addierte, reichte es nicht für ein Gehalt nach den üblichen Besoldungslisten der Diözese. Man fürchtete also, daß wieder alles am Geld scheitern würde. Um so überraschter war man, als Herr M. sagte, es ginge ihm auch gar nicht um ein standesgemäßes Gehalt. Er selbst lebe genügsam, man könne ihm ja freie Wohnung geben; ansonsten käme ihm ein niedriges, und vielleicht gar nicht immer gleich gesichertes Gehalt nicht ungelegen; er erlebe darin etwas von jener Armut, die er leben wolle, weil nur eine arme Kirche glaubwürdig vor den Menschen Jesu Evangelium weitererzählen könne. Für ihn selbst nehme dabei das Evangelium leibhaftige Gestalt an[22]. Er spüre gleichsam in seiner Armut etwas von der Verbundenheit mit Jesus Christus, und dies mache doch einen Christen aus.

In fast atemloser Spannung hatten die Leute am Pfarrgemeinderatswochenende den Bericht zum Antrag gehört. Irgendwie fühlten sie sich zugleich *beschämt und erleichtert.* Sie waren froh, daß wieder jemand in der Pfarrei da sein werde, der im Pfarrhaus wohnen und der leicht erreichbar sein werde, leichter als der oft unerreichbare Provisor. Sie waren auch froh darüber, daß es nicht einer von ihnen war: denn wer hatte schon so viel Zeit, und außerdem kannte man sich gegenseitig zu gut. Dann schon lieber einer von anderswo her, dessen Geschichte man nicht kennt.

Beschämt waren sie, was die finanziellen Vorstellungen des Herrn M. betraf. Sie konnten fast nicht anders, als dem Selbstbehalt der Pfarrei zuzustimmen; und dies, obwohl langjährige Kenner des diözesanen Generalvikariats der Auffassung waren, daß dort von den knappen Kirchengeldern mancheiner bezahlt wurde, dessen Arbeit für die Seelsorge bei weitem nicht so nützlich war wie die Arbeit von Herrn M.

Vor allem aber hatten sie das sichere Gefühl, daß der vor kurzem mühsam eingeschlagene Weg zu mehr eigener Verantwortung für das Leben der Pfarrei durch Herrn M. nicht abgebrochen werde. *Sie hatten erlebt, wie er sich in diesen Umwandlungsvorgang gut einfügte.* Dies überrascht nicht, weil sie wußten, daß er in der Pfarrei, aus der er stammte, dazu schon viele gute Erfahrungen gemacht hatte. Zudem war er bereit, sich am diözesanen Kurs für »Bezugspersonen« zu beteiligen; dem Vernehmen nach wurde dort kein Anlaß gegeben, daß neuerlich beim Hauptamtlichen ein Versorgungsdenken aufkommen konnte.

2. Wieder ein eigener Pfarrer!

Erwartungsgemäß wurde der erste Antrag angenommen. Damit war die Voraussetzung für den zweiten Antrag gegeben, den die Vorsitzende nunmehr, vervielfältigt, austeilte und verlas:

»Der Pfarrgemeinderat beauftragt seinen Vorstand, den Herrn Bischof um ein Gespräch zu bitten und ihm folgenden Wunsch zu unterbreiten: Schon einige Zeit muß die Pfarrei X. eines eigenen Pfarrers entbehren. Zwar leistet der Provisor im Rahmen seiner Kräfte nahezu unzumutbare Arbeit. Auch die Errichtung des Pfarrverbandes hat sich bewährt. Wir haben also aus der Krise des Pfarrerverlustes das denkbar Beste gemacht. Viele Arbeiten machen ehrenamtliche Mitarbeiter der Gemeinde, oft neben der Familie oder neben dem Beruf. Doch kommt es wegen des zugespitzten Priestermangels in der ganzen Diözese immer häufiger vor, daß am Sonntag keine Eucharistiefeier mehr gefeiert werden kann, sondern immer öfter ein Wortgottesdienst, geleitet von einem Mitglied des Liturgieausschusses, stattfindet. Auch kommen vor allem die Kinder und die Kranken kaum noch mit einem Priester zusammen. Wie sollen da aber hinkünftig Priesterberufe entstehen, für die man schon lange bete? Kurz: Der Priester fehlt einfach, und die Anstrengungen der Pfarrei, soviel als möglich selbst zu tun, ersetzt den Priester am Ende doch nicht. Es muß einer, wie die deutschen Bischöfe selbst geschrieben haben, einen festen Bezug zu einer bestimmten Gemeinde haben und in wirklicher Ruf- und Reichweite sein; sonst wäre dies auch ein Schaden nicht nur für den Priester, sondern für die Gemeinde[23]. Genau das erlebt aber die Pfarrei X. schon lange Zeit. Muß man sich wirklich auf das Provisorium einrichten? Wie lange soll die Übergangszeit noch gehen? Generationen?
Nach einer Zeit redlicher Besinnung mit Gebet und Fasten faßt daher der Pfarrgemeinderat der Pfarrei X. den Beschluß, der Bischof möge Herrn M. für die Pfarrei X. mit dem Pfarreramt betrauen und zum Priester weihen. Herr M. hat sich schon über längere Zeit als ›nichtpriesterliche‹ Bezugsperson bestens bewährt, steht im Glauben fest, was man nicht zuletzt an seiner evangeliumsmäßigen Armut erkennen kann. Das Bischöfliche Ordinariat profitiert sogar davon, weil sie für Herrn M. kein volles Gehalt auszuwerfen braucht. Erfreulich, weil die Angelegenheit vereinfachend, ist auch, daß Herr M. nicht verheiratet ist, und keinen Zweifel daran läßt, daß er seine Arbeit in der Pfarrei unentwegt mit der Suche nach Gottes Willen für die Gemeinde verbindet, also gehorsam ist.
Leider hat aber Herr M. weder ein Abitur, noch ein volles theologisches Studium. Aber er ist in einer lebendigen Gemeinde, die sich nicht versorgen läßt, aufgewachsen; dort hat er gelernt, daß die Gemeinde um so lebendiger ist, je mehr die einzelnen Mitglieder mitmachen können; daher wird er sich auch in der

Pfarrei X. auf ihrem Weg von der versorgten zur sorgenden Gemeinde gut einfügen. Vermerkt sei, daß Herr M. in den letzten Monaten am diözesanen Kurs für ›Bezugspersonen‹ teilgenommen hat.«

Soweit der ausführliche Antrag, den die Vorsitzende im Pfarrgemeinderat vortrug. Zur Begründung verwies sie insbesondere auf einen Beschluß der Synode der Bistümer der Bundesrepublik Deutschland, daß auch *die Sorge um den Priester nicht allein Sache des Bischofs sein kann, sondern auch die Gemeinden mitverantwortlich bleiben.* Damit könne aber, so die Vorsitzende, *nicht allein das Gebet gemeint sein; vielmehr müsse man eben anfangen, die Augen aufzumachen und nach geeigneten Kandidaten suchen.*

Einer fügte in der anschließenden Aussprache für den Antrag hinzu, daß dieser Weg den *Vorteil hätte, daß man einen Kandidaten suchen könne, der den eingeschlagenen Weg der Pfarrei nicht störe.* Er konnte auch ein schlechtes Beispiel erzählen. Am anderen Ende der Diözese habe der Bischof anstelle eines Pfarrers einen Diakon entsandt. Dieser zog mit seiner Frau und seinen Kindern in das Pfarrhaus ein. Und bald machte er alles, was der frühere Pfarrer auch tat, ausgenommen die Messe und die Beichte. Er hielt alle Fäden in der Hand, machte selbst die meiste Arbeit. In der Seelsorgerkonferenz des Dekanats konnte er sich rühmen und sagen, daß er als Diakon sehr nützlich sei, und fast einen Pfarrer ganz ersetzte. Und wenn man für eine bestimmte Aufgabe niemanden finde, springe sogar seine Frau ein. *Die Pfarrei sei also wieder gut versorgt. – Genau das aber, so der Diskussionsredner, wolle man in der Pfarrei X. nicht. Dann lieber keinen Pfarrer als einen Pfarrer alten Stils, der noch nicht begriffen hat, daß eine Gemeinde nur dann lebendig ist, wenn viele (eigen)verantwortlich mitmachen.* Herr M. aber habe in seiner eigenen Pfarrei schon erlebt, was eine lebendige Gemeinde ist und wie sie von der Mitarbeit der vielen lebt; dies habe er auch in den letzten Monaten in der Pfarrei X. hinlänglich bewiesen. Einen Kandidaten, der keine Ahnung vom Leben einer Pfarrgemeinde hat – und davon würden viele auf den theologischen Fakultäten ausgebildet, und nicht einmal bei den Kandidaten im Priesterseminar sei man hinlänglich sicher –, auf einen solchen Kandidaten verzichte man. Man wolle *keinen Priester, der zuerst für sich Priester ist, und nach dessen Pfeife dann die Leute in der Pfarrei tanzen müßten.*

Der Antrag gefiel. Er wurde einstimmig verabschiedet. Bei vielen ließ er die Hoffnung aufkommen, daß nun, nach längerer Durststrecke, wieder ein eigener Pfarrer in Sicht sei. Man fragte lediglich, warum nicht andere Pfarreien schon früher auf diese Idee

gekommen sind und den Bischof bei seiner vergeblichen Suche nach Pfarramtskandidaten entlastet haben.
Am Abend saß man dann gemütlich bei einem Glas Wein. Kein Wunder, daß die Diskussion erregt weiterging. »*Was haben wir doch für ein Glück*«, sagte einer, »*daß Herr M. nicht verheiratet ist!*« – »Und daß er zudem ein *Mann* ist«, fügte ein anderer hinzu. »Mit einer *Frau* hätten wir überhaupt keine Chancen, vom Bischof gehört zu werden.« »Vielleicht mit einer Ordensfrau«, warf einer ein, der einmal in einer österreichischen Diözese auf Urlaub war, und dort im Pfarrhaus statt des Pfarrers zwei Klosterfrauen antraf. »Hätten wir auch *einen von uns* vorgeschlagen«, fragte da einer dazwischen? »Warum nicht?« »Nein, das wäre nicht gut!« Die Meinung war sehr geteilt. Die einen sagten, Gott könne ja ganz gut einen aus ihrer Mitte zum Pfarrer berufen. Auch *in den Gemeinden, von denen die Bibel berichtet, seien die Leiter offensichtlich von den Aposteln aus der jeweiligen Gemeinde bestellt worden.* Warum sollte dies nicht auch heute gehen. »Wenn schon einer von uns, dann soll es ein *Zugereister* sein, der zwar schon einige Zeit bei uns wohnt, aber nicht aus unserer Pfarrei stammt.« Auf die Frage, warum ein solcher, fügte die Rednerin hinzu, »weil dann seine Geschichte nicht allzu bekannt ist. Irgendwas hat ja jeder auf seiner Weste, und das ist hinderlich, wenn einer Pfarrer wird. Der soll halt doch tadellos sein!« Darüber konnte man sich aber nicht einigen. Warum sollte nicht auch der Pfarrer, wie jeder Christ, ein »Recht« auf seine Fehler haben! *Lieber einer, der zu seinen Fehlern steht und dann auch wieder umkehrt, als einer, der so tun muß, als hätte er eine reine Weste, dabei aber gar keine hat. Das wäre ja doch nur ein Heuchler. Lieber ein Pfarrer, von dem man biblische Umkehr lernen kann, als einer, der wie ein Heuchler ist.*
Was aber, so fragte eine, wenn man eine gute *Frau* gefunden hätte? Haben nicht in der letzten Zeit viele Frauen die kirchliche Fachhochschule absolviert? Gibt es nicht auch einige, die auf der Universität volle Theologie gemacht haben? Haben nicht auch andere christliche Kirchen gute Erfahrungen mit ordinierten Frauen gemacht[24]? Oder was, wenn Herr M. verheiratet wäre? Manche meinten, dann brauche man erst gar nicht zum Bischof zu gehen. Der könne zwar gut zuhören, das Anliegen auch verstehen. Aber er könnte es bestenfalls dem Heiligen Vater weitererzählen und warten, bis die Bischöfe aller Welt sich damit beschäftigen; und jeder könne sich zur Zeit denken, was dabei herauskomme. 1971 hätten ja die Bischöfe der Welt auf ihrer Versammlung in Rom mehrheitlich beschlossen, nicht einmal verheiratete Männer zum Priesteramt zuzulassen!

Aber *es gebe doch in der Nachbarspfarrei einen verheirateten Pfarrer, konnte einer erzählen.* Dieser sei zunächst evangelischer Pastor gewesen, sei dann, wie er sagte, wegen der Traditionsstärke und der Einmütigkeit der Katholiken konvertiert und katholischer Priester geworden. Der Bischof habe ihm dann die Pfarrei St. Augustinus anvertraut. Dort mache er als Pfarrer, Ehemann und Familienvater gute Arbeit. Seit seiner Weihe hat er mit seiner Frau auch noch zwei herzige Kinder hervorgebracht. Es soll auch nicht selten vorkommen, daß Eheleute und Eltern gern zu ihm gehen, und sich in kritischen Zeiten ihrer Ehe und Familie von ihm beraten lassen. Dies würde um so lieber in Anspruch genommen, als dieser verheiratete Pfarrer zudem eine Ausbildung für Eheberatung gemacht hatte, bevor er katholischer Priester wurde.
Jemand hatte dazu auch noch eine gute Geschichte bei der Hand. Ein Weihbischof in Deutschland sei einmal gefragt worden, ob er denn einen verheirateten Mann zum Priester weihen würde. Darauf soll dieser gesagt haben: *Dann hat eure Pfarrei einen Pfarrer, und die Diözese keinen Weihbischof mehr.*
Als der Abend zu Ende ging, war man um eine wichtige Erfahrung reicher geworden. Man hatte erlebt, was es bedeutet, wenn die Bischöfe schreiben, die Pfarrei sei für ihren Pfarrer mitverantwortlich. Man darf in Zukunft diese unabgebbare Verantwortung nicht mehr allein den Bischöfen und den theologischen Fachleuten überlassen. Dort werde schon zu lange ergebnislos diskutiert: über die Köpfe der Betroffenen hinweg, auf ihrem Rücken. Zudem habe man nicht selten das Gefühl, daß manche Fachleute sich auf die pastorale Not in den Gemeinden berufen, dabei aber sich selbst und ihren unbewältigten Zölibat meinen, mit dem sie nicht zurecht kommen. Ein Pfarrgemeinderatsmitglied, das Psychologie studiert hatte, empfahl diesen Priestern, nicht die »guten« Gründe (pastorale Not) vorzuschieben, sondern die »wahren« zu nennen (»ich möchte eigentlich heiraten«). Und wenn sich schon ein Fachmann berufen fühlt, sich zum Sprecher der sprachlosen Kleinen in den Pfarreien zu machen, dann soll er doch lieber versuchen, die Leute in den Pfarreien sprechen zu lehren, ihnen also zu helfen, daß sie ihre Anliegen selbst vor dem Bischof vertreten. Auf diese Weise würden die Pfarreien nicht mehr länger bevormundet, auch nicht von den theologischen Experten.

3. Die Entscheidung des Bischofs

Wie beschlossen, wurde mit dem Bischof ein Termin vereinbart. Es wurde ein langes und gutes Gespräch. Der Bischof war in einem erstaunlichen Ausmaß entgegenkommend. Hatte man doch befürchtet, daß der Vorstoß des Pfarrgemeinderates eher kühl aufgenommen werden würde.
Schon einige Tage nach der Besprechung beim Bischof (dieser wohnte nicht mehr in seinem Palais – dort wurde ein Altersheim für Priester und Klosterfrauen eingerichtet – sondern in einer einfachen Wohnung im Priesterseminar) kam von ihm ein amtliches Schreiben:

»An die Vorsitzende
des Pfarrgemeinderates der Pfarrei X.

Liebe Schwester in Christus,

der Besuch der Abordnung aus Eurer Pfarrei, die Sie angeführt haben, ist mir in lebendiger Erinnerung. Ich habe mich am Abend zu Gebet und Fasten zurückgezogen, mich sodann mit meinen Nachbarsbischöfen beraten, und komme zu folgendem Beschluß:
(1) *Wir, meine Brüder im Priesteramt, vor allem Eure Nachbarspfarrer und ich als Bischof, werden Euch Herrn M. als Pfarrer senden, und ihm deshalb die Hände auflegen und zum Priester weihen.* Den Tag der Weihe in Eurer Pfarrkirche werden wir bald vereinbaren. Ich bitte jetzt schon Euren Liturgiekreis, die Feierlichkeit vorzubereiten.
(2) Mit Herrn M. habe ich vereinbart, daß er sich verpflichtet, auch nach der Priesterweihe an einer theologisch-pastoralen Fortbildung teilzunehmen. Dazu gibt es eine Reihe hervorragender Fortbildungsinstitute, welche ja die Diözese mitfinanziert und für Herrn M. zur Verfügung stehen. Er verpflichtet sich auch, Mitglied einer »pastoralen Supervisionsgruppe« zu werden, welche der begabte Pfarrer und Praxisberater F. in seinem Dekanat regelmäßig zusammenruft und mit ihr arbeitet. Diese theologisch pastorale Fortbildung wird für Herrn M. ein Teil der von der Bibel geforderten ständigen Umkehr sein.
(3) Die Finanzierung soll wie bisher erfolgen. Einen Teil kann die Diözese übernehmen, einen Teil trägt die *Pfarrgemeinde als eine Art »Selbstbehalt«*. Als Bischof will ich dabei meiner tiefen geistlichen Freude Ausdruck verleihen, daß Herr M. wie ein »Mönch« lebt, das Evangelium also radikal in seinem Leben zu

verwirklichen sucht, was sich vor allem an seiner Armut und seiner Bereitschaft zum Dienst an Eurem Glauben zeigt.
(4) Längerfristig rate ich allerdings der Pfarrei, daß *Herr M. nach Möglichkeit sein Amt als Priester nebenberuflich ausübt; an seiner Stelle soll wieder ein Gemeindemitglied oder ein auswärtiger Kandidat gesucht werden, welcher beruflich viele pastorale Aufgaben übernimmt;* seine Bezahlung könnte wiederum durch Diözese und Pfarrei gemeinsam erfolgen. Der Grund ist einfach: Voll angestellte Pfarrer neigen dazu, wieder Pfarrer alten Stils zu werden; und dies will ich als Bischof ebenso wenig wie die Pfarrei. Die Anwesenheit eines Pfarrers darf auf keinen Fall den Erneuerungsvorgang Eurer Pfarrei von einer versorgten zur sorgenden Gemeinde aufhalten.
Diese Regelung stellt gewiß eine *Ausnahme* vom bisher üblichen Zuweg zum Priesteramt dar. Aber *neue Zeiten fordern eben auch neue Beschlüsse*. Ich bin froh, daß ich mich nach langem Beten und Beraten zu diesem Entschluß durchgerungen habe. Schon allzulange wären ja Beschlüsse nötig gewesen, um den Mangel an Priestern in den Pfarreien zu beheben. Aber auch wir Bischöfe vertrauen manchmal zu wenig auf Gottes Geist und *lassen uns lieber schieben, als daß wir ziehen. Um so dankbarer bin ich Eurer Gemeinde, daß Ihr mir durch Eure Mitverantwortung und Euren Besuch geholfen habt, diese Entscheidung zu treffen.*
Indem ich mit Euch Gott preise, der uns in Jesus seine Liebe, seinen Geist geschenkt und die Hoffnung auf Auferstehung begründet hat, und indem ich Euch um Euer Gebet für meine Aufgabe als Bischof bitte, bin ich der mit Euch in Jesus Christus tief verbundene

† Bischof.«

VI. Ein Pfarrer lernt um und bekehrt sich. Aus dem Tagebuch eines Pfarrers mit mehreren Pfarreien

25.5., 23 Uhr
Früher war alles viel einfacher
Komme soeben von einer Sitzung des Pfarrgemeinderates. Es war schon mühsam. *Wie einfach ging doch früher* alles, als ich noch allein Pfarrer war. Nicht, als hätte ich nicht mit Leuten dann und wann geredet, wie wir dieses oder jenes machen. Aber da konnte ich mir die Leute selber aussuchen. Außerdem dauert jetzt alles so lange. Wie schnell war ich doch früher fertig, mit der Planung, mit der Vorbereitung, und dann ging mir alles so gut von der Hand. Und jetzt? Bis die einfachen Leute das alles verstehen. Wer will ihnen auch schon einen Vorwurf machen. Wie soll denn die einfache Hausfrau, und der Tischler von nebenan alle diese seelsorglichen Fragen auf Anhieb begreifen? Ich fühle mich abgekämpft. Müde.

13.6., 22.15
Bin ich nur noch für die Gottesdienste zuständig?
Seit der letzten Eintragung in mein pastorales Tagebuch ist viel Zeit vergangen. Aber ich kam beim besten Willen nicht dazu. Oder wollte ich mir nicht Rechenschaft geben? Aber heute will ich den Stier bei den Hörnern packen. Es ist ja wirklich ein verzwicktes Problem. Letztes Jahr *habe ich meinen Kaplan verloren* (übrigens: wieso »meinen«?). *Dafür kam ein hauptamtlicher Laientheologe.* Mit Frau und Kind. Natürlich steht ihm viel Zeit für die Familie zu. Der Papst hat ja nicht zu Unrecht die Wichtigkeit der Familie betont. Darauf beruft sich auch der Pastoralreferent, auch wenn er ansonsten weniger den Papst, sondern lieber neuere Theologen zitiert. Zugegeben, er macht gute Arbeit; wie einst der Kaplan; manches macht er sogar besser. Lediglich *die Gottesdienste bleiben mir,* auch wenn er manchmal predigt. Dazu kommen die Taufen, die Trauungen und die Begräbnisse (der Bischof hat noch nicht erlaubt, daß Pastoralreferenten ein Begräbnis halten, obwohl dem Vernehmen nach in anderen Diözesen dies schon möglich ist). Manchmal habe ich das Gefühl, daß er die schönere Arbeit machen kann. Er ist ständig mit den Kindern, den Jugendlichen und

anderen Leuten beisammen, geht viel in die Familien, und mir bleiben die Gottesdienste, die Trauungen, die Taufen, die Begräbnisse. Und dies in zwei Pfarreien. Dazu kommen noch einige Schulstunden in jenen Klassen, die zur Erstkommunion kommen. *Irgendwann sollen sie ja einmal einem »Priester zum Anfassen« begegnen.* Wer bin ich denn eigentlich noch? Natürlich ist es ein Quatsch, wenn manche vom *Blaulichtpriester* reden. Das ist mir noch nie passiert, daß die Polizei vor mir herfahren mußte; das erzählt man lediglich vom Weihbischof in Passau, der von einer Firmung zur anderen nur noch mit Hilfe der Polizei gelangte. Allerdings hat mir letzthin der Mesner der Pfarrei, die ich mitprovidiere, gesagt, ich wäre immer sehr kurz angebunden, machte einen gehetzten Eindruck, käme knapp, sei bald wieder fort, ich hätte zu wenig Zeit, nach der Messe auf dem Kirchenvorplatz mit den Leuten zu reden, weil ja der nächste Gottesdienst warte. *Wer bin ich denn eigentlich als Priester?* Vor allem zuständig für die Verwaltung der Sakramente? Das wäre ja schon was, zumal dies den Leuten sehr wichtig ist. Und die Seelsorge, mit Leuten umgehen, mit ihnen Glauben und Leben teilen: Soll dazu keine Zeit bleiben? Gehört das nicht zu meiner Aufgabe als Priester? Da sind viele Fragen, die mich unsicher machen. Ich verstehe schon meinen Nachbarspfarrer, daß er sich weigert, einen Laientheologen neben sich zu haben. Allein ist es leichter Pfarrer zu sein. Aber ist das Leichtere immer auch das Bessere? Ich habe Zweifel!

30. 6., 15 Uhr
Die vielen Charismen und ich
Heute sitze ich schon früh vor meinem Tagebuch. Ich muß meine Eindrücke los werden, und für spätere Stunden festhalten. Seit Freitag – heute ist Sonntag – war ich mit dem Pfarrgemeinderat auf einem der vierteljährlichen Wochenenden. Es ging um die *Charismen als dem Charme der Kirche.* Wir haben zusammen aus dem ersten Korintherbrief die Kapitel 12, 13 und 14 gelesen. Mir ist da plötzlich klar geworden, *wie wichtig die einfachen Christen in unserer Pfarrei sind.* Stutzig wurde ich, als uns klar wurde, daß die Christen in Korinth keineswegs vom Pfarrer zur Mitarbeit gebeten wurden. »Gottes Geist« hat ihnen *unmittelbar* die Begabung gegeben. Ich mußte an mich und meine Aufgabe in der Pfarrei denken. Bisher hatte ich immer das Gefühl, ich müßte die Leute drängen, ja fast nötigen, irgend etwas zu tun. Daneben waren wenige, die übereifrig waren, und von denen ich das Gefühl hatte, ich müßte sie möglichst klein halten. Ich kam mir vor wie ein Marionettenkünstler, der seine Figuren am Faden hat und tanzen

läßt. Man hat mir auf diesem Wochenende dieses Bild gründlich vermiest. Gott sei Dank wissen die Leute meistens selbst nicht, was ihnen zusteht und was sie tun könnten. Oder wäre es für uns alle nicht gut, sie wüßten das besser? Es ist ja auch anstrengend, ständig hinter den Leuten her zu sein, für alles verantwortlich, auch für das, was nicht gut geht. Aber das Gefühl steckt tief in mir und wird zur geballten Frage: *Wozu bin ich denn eigentlich Pfarrer, wenn das meiste die ehrenamtlichen Mitarbeiter der Gemeinde (und nicht »meine«) von selbst tun müssen?* Ein wenig koordinieren? Das Charismenchaos verhindern?
Ich muß hier für mich weiterarbeiten. Denn sonst vergeht mir die Lust zu arbeiten. Ich hab einmal in einem Vortrag gehört, *wer nicht weiß, wer er ist, kann bald auch nicht mehr arbeiten. Wer bin ich denn eigentlich, wenn es neben mir soviele eigenverantwortliche Laien, ehrenamtliche und sogar hauptamtliche gibt?* Eines ist mir inzwischen klar: Das Priesterbild, mit dem ich aufgewachsen bin, paßt nicht mehr: weder zum erwachten Selbstverständnis der Leute, und auch nicht zu den Laien, die von der Kirche angestellt werden und hauptamtlich Seelsorge betreiben. Was mich am meisten beunruhigt, ist, daß sich diese Leute und Laien auf die Bibel berufen, und auf die lange Tradition der Kirche, die auf dem II. Vatikanischen Konzil wieder zu Ehren gebracht wurde, nachdem sie offenbar lange Zeit verheimlicht werden konnte. Kirche, so kann heute jeder Pfarrgemeinderat voll Selbstbewußtsein sagen, sind wir alle, und nicht nur Du, Pfarrer! Und das hat Folgen. *Den Leuten geht es damit gut. Sie haben dazugewonnen. Wie es aber mir dabei geht, danach fragt niemand.* Ich muß mich umsehen, lesen, mit anderen darüber reden ...

15. 8., 19.30
Auch ich bin ein Christ
Ich verbringe zur Zeit meinen Urlaub mit einem Studienfreund, der Jesuit geworden ist. Wir machen eine Heilfastenkur. Der Streß hat sich nämlich in die Gedärme geschlagen. Wir haben angefangen unsere Zeit zu nützen und *arbeiten an meiner Frage: Wenn da soviele Christen in der Pfarrei, die einen ehrenamtlich, andere hauptamtlich, für die Arbeit der Pfarrei verantwortlich sein sollen, was ist dann die eigentliche Aufgabe des Pfarrers?* Also meine Aufgabe? »Meine Identität«, so habe ich in einem Aufsatz gelesen, wer bin ich denn als Pfarrer? Mir ist die Frage in den letzten Wochen nicht aus dem Sinn gekommen. Zugespitzt wurde sie, als ich in dem Aufsatz über Identität gelesen habe: Wer nicht weiß, wer er ist, kann auch mit anderen schlecht umgehen.

Angewendet auf mich: Wenn ich unsicher bin, dann betrifft das mein Verhältnis zu den Leuten, den *Laien. Sie machen mich dann unsicher.* Ich habe mich zum Beispiel bei einem Spaziergang bei dem Gedanken entdeckt, daß ich den Pastoralreferenten angefangen habe zu beneiden: Da macht der fast dieselbe Arbeit wie ich, und dazu hat er heiraten können. Unterscheidet uns gar nur noch der Zölibat (und dazu die Leitung der Meßfeier und die Spendung der Sakramente?)

Mein Jesuitenfreund hat mir neuere Literatur mitgebracht, über die *Kirche, was sie für die Welt ist, was in ihr an Vorgängen stattfindet, damit an ihrem Leben die Menschen ablesen können, was Gott mit allen vor hat.* Da war mir klar, daß das, was abzulesen sein muß, nicht allein das sein könne, was der Pfarrer tut und wie er lebt. Das können nur die vielen Menschen einer Pfarrei, einer Kirche zusammen tun. Die *Gleichsetzung Kirche = Priester, wie ich sie bei vielen Menschen finde, kann daher nicht stimmen.* Die selbstbewußten Laien haben schon recht: Kirche sind wir alle, und nicht nur wir Amtsträger. *Gott sei Dank bin ich einer von diesen Christen, die Kirche ausmachen.* Ich muß diese Einsicht tief in mich eindringen lassen. *Vor allem bin ich Christ.* Ein vertrautes Wort des Augustinus darf nicht mehr aus meinem Zwerchfell: »Wo mich erschreckt, was ich für euch bin, da tröstet mich, was ich mit euch bin. Für euch bin ich Bischof, mit euch bin ich Christ. Jenes bezeichnet das Amt, dieses Gnade. Jenes die Gefahr, dieses das Heil.«[25]

Allmählich wird mir klar, daß meine Frage, wer ich als Priester denn eigentlich bin, zu eng gestellt ist. *Wozu will ich mich denn von den anderen sosehr unterscheiden?* Ist nicht zunächst das Verbindende wichtig? Davon läßt sich auf jeden Fall schon leben: wenn ich mit anderen Gottes Wort höre und nach Gottes Willen für uns suche; wenn ich mit anderen unsere Glaubenserfahrungen austausche, wenn ich mit ihnen die gläubigen Erfahrungen der Bibel lese, wenn ich dann mit ihnen bete und singe, wenn wir zusammen fragen, wo heute die Armen, die an den Rand des Lebens Gedrängten, die Aussätzigen sind, denen sich Jesus bevorzugt zuwandte, wo heute Tod das Leben verschlingt, und *wie die Menschen, mit denen wir im Ort zusammenleben, Auferstehung erleben können: Das alles mache ich als ein Jünger Jesu mit vielen anderen zusammen.* Das stellt uns alle auf die gleiche Stufe und macht uns untereinander zu Gleichen, Brüdern und Schwestern. Ich beginne Jesu Wort zu verstehen, daß keiner über dem anderen ist, keiner sich Meister, keiner »Papa« nennen lassen soll: Denn das alles ist schon Gott für uns, und eben dies macht uns untereinander radikal gleich. Kann man es noch »demokratischer« ausdrücken? Wo gibt es denn eine Demokratie, wo alle so gleich sind, wie wir Christen es sein sollten? Aber sind wir Christen denn, was wir gemessen am Evangelium zu sein hätten? Eine *Gemeinschaft von Gleichen, Unterschiedslosen?* Was haben wir doch für Klassenunterschiede in unserer Kirche: zwischen Männern und Frauen, Reichen und Armen, Studierten und Redseligen und Arbeitern, die oft religiös sprachlos, aber nicht fühllos sind; und dann vor allem zwischen Klerus und Laien. *Mir schwindelt, wenn ich an die Utopie Jesu von seinem Reich denke.* Gott sei Dank ist die Kirche nicht das ganze Reich Gottes. Aber dient uns diese Unterscheidung nicht auch dazu, uns die Forderungen Jesu für die Kirche vom Leib zu halten? Ich muß in der nächsten Zeit darauf achten, wo ich überall Unterschiede mache ...

16. 8., 10.15
Wer bin ich eigentlich als Pfarrer unter vielen verantwortlichen Laien

Es hat mich ruhig gemacht, wieviel ich mit anderen Christen gemeinsam habe. *Gibt es denn auch mehr, denn gerettet zu sein, und den Ruf Jesu zu vernehmen, von nun an hinter ihm herzugehen und die Menschen so zu behandeln, wie er sie behandelt hat, damit die Menschen erkennen, wie Gott zu ihnen ist? Auch mich tröstet, was ich mit den Leuten in der Pfarrei bin: ein Christ.*

Aber da ist noch was, was mich sichtlich von den anderen unterscheidet. Haben doch nicht alle dieselbe Gnadengabe. Zufällig habe ich in das kleine Heft der Deutschen Bischöfe hineingesehen »Zur Ordnung der pastoralen Dienste« (Nr. 11, 2. März 1977); mein Jesuitenfreund hatte es mir mitgebracht und ermunternd hinzugefügt, das Beste in diesem Text sei das, was über den Priester drinnen steht. Da habe ich auch eine Passage gefunden, die mich sehr angeregt hat. Ich muß sie langsam abschreiben, damit ich in diesen guten Text eindringen kann: Der Priester soll »in Person und Auftrag Jesu Christi (vgl. 2 Kor 5,20) ... die Gemeinde und ihre Mitglieder zu ihrem eigenen Dienst bereit und fähig machen, *Gemeinden gründen und leiten, der Gemeinde neue Glieder zuführen und für deren Einheit in Christus Sorge tragen* (vgl. Eph 4,12). Der Aufbau und die Leitung der Gemeinden, die dem Priester in besonderer Weise obliegen, geschehen vorrangig durch die *Verkündigung,* die Feier der *Sakramente* und die *Formung der Gemeinde zu einer brüderlichen Gemeinschaft.* Diese Aufgabe schließt auch die Verantwortung für die lebendige Einheit der Gemeinde mit der *Diözese und der*

Gesamtkirche ein. Ihren tiefsten Ausdruck und ihre Zusammengehörigkeit finden alle diese Funktionen des Priesters in der *Eucharistie*. Der Hirtendienst des Priesters ist also weit mehr als nur Organisation und Administration, er ist ein geistlicher Dienst« (OPD 2.2, S. 12f).

Ich mußte, angeregt durch den vorletzten Satz, an den *heutigen Gottesdienst* denken. Da waren viele Leute zusammen, wir haben Gottes Wort gehört; das Vorlesen haben ein Laie und ich als Priester uns geteilt. Ganz allein habe ich also nicht verkündigt, aber das ist wiederum nicht wichtig, wenn nur überhaupt verkündigt wird, und zwar die unversehrte Botschaft. Ist es nicht meine Aufgabe, zu sorgen, daß überhaupt verkündigt wird, und daß *kein anderes Evangelium* verkündigt wird, als jenes, welches von Anfang her in den christlichen Kirchen erzählt wurde? Bin ich nicht so etwas wie ein *verläßlicher Anwalt der unversehrten Tradition* – aber nicht der einzige, der sie erzählt? Ich bin froh, daß Eltern schon ihre Kleinkinder gläubig erziehen, daß in der Schule Katechetinnen und Katecheten arbeiten, daß wir Tischmütter und Firmhelfer haben, daß der Pastoralassistent predigt. Ich bin froh, daß sie die Arbeit machen, für die ich letztlich verantwortlich bin, daß sie ohne Schaden geschieht.

Dann haben wir Gaben herbeigebracht, getrennt Brot und Wein erhoben, das Brot noch eigens gebrochen, und schließlich zu uns genommen. Dabei haben wir ein großes Dankgebet gesprochen, und den Tod Jesu und seine Auferstehung verkündigt und gepriesen: als Grund unserer eigenen erhofften Auferweckung. Dabei kam mir die Hauptrolle zu. *Ich sprach für die Gemeinde – und dieses Sprechen als Repräsentant der versammelten Gemeinde ging unvermittelt über in ein Sprechen Jesu:* Nehmet und esset ... Eucharistie, so erinnere ich mich an einen theologischen Lehrer, stellt die Kirche in ihrer ganzen Wirklichkeit dar, mit Jesus als ihrem Haupt. Wie kann man dann aber *noch die beiden »Funktionen« trennen, »Repräsentant der Gemeinde« und »Repräsentant Jesu Christi« zu sein, wenn Jesus das Haupt der Gemeinde selbst ist?* Wie kann man wirklich die Gemeinde Jesu »repräsentieren«, wenn nicht dabei auch Jesus als Haupt zur Darstellung kommt? Ich sehe meine eigenwillige Berufung darin, zu *verhindern, daß unsere Pfarrei eines Tages zu einem gut gemanagten Verein religiös besonders Begabter oder Bedürftiger wird.* Es darf nicht vergessen werden, daß *Jesus der Herr ist,* daß er uns zusammengerufen hat, und zu uns nur ganz gehört, wer »in Jesus ist«. Meine Hauptsorge wäre demnach, *daß die Mitglieder der Pfarrei in Jesus verwurzelt sind und immer neue Menschen der Pfarrei zuwachsen;* diese

Verwurzelung geschieht aber in ihrer Innenseite durch Jesus selbst; was aber inwendig im Menschen geschieht, das kommt in der kirchlichen Gemeinschaft *»spielerisch«* (wir sagen dann *sakramental*) zur Darstellung, in *symbolischen* Handlungen und Deutungen, die wir den Ritualen hinzufügen, damit nicht unter der Hand diese uralten Riten von den Leuten verwendet werden, Gottes habhaft zu werden, ihn magisch zu manipulieren. Ich verstehe, warum ich daher als Priester an der Spendung der Sakramente, vor allem aber bei der Eucharistiefeier beteiligt bin. Komme ich doch überall dort vor, wo die Gottesbegegnung von Menschen in kirchlichem Tun feierlich sichtbar und erfahrbar gemacht wird.
Bei diesen tiefen theologischen Gedanken durchschleicht mich ein sehr weltlicher: *Ist es wirklich notwendig, für diese Aufgabe von den anderen Christen bezahlt zu werden?* Ich stelle mir vor, daß ich »Zelte webe«, während die pastorale Hauptarbeit der bezahlte Pastoralreferent macht. Für ihn ist zudem materielle Sicherheit wichtiger als für mich, hat er doch Frau und Kinder. Oder sollte ich gar, wie eben auch der Pastoralreferent, im Grund vornehmlich *für jene Arbeit bezahlt werden, die ich als einer der Christen dieser Pfarrei eben auch mitmache,* anstelle der anderen Leute, die wegen des Berufs und ihrer Familie nicht soviel Zeit haben? Ich werde es mir hinkünftig nicht mehr so leicht machen und den Leuten sagen: Das ist eure Aufgabe, macht sie nur selbst, und wenn ihr nichts tut, geschieht einfach nichts. Wenigstens nicht solange, als sie mich mit ihrem Geld freihalten...

19. 8., 22 Uhr
Der schmerzliche Verlust der Unmittelbarkeit
Heute habe ich mich einmal gefragt, was ich *früher als Priester gemacht habe, und was ich jetzt tue.* Ich bin auf große Unterschiede gestoßen. Als ich Kaplan war, hatte ich stets unmittelbar mit Leuten zu tun, mit Kindern, Jugendgruppen, mit Alten, mit Schulklassen. Ich war sozusagen an der »Basis«, kam in Berührung mit allen möglichen Situationen alltäglichen Lebens, besuchte viele Familien und nahm dort Not und Wohltat vieler Familien wahr. Dann habe ich die letzte Woche vor der Kur aus der Erinnerung protokolliert, und bin erschrocken: Ich habe mich ziemlich weit von der »Basis« entfernt. Ich arbeite heute nicht mehr mit Kindern, Jugendlichen, Gruppen, komme kaum noch in Familien. Vielmehr arbeite ich mit Katechetinnen, Lehrern, Jugendführern, Leuten vom Pfarrbesuchsdienst, und verbringe viel Zeit in Besprechungen mit dem Pastoralreferenten; noch

mehr Zeit nehmen mir die Sitzungen in den pfarrlichen und überpfarrlichen Gremien weg. Seit ich für zwei Pfarreien zuständig bin, hat sich deren Zahl verdoppelt, auch der Pfarrverband verlangt seine Zeit...

Dieser *Verlust der Basis, der Unmittelbarkeit zu den einfachen Leuten,* schmerzt mich. Ich habe etwas an Lebendigkeit verloren. *Ich bin fast nur noch mit Mitarbeitern und Funktionären zusammen.* Dabei steht die Arbeit im Vordergrund welche andere dann tun. Aber es ist dann nicht meine Arbeit.

Dazu ist mir aus einer Studie in Erinnerung, daß eine Pfarrei um so lebendiger ist, je mehr ehrenamtliche Mitarbeiter da sind[26]. Mir liegt also an vielen solchen Leuten. Aber dies geht am Ende auf meine Kosten.

Mir wird deutlich: Der Wandel im Priesterbild ist weniger eine Frage großer theologischer Anstrengungen. Er wird uns eher von den großen Veränderungen in der Kirche »verordnet«. *Vertieft die Kirche ihre Aufgabe für die Welt, entdeckt sie dabei die unersetzliche Aufgabe aller Christen, dann muß auf diesem Weg auch die alltägliche Arbeit des Pfarrers mitbetroffen sein.* Daß er dann immer noch »an Christi Statt« steht, verläßlicher Anwalt der Tradition von Jesus her ist, die Eucharistie leitet und wichtige Sakramente spendet, ändert sich nicht. Der Wandel geschieht mehr an der theologischen *Peripherie,* und doch bestimmt er das »Priesterbild« nachhaltig. Für mich und viele andere Priester hat er – während gar nicht allzu vieler Jahre – einen schmerzlichen Verlust an Unmittelbarkeit zu den Leuten gebracht und eine große Nähe zu den (ehrenamtlich mitarbeitenden) Laien. Lediglich im Beichtstuhl und bei Glaubensgesprächen komme ich manchmal noch unmittelbar mit dem Leben einfacher Leute zusammen.

Der Verlust wird freilich dadurch wettgemacht, daß ich *immer mehr Aufgaben der Leitung und Führung* wahrnehme. Und da ich dafür eine Begabung habe, wird mir am Ende der Wandel in meiner priesterlichen Arbeit nicht zur Katastrophe. Aber ich muß umlernen. Es war für mich wichtig, Kurse für Leitung und Kooperation mitzumachen. Es geht mir jetzt auch schon erheblich besser mit Mitarbeitergruppen. Ich fühle mich auch im Pfarrgemeinderat sehr wohl, und habe den Eindruck, daß ich für die Arbeit dieses Gremiums eine wichtige Rolle übernehmen kann.

Zu alledem *bleibt ja vieles auch unverändert, was mir auch Freude macht.* Ich feiere mit der Gemeinde gern einen lebendigen Gottesdienst (wenn es an einem Sonn- oder Feiertag nicht allzuviele hintereinander sind), es geht mir gut, wenn ich eine Tauffeier vorbereite und halte; ich bin gern auf einer Hochzeit, weil ich es liebe, Leben um mich zu spüren. Die Sakramente machen mir also keinen Kummer. Nicht einmal vor den Begräbnissen drücke ich mich, seit mir klar wurde, wie tief gerade das Beerdigungsritual die Teilnehmer anrührt; kaum ein noch so gut geführtes seelsorgliches Beratungsgespräch vermag derart in die Tiefe vieler Menschen vorzustoßen wie die uralten Rituale der Kirche. Ich stimme also nicht in den Chor jener ein, die darin eine Katastrophe sehen, wenn wir Priester »nur« noch Messe feiern und Sakramente spenden. Ich möchte auf diesen Anteil meiner Aufgabe nicht verzichten. Der Verlust der Unmittelbarkeit zur Basis macht mir hingegen viel mehr zu schaffen.

23. 10., 23 Uhr
Die vielen Gremien und der eine Pfarrer
Heute war wieder ein Tag der Sitzungen. Ein Tag des Triumphes des Hinterns über den Verstand, wie sich einer einmal bayrisch-deftig ausdrückte. Eine Zeit-lang hatte ich ja Spaß an der Arbeit des Pfarrgemeinderates. Ich hatte selbst einen solchen wählen lassen, längst bevor andere Pfarrer, zähneknirschend, und den Verrat am Katholischen witternd, widerwillig dazu bereit waren. Und ich kann es bis heute nicht verstehen, daß es in einer großen Erzdiözese wie Köln noch in über hundert Pfarreien keinen Pfarrgemeinderat gibt. Solches können sich die Pfarrer wohl auch nur leisten, weil der Bischof zu wenig Priester hat und lieber auf den Pfarrgemeinderat denn auf den Pfarrer verzichtet. Meine Brüder meinen es ja vielleicht gut, wer mag darüber urteilen. Aber ein wenig finde ich ihre *Weigerung, einen Pfarrgemeinderat wählen zu lassen, eine Verspottung von Laien, dahinter aber eine mutwillige Ausblendung vieler biblischer Texte.* Was denkt wohl ein solcher Pfarrer, wenn er 1 Kor 12–14, oder Röm 12–14 liest? Ich vermute manchmal, diese Pfarrer lesen lieber das Offertenblatt für die Katholische Geistlichkeit als die Bibel.
Ich will mich auch heute nicht über den Pfarrgemeinderat beklagen. Und *wenn er nicht gut arbeitet, werde ich eben alles Erdenkliche tun, damit es besser wird.* Was aber mir zu schaffen macht, ist die *Häufung von Gremien* und damit von Sitzungen. Seit ich vom Bischof mit der provisorischen Leitung der Nachbarspfarrei betraut wurde, gibt es fast doppelt so viele Sitzungen. Dazu noch Sitzungen im Pfarrverband, dann noch im Priesterrat, usf. Ich versteh schon das Wort vom Triumph ... Also muß ich etwas unternehmen.
Ich habe von Freunden schon viele gute und weniger vernünftige Ratschläge bekommen. Geh nicht zu allen Sitzungen. Entschuldi-

ge dich öfter. Laß die Laien ihre Sache allein machen. *Leg die Sitzungen der Gremien zusammen*[27].
Der letzte Rat hat mich in der Tat bis heute beschäftigt. *Wenn schon zwei Pfarreien praktisch einen Pfarrer haben, warum nicht auch nur einen Pfarrgemeinderat?* Zwingt nicht der Priestermangel dazu, daß »bisher selbständige Gemeinden sich für eine längere Übergangszeit einer anderen Gemeinde anschließen?«[28]
Mir schien ein solcher Vorschlag praktisch. Doch wollte ich mit meinem Jesuitenfreund ein theologisches Unbehagen vorweg klären: *Wie kann man das, was Christen in einer Pfarrei sind und tun, sosehr vom Priestermangel abhängig machen? Mir schien diese raumpflegerisch gekonnte Maßnahme theologisch widersinnig zu sein.* Grundsätzlich beharre ich für mich darauf, daß eine *selbständige Gemeinde auch ihren eigenen Pfarrgemeinderat hat. Warum soll sie neben dem Pfarrer auch noch den Pfarrgemeinderat verlieren?* Warum soll der Priestermangel stets auf dem Rücken der wehrlosen Betroffenen ausgetragen werden?
Dennoch suchte ich die Pfarrgemeinderäte zu gewinnen, zusammenzuarbeiten. Der Gedanke eines *Pfarrverbandes* tauchte auf. Man entdeckte, daß viele Arbeiten besser gemeinsam geplant und durchgeführt werden: Bildungswerkarbeit, Jugendseelsorge, Öffentlichkeitsarbeit, politischer Arbeitskreis ... Anderes sollte aber eigenständig bleiben. So zeichnete sich eine Lösung ab, die zur Zeit erprobt wird: *Es gibt einige gemeinsame Ausschüsse der beiden Pfarrgemeinderäte, einige hingegen arbeiten getrennt.* Die meisten Sitzungen, zu denen ich als Pfarrer unbedingt gehen muß, sind aber *gemeinsame Sitzungen.* Meine Zuneigung zum Pfarrgemeinderat konnte so wieder stärker aufkommen.
Was sich übrigens bewährt hat: Bevor wir die erste Sitzung zusammen abhielten, habe ich beide Pfarrgemeinderäte zu einem *gemütlichen Abend* eingeladen. Hier konnte viel Fremdheit und auch Angst abgebaut werden. Bei der ersten Sitzung kannte man sich schon ein wenig. Wohl deshalb ging es von da an auch gut weiter.

28.12., 16.30
Es gibt zu viele Gottesdienste
Das Jahr geht zu Ende. Ich habe deshalb angefangen, an der Predigt für den *Jahresschlußgottesdienst* zu arbeiten. Beide Pfarrgemeinden werden diesen Gottesdienst zusammen feiern: ein Ausdruck für das gewachsene Miteinander. Dabei will ich auch Rechenschaft darüber geben, wie wir in letzter Zeit die *Zahl der Gottesdienste spürbar verringern konnten*[29]. Dankbar bin ich, daß

wir Pfarrer dabei von den Bischöfen so sehr unterstützt wurden. Ein Zeichen dafür, daß die Bischöfe, die ja einen unmenschlichen Terminkalender und fast schon unverantwortlich viele Termine außerhalb der Diözese haben, noch Zeit finden, an ihre eigenen Pfarrer zu denken. Ich jedenfalls habe bald, nachdem mir die zweite Pfarrei zur Providierung übertragen wurde, erlebt, daß zu viele Gottesdienste für mich und auch für die Leute nicht gut sind. Also gingen wir daran zu überlegen, wie die Zahl der Gottesdienste weniger werden könnte.
So etwas ist nicht einfach. Wir haben ja in den *letzten Jahrhunderten die Leute wahrlich arg verwöhnt,* was die Gottesdienste betrifft. Wir konnten uns dies leisten, weil es genug Priester gab und weil es vor allem viele pastorale Aufgaben noch nicht gab, die heute zu tun sind: Ich denke an die Jugendarbeit, die Gemeindekatechese, die vielen sozialen Dienste, die Besuchsdienste u. v. a. m. Heute aber sind schon in einer Pfarrei die seelsorglichen Aufgaben außerhalb der Gottesdienste (Messe, Sakramente, Begräbnisse, Segnungen) mehr geworden; die Häufung von Pfarreien bei einem Priester hat dies noch verschärft. So konnte es also nicht weitergehen.
Unter vielfachem Widerstand haben wir folgende Entscheidungen getroffen und durchgeführt:

- die *Wochentagsmessen* wurden in jeder Pfarrei weniger. Ich war abwechselnd den einen Tag in dieser und den anderen in jener Pfarrei. Ebenso abwechselnd wurden vom Liturgieausschuß oder in der mitprovidierten Pfarrei – meistens vom Pastoralreferenten – ein einfacher Wortgottesdienst gehalten, manchmal aus dem amtlichen Stundengebet der Kirche, öfter ein Rosenkranz, gelegentlich eine Bußfeier.
- Die *Begräbnisgottesdienste* haben wir angefangen, gleichzeitig für mehrere Begräbnisse zusammen zu halten. Das stieß anfangs auf heftiges Murren der Leute. Aber bald zeigte sich, daß diese selteneren Begräbnismessen besser vorbereitet werden konnten und auch lebendiger waren. Oft gab es ja Begräbnismessen, bei denen sich die Teilnehmer kaum noch zurechtfanden, geschweige denn mitbeten konnten. Zwar haben wir alle einfachen, nach dem Konzil geänderten Texte abgedruckt und in den Bänken aufgelegt. Dennoch wurde viel geschwiegen. Das waren oft wirklich traurige Trauergottesdienste. Jetzt sind aber immer wenigstens einige darunter, die mitsingen; oft kommen – von uns eigens dazu ermuntert – Leute, die sonst bei einer Frühmesse wären, zu den Begräbnismessen.
- Die *Schulmessen* haben wir ausnahmslos in Wortgottesdienste umgewandelt. Dies ermöglicht es auch, diese Gottesdienste

ökumenisch, also mit den evangelischen Christen zusammen zu feiern. Aus diesem Grund sehen wir auch von einer Kommunionausteilung ab. Wir hatten kein gutes Gefühl bei diesem Kommunionaufmarsch.

• Auch die *Sonntagsmessen* wurden verringert. Wichtig bleibt die Vorabendmesse, aber die ist eben nur in einer Pfarrei möglich. Dafür ist in der anderen Pfarrei eine Sonntagabendmesse. Dazu kommt je ein Gottesdienst am Sonntagvormittag in jeder Pfarrei. Die Kirchen sind jetzt voller, da es weniger Gottesdienste gibt. Allerdings ist nicht leicht festzustellen, ob nicht wegen der für sie ungünstigeren Zeit einige in eine andere Kirche gehen, oder wenige überhaupt wegbleiben. Aber die Verantwortlichen im Pfarrgemeinderat haben mich dennoch ermutigt, indem sie sagten: Wer heute kommen will, nimmt auch eine unbequemere Zeit zur Kenntnis. Auch wenn es jetzt weniger Messen sind, empfinde ich doch gerade am Sonntagvormittag Unbehagen. Es finden nach dem Gottesdienst in der Pfarrei mit der Frühmesse kaum noch Begegnungen statt, ich eile kurzangebunden an allen vor der Kirche Stehenden grüßend vorbei, um rechtzeitig in der anderen Pfarrei am Altar stehen zu können. Das Gefühl von Unruhe und innerer Hetze ist mir vertraut geworden. Was dabei leidet, ist die geistliche Tiefe. Und die Leute merken das leider auch.

• Der Versuch, *Taufen und Trauungen* zusammenzulegen und in den Sonntagsgottesdienst einzubeziehen, hat sich bisher noch nicht durchgesetzt. Zu sehr sind für viele Leute Geburt und Heirat religiöse Feiern bei den Lebenswenden der Familiengeschichte, weniger Ereignisse der Pfarrei. Theorie und Praxis fallen hier weit auseinander. Aber manchmal denke ich, besser eine christliche Stilisierung der Lebenswenden als überhaupt keine Anwesenheit der Kirche mit ihrem alten, wohltuenden Ritual. Einige Jüngere, die begriffen haben, was ein Christ ist, und daß ihre Aufgabe darin besteht, Kirchengemeinde lebendig werden zu lassen durch ihr eigenes Leben, freuen sich, wenn ihre Feiern des Lebens inmitten der Gemeinde stattfinden. Ich habe gelernt, mir Zeit zu lassen und nichts zu erzwingen. Zwar erzähle ich bei Taufgesprächen und Hochzeitsvorbereitungen die guten Erfahrungen, die andere mit gemeindlichen Feiern gemacht haben. Aber ich halte es aus, wenn die Leute dann doch eine traute Familienfeier bevorzugen.

• Die Gottesdienste an besonderen *Festtagen* feiern wir für beide Pfarreien gemeinsam. So haben wir nur eine Fronleichnamsprozession. Auch zur Christmette laden wir die Leute in eine Pfarrei ein; Gott sei Dank ist die eine Pfarrkirche groß genug. In der anderen Pfarrei ist dafür am Nachmittag eine vorgezogene

»Mette« für Kinder, zu der auch gerne die Eltern mitkommen. Im nächsten Jahr werden wir versuchen, die Kartage zusammen zu feiern. Dabei ist ein kurioses Problem aufgetaucht, das wir nicht lösen konnten. Wir überlegten nämlich zunächst, ob die Kartage nicht doch in jeder Pfarrei begangen werden sollten. Zumal, so ein Mitglied des Liturgieausschusses, am *Karfreitag* keine Messe sei, und daher auch ein Laie den Gottesdienst leiten könne. Andere waren nicht dieser Meinung. Sie sagten, wenn sich Christen zu einer derart hochamtlichen Liturgie wie der am Karfreitag versammeln, dann muß ihr auch ein Priester vorstehen. Ist dies nicht notwendig, dann könne umgekehrt notfalls auch ein Laie der Eucharistiefeier vorstehen. Dabei sei es vielleicht sogar so, daß dieser »Laienvorsteher« durch das, was er notmäßig tut, »Priester« wird, auch wenn dies durch die Weihe (noch) nicht anerkannt ist. Man müßte zu ihm sagen: Was hindert es, daß wir dich zum Priester weihen...

15.1., 23 Uhr
Der schlechte Gesundheitszustand vieler Pfarrer
Vor kurzem ist eine Hiobsbotschaft eingetroffen. Der fünfundfünfzigjährige Nachbarspfarrer hat einen Herzinfarkt erlitten. Keiner kann für ihn einspringen; es trifft behelfsweise wieder mich. Dabei hatte dieser Pfarrer auch schon zwei Pfarreien. »Da waren es schon vier...«, dachte ich, und mußte fatalerweise die Melodie der zehn kleinen Negerlein singen. Der Unterschied ist ja nicht groß. Die Negerlein wurden weniger und starben; bei uns werden die Pfarreien mehr, und wir sterben.
Warum sind immer mehr von uns krank, so frage ich mich hin und wieder. Wir versuchen ja, Arbeit abzugeben, weniger zu tun, viele hauptamtliche und ehrenamtliche Laien machen in bewundernswerter Weise mit. Was verursacht unseren Streß, der sich leibhaftig in Krankheit übersetzt. Der Arzt, mit dem ich gut befreundet bin, sagt immer, *daß wir uns auf dem Umweg über Krankheit vor dem Übermaß der Arbeit schützen.* Besser wäre es, gleich Nein zu sagen, die eigenen Grenzen anzuerkennen. Aber wir wären zu sehr auf Dienst und Opferbereitschaft hin erzogen. Wir hätten ein schlechtes Gewissen, wenn wir Pfarreien allein ließen. Also nehmen wir die eine um die andere hinzu. Was ist es aber, was krank macht? Weniger offenbar die doppelte Arbeit, vielmehr die *doppelten Sorgen.* Und jetzt soll ich vorübergehend für vier Pfarreien zuständig sein. Wie das gehen soll? Unlängst habe ich geträumt, daß ich im Wasser ertrinke; kaum, daß ich noch Luft bekam. Ob Neinsagen auch ein geistlich verantwortbares Tun ist? Mein

Arztfreund sagt ja. Ich muß darüber unbedingt einmal mit meinen Mitbrüdern reden. Vielleicht sollte dies auch einmal im Priesterrat besprochen werden. Thema: Der Priestermangel und die Gesundheit der Priester ...

20. 1., 11.30
Soll ich mit meinen Mitarbeitern in einem Haus wohnen?
Heute hat mich ein Mitbruder besucht, der drei Pfarreien »hat«. Jetzt bekommt er eine Gemeindereferentin dazu. Genauer, der Verband dieser drei Pfarreien bekommt sie als hauptamtliche Mitarbeiterin zugewiesen. Jetzt fragt er mich, wie sie es machen sollten: *Ob es besser ist, wenn sie in der »Hauptpfarrei« zusammenwohnen und von dort aus gemeinsam die Arbeit machen; oder ob sie besser in ein leerstehendes Pfarrhaus einziehen soll, damit jemand an Ort und Stelle erreichbar ist.*
Ich war mir in dieser Frage selbst nicht schlüssig. Zwar wohnen wir, der Pastoralassistent und ich, getrennt. Das hat auch Vorteile. Es ist in der pfarrerlosen Pfarrei wenigstens eine »Bezugsperson«, eine »Ansprechperson« anwesend. Dazu kommt meine eigene Erfahrung[30]: In der Gemeinde, in der ich wohne, wurden mir die Gesichter in der Kirche viel schneller vertraut, Kontakte schneller geschlossen. Hier ist auch mehr Zeit für Gespräche an der Kirchentür nach den Messen. Viel langsamer kommt dies in der anderen Gemeinde, aber es kommt. Ich kann daher gut verstehen, was auch im Heft der Deutschen Bischöfe »Zur Ordnung der pastoralen Dienste« verlangt wird, daß der Priester in *Ruf- und Reichweite* zur Gemeinde sein soll; ist er es nicht, schadet dies der Gemeinde und ihm[31].
Andererseits beneide ich einen Mitbruder, der mit einem Diakon und einer Gemeindereferentin zusammen in einem Pfarrhaus wohnen und eine Art *Kommunität* errichtet haben. Sie beten zusammen, essen, können auch viel mehr miteinander reden, verbringen Freizeit zusammen. Zwar erzählt dieser Pfarrer, daß er dadurch auch in dieser Gemeinschaft sehr seßhaft wird. Er würde, hätte er sie nicht, viel öfter zu Leuten gehen, vielleicht auch mehr mit Leuten zusammen beten. Dennoch möchte er seine »Kunstfamilie« nicht vermissen, auch wenn die Frage offenbleibt, woher er als Pfarrer seine Spiritualität beziehen soll: von den engeren Mitarbeitern oder zusammen mit Christen der Gemeinde.
Am Ende läuft die Frage darauf hinaus, was wichtiger ist: das eigene Wohl oder jenes der Pfarreien. Von daher neige ich eher dazu, daß wir getrennt wohnen, also jeder in einer anderen Pfarrei, damit sich die Leute nicht völlig verlassen fühlen. Es bleibt dann immer

noch Zeit, sich dann und wann zu treffen, zusammen zu arbeiten und zu beten.

6.2., 22.15
Vom Ort unserer priesterlichen Spiritualität
»Einkehrtage« genieße ich. Sie sind für mich zunächst einmal freie Tage. Ich kann ausbrechen, dem Zugriff vieler Beanspruchungen mich entziehen. Heute war ich stundenlang wandern, zwei Mitbrüder gingen mit. Wir besprachen viele Fragen, auch beteten wir zusammen. Eine Frage hat uns im Nachhinein beschäftigt: Wo ist eigentlich der *Ort unserer priesterlichen Spiritualität?* In den Pfarreien? In unserer kleinen »Gemeinschaft von Priestern«? Aber die Pfarreien sind groß, anonym. Ich kann bestenfalls in einer Gruppe fest Wurzeln fassen, und dort auch etwas von meiner Glaubensgeschichte einbringen. Dazu braucht man ja niedrige Schwellen, Vertrauen. Vom Glauben und wie es mir damit auch manchmal schlecht geht, kann ich nicht jedem auf Anhieb erzählen. Ich habe sogar gemerkt, daß *selbst Priester darüber kaum reden.* Ich weiß nicht, wie es dem Bischof mit seinem Glauben geht. Wenn ich ihn predigen höre, habe ich immer das Gefühl, er hat da keine Sorgen. Sein Amt erlaubt sie ihm nicht. Von mir erwarten es die Leute auch. Und doch finde ich in mir auch starke Anteile des schwachen, oberflächlichen, unernsten, leblosen Glaubens – fast müßte ich Unglauben sagen. Ich kann oft Ungläubige besser verstehen als die allzu schnell und eifrig Frommen. Das Wort des Apostels Thomas ist mir lieb geworden: Herr, ich glaube, hilf meinem Unglauben!
Wenn aber Vertrauen so wichtig ist, sollte ich dann meine »Spiritualität« nicht mit Mitbrüdern pflegen? Aber diese treffe ich wieder so selten, unregelmäßig. Ich höre zwar, daß sich einige organisierte Priestergemeinschaften sehr regelmäßig treffen. Meine Freunde und ich waren uns aber auch nicht sicher, ob das nur gut ist. Entwickeln wir in diesen geschützten Gruppen nicht eine gemeindeferne Spiritualität? Werden wir nicht wieder insgeheim »klerikal«? Gewiß, wir stehen ja auch *der Gemeinde »gegenüber«.* Also ist es gut, wenn wir manchmal aus der Pfarrei herauskommen, damit wir nicht von ihr völlig aufgefressen werden. Ich erlebe es selbst, daß ich manchmal zu wenig *widerständig* bin, daß ich zu schnell nachgebe. Mein Pfarreramt hat aber etwas mit »prophetischer Diakonie«, also kritischem Dienst zu tun. Ich erlebe es als wohltuend, wenn ich mich mit anderen Priestern solidarisch weiß, weil ich so leichter Widerstand leisten kann gegen die Verbürgerlichung des Evangeliums bei unseren

Leuten in der Pfarrei. Und dennoch bleibt ein Bodensatz von Unbehagen.
Es wird wohl dauernd eine Spannung bleiben. Wir sind »drinnen« und gleichzeitig »gegenüber«. Mir ist auch zunehmend deutlich, daß das Hinausgehen auch etwas mit Erleichterung zu tun hat. Also kann ich aufatmen, und dann wieder leichter auch mit anderen in der Pfarrei zusammensein. Vielleicht ist es am besten, wenn das »Drinnen« und »Draußen« voneinander lebt. *Nur sich absetzen, wäre Flucht. Ganz drinnen in der Pfarrei aufgehen vielleicht auch, diesesmal Flucht vor der widerständig-kritischen Aufgabe, die ich amtlich für diese Pfarrei(en) übernommen habe.*

13.3., 22.45
Leiden an der Ungleichzeitigkeit –
wehrlose Didaktik der Reformen
Das regt mich oft bis an die Grenzen des Unerträglichen auf. Da haben wir im Pfarrgemeinderat nach langen Beratungen einen weiteren Schritt auf dem Weg von der versorgten zur sorgenden Gemeinde beschlossen, und dann bilden sich Gruppen, die dagegen opponieren. Den einen paßt es nicht, wenn *Kommunionhelfer* die monatliche Krankenkommunion austeilen; dabei sind wir schon dabei zu überlegen, ob nicht am Sonntag die Angehörigen der Kranken diesen die hl. Kommunion mitbringen könnten. Wir haben dies angefangen, nicht weil ich als Pfarrer keine Krankenbesuche mehr machen will; aber mir ist es eben lieber, wenn ich schon bei einem Schwerkranken bin, daß ich dann Zeit fürs Gespräch habe; und nicht sagen muß, jetzt geht es nicht, ich habe noch dreizehn Krankenkommunionen mit. Die Leute haben dann auch Scheu, frei zu reden, wenn ich die Kommunion dabei habe; mir geht es ja ähnlich. Es ist eine Frage der Ehrfurcht, so steckt es in mir, obwohl ich dann denke, Jesus, der Auferstandene, ist in seinem Geist immer bei uns, sakramental und anders.
Anderen ist es nicht recht, wenn einige unserer Frauen *Kommunionhelferinnen* sind, oder Mädchen *ministrieren*. Jemand hat da gesagt, es war noch dazu eine Frau, und sie berief sich auf einen Bischof (was ich nicht nachprüfen will), es wäre schlimm, wenn in der Kirche vorne Sexualobjekte wären, vorne, wo das Allerheiligste ist. Was da Leute, und auch noch Frauen über die Frauen denken. Sexualobjekt! Dabei heißt es im Alten Testament: Ich will meinen Geist ausgießen über eure Söhne und Töchter(!) (Joel 3,1). Eine Kommunionhelferin hat mir auch einmal geklagt, es kränke sie sehr, wenn beim Austeilen dann plötzlich ein paar Kommunionausscherer dabei sind und die Reihe zum Priester hin

wechseln. Ist es nicht derselbe Herr Jesus, der – gegenwärtig im Brot – gereicht wird?
Unlängst hat sich auch wieder jemand darüber beschwert, daß die Eltern zu einem *Elternabend* kommen müssen, wenn das Kind zur Erstkommunion geht; daß es Taufgespräche für die Eltern und Paten gibt, wenn ein Kind getauft werden soll. Das alles sei früher auch nicht der Fall gewesen. Außerdem gehe es um das Sakrament, und dieses empfange das Kind, und nicht die Eltern. Warum erpresse man also mit dem Kind die Eltern? Einer hatte ein Buch von *A. Lorenzer* gelesen (»Das Konzil der Buchhalter«, Düsseldorf 1981), dort stehe das auch genau beschrieben, daß wir unsere »Riten pädagogisieren« und so wieder Einfluß auf die Leute nehmen wollen. Dies mache aber die Riten kaputt. Also sollten wir, so sagten diese Kritiker, es wieder machen wie früher und endlich aufhören mit diesem Zerreden der Rituale.
Mir wird immer klarer, was eines der größten Probleme der Seelsorge in heutigen Pfarreien ist. Es ist die *unheimliche Ungleichzeitigkeit der Leute.* Die einen leben immer noch in einem vorkonziliaren Bewußtsein; sind es nicht die meisten? Einige haben den Aufbruch begonnen und sind einige Schritte vorangekommen; aber oftmals überkommt sie die Angst, der Weg wäre der falsche. Wer aufbricht, nimmt damit auch Unsicherheit in Kauf. Abraham erging es wohl nicht anders. Aber ist das dasselbe: Unsicherheit, Verunsicherung, Entsicherung? In der alten Sakramententheologie haben wir ein wichtiges Wort: *obex,* Riegel. Der Mensch neigt dazu, seßhaft zu werden in weltlichen Ortschaften: In seiner Ehe, seinem Besitz, in seiner Heimat, in seinen religiösen Gewohnheiten. Seßhafte verschließen sich, verriegeln sich. Müssen wir daher, soll die Tür zu Gott hin nicht verschlossen bleiben, auftun (Offb 3,20)? Gehört *Entriegelung* nicht ganz wesentlich zum christlichen Glauben[32]? Ist sie nicht ein Teil der Umkehr? Gewiß, wir haben alle Angst davor, Liebgewonnenes hinten zu lassen. Auch gibt es vieles, was wir als Christen nicht verlassen dürfen, unser Erbe, unsere unversehrte Tradition. Aber vieles, was wir für den unverzichtbaren Glauben halten, ist bestenfalls eine geschichtlich recht junge Gestalt dieses Glaubens. Vieles, was manche für den Heiligen Geist halten, ist nicht mehr als ihr eigener Vogel.
Aufbrechen von Verschlossenem. Aufbruch der Seßhaften: Eben das ist so mühsam. Vielleicht, weil Glaube stets das Unbequemere, Unwahrscheinlichere ist! Entriegelung ist daher wohl eines der wichtigsten Aufgaben in der Seelsorge. Die Versuchung, die mich dabei befällt, ist die der Gewaltsamkeit. Ich, und mit mir jene

Freunde aus den Pfarreien, die aufgebrochen sind, fühlen häufig maßlose Enttäuschung und Ungeduld über das langsame Tempo der »breiten«, zähen Masse der Leute. Sie kommen uns so unbeweglich vor. Es geht nichts weiter. Das viele Reden, Predigen, Argumentieren, scheint so wenig zu fruchten. Manchmal möchten wir die Erneuerung einfach verordnen. Aber was brächte solche Gewaltsamkeit? Wäre sie nicht ein Widerspruch gegen jene Erfahrung von Glauben, die wir wünschen; wäre eine verordnete Umkehr sinnvoll? Ich glaube nicht.

Wir müssen also mit der Ungleichzeitigkeit leben lernen. Das verlangt nach Geduld und Phantasie. Wir brauchen eine *»wehrlose Didaktik der Veränderung«*. Vor allem aber brauchen wir die Liebe. Es darf in der Gemeinde Jesu keine Mauern geben, auch nicht zwischen »Fortgeschrittenen« und »Zurückgebliebenen«: die Wörter eignen sich auch nur schlecht, um die gemeinten Gruppen zu benennen. Ich habe wieder einmal im Römerbrief nachgelesen. Sie haben schon recht gehabt, die Aufgeklärten, wenn sie heidnisches Opferfleisch gegessen haben. Und doch mahnt Paulus, dann solches Fleisch nicht zu essen, wenn sich »Schwache« ärgern. Die Liebe ist größer, und was nützte mir meine Fortschrittlichkeit, hätte aber die Liebe nicht... Das 13. Kapitel des Korintherbriefes könnte auch einmal so heißen – vielleicht hätte es Paulus auch heute so geschrieben:

> »Wenn ich der heutigen theologischen Forschung weit voraus wäre, hätte aber die Liebe nicht, wäre ich wie lebloses Papier. Und wenn ich die Reformbeschlüsse des Konzils und der Synoden feinsäuberlich durchgesetzt hätte, und die Leute in diese Richtung bestens manipulieren könnte, hätte aber die Liebe nicht, wäre ich nichts. Und wenn ich auf allen Sätzen des Augsburger Katechismus beharren würde, und jede auch nur vermutete Auflösung einer kirchlichen Norm wachsam verhinderte, hätte aber die Liebe nicht, nützte es mir nichts. Die Liebe ist wehrlos, manipuliert nicht, sie achtet auf das eigenwillige Tempo gerade der kleinen Leute; sie regt sich nicht auf über Unwillige und Konservatisten, prahlt auch nicht mit der eigenen Fortschrittlichkeit. Die Liebe verweigert keine Sakramente, strengt sich aber redlich an, damit Glaube wächst. Sie verordnet nicht Taufgespräche, wirbt aber mit Engelszungen um sie. Sie freut sich nicht über die Verurteilung eines Theologen, sondern freut sich daran, wenn die theologische Forschung vorankommt. Sie erträgt vieles, ja alles, und ist zuversichtlich, daß die kirchliche Entwicklung nie zum Stillstand kommt, weil Gottes Geist in ihr unablässig

da ist. Sie glaubt alles, hofft alles, hält allem stand. Diese Liebe hört niemals auf.«

14. 3., 9.30
Trauerarbeit und Umkehr der Gemeinden und des Pfarrers

Die ganze Nacht hat mich die Idee einer »*wehrlosen Didaktik der Veränderung*« nicht losgelassen. Mir ist untergekommen, daß sie etwas mit dem biblischen Vorgang der Umkehr zu tun hat: also mit Sterben und Trauern. Wenn das so ist, werden alle Erfahrungen mit dem Prozeß des Sterbens und des Trauerns hilfreich sein können für die Lernprozesse in unseren Pfarreien auf ihrem Weg von der versorgten zur sorgenden Gemeinde.

Wie haben wir doch die Phasen des *Sterbens* der versorgten Gemeinde erlebt: Nichtwahrhabenwollen, Aufbegehren, Verhandlung, Enttäuschung, Annahme ... Lediglich ganz am Schluß ist ein markanter Unterschied. Der Sterbende ist dann tot, aber die Pfarrei wird lebendiger. Annahme heißt dann aber Eingehen in einen neuen Zustand. Oder ist es wie eine Auferstehung aus dem Tod? Es ist ja tatsächlich nicht beides gleichzeitig möglich: sich versorgen lassen und selbst sorgen. Oder geht es doch? Nicht nur bei unterschiedlichen Leuten, sondern auch bei einem einzigen Menschen? Theoretische Erkenntnisse sind schon hilfreich. Aber das Leben bleibt dennoch voller vielfältiger Überraschungen.

Auch bei meinem eigenen Umlernen als Pfarrer habe ich viel *getrauert*. Ich habe meinem alten »Priesterbild« nachgetrauert. Es hat mir ja auch ziemlich geschmeichelt. Ich war wer, als Pfarrer, angesehen, wichtig, mächtig, über die Pfarrei gestellt, ich habe sie »besetzt« (wie ein Stratege?), ich habe erlebt, wie die Leute »zu mir aufgeschaut«, wie ältere Frauen mich verehrt haben; die »Seelenführung« hat mir geschmeichelt, ich konnte vielen helfen (und das hat auch mir selbst geholfen: oder sollte es manchmal umgekehrt gewesen sein, daß ich mir helfen wollte[33], und daß dabei etwas für andere abfiel? Wer kennt schon die geheimen Schliche seines Herzens!). Vor allem hatte ich Freude, mit so vielen Menschen, Kindern, Jugendlichen, Männern und Frauen, Ehepaaren und Familien, Alleinlebenden, mit Leuten aller sozialen Schichten zusammenzusein. Viel davon erlebe ich heute nicht mehr. Und das ist schon traurig. Ich habe erlebt, wie ein solches Priesterdasein nach und nach unmöglich wurde. Schon damals, als ich nur eine Pfarrei »hatte«, mußte ich schon umlernen. Es war nicht leicht, für die ehrenamtlichen Mitarbeiter der Pfarrei Platz zu machen und dabei immer zu wissen, sie helfen nicht mir, sondern arbeiten wie ich am Ganzen, an der Pfarrei. Ich mußte der Versuchung widerstehen, die Rosinen zu behalten und die unbequemen Arbeiten den Laien zu überlassen. Es war schmerzlich, daß es gar nicht darum ging, etwas zu überlassen, sondern anzunehmen, daß ich den Platz der anderen (allzu) lange »besetzt« hielt. Ich verstehe heute Eltern besser, deren Kinder erwachsen werden. Das Verhältnis zwischen ihnen und ihren Kindern muß kameradschaftlich werden. Es wird aus einer Eltern-Kind-Beziehung eine Beziehung unter erwachsenen Eltern und erwachsenen Kindern. Ähnlich ist es mir als Pfarrer ergangen. Es war nicht leicht, mich darin einzufinden.

Umlernen als Pfarrer habe ich als Lernen, ja als Umkehr erlebt. Denn was ich lernte, waren ja nicht einfach Techniken. Das Lernen erreichte tiefe Schichten meines Lebens, auch meiner theologischen Auffassungen. Wichtig war in mich einzulassen, daß Gottes Geist allen gegeben ist, die zur Kirche berufen sind und die daher in Taufe und Firmung in die Kirchengemeinde eingegliedert wurden. Ich wurde aufmerksam auf das Fremde, Ungewohnte, was Gottes Geist in anderen wirkte. Natürlich hielt ich es als meine amtliche Pflicht, darauf zu achten, daß diese verschiedenen Begabungen dem Wohl der Pfarrei dienten. *Aber aus dem ungeduldigen Pastoralstrategen wurde allmählich der geduldige Gärtner.* Es war schwer dabei mich einzufühlen, daß ich als Gärtner nicht die Bäume und Pflanzen bin, und daß ich schon gar nicht für das Wachstum verantwortlich sein kann. Aber auf meine geistliche Düngung kommt viel an. Ich brauche nicht ständig an den Pflanzen herumzuzupfen, wenn einmal ordentlich angebaut ist, und zuvor der Boden gut bereitet worden ist.

Ein Wort unseres Papstes *Johannes Paul II.* hat mich sehr ermutigt. *Das Umlernen, die pastorale und theologische Bildung ist ein wesentliches Stück unserer biblisch geforderten Umkehr*[34]. Der alte »Priester« muß ein neuer werden. Dies ist nicht zuletzt deshalb notwendig, weil ansonsten auch aus den (ver)alt(et)en Pfarreien, die versorgt werden müssen, keine neuen werden, die sich um ihr Leben und Handeln selbst sorgen. *Klerikale Pfarrer passen nicht in neue Pfarreien.* Das ist mir *inzwischen klar geworden. Wer also nicht bereit ist, selbst umzulernen, wird auch die Erneuerung der Pfarreien insgeheim oder wissentlich verhindern.* Dies aber nennt die Bibel Verstockung, mutwillige Verweigerung jener Umkehr, die Gott heute gerade auch von uns Pfarrern erwartet.

Wer umkehrt, atmet auf. Denn die Frucht der Umkehr ist neue Lebendigkeit, Auferstehung, so die Bibel. Ein wenig davon erlebe ich heute, nach einiger Zeit tiefgreifender Veränderung in meinem

Pfarrerleben. Ich traue jenen nicht mehr, die sagen, daß es heute viel weniger schön sei, Priester zu sein. Es ist auch spannender, herausfordernder geworden. Fast fürchte ich, daß die, welche *nicht umkehren* (also theologisch und pastoral an sich arbeiten, mit anderen zusammen, in Kursen, durch hartnäckiges Lesen guter Bücher, auf Pastoralkonferenzen, auf den Dies ... wieviele Möglichkeiten hätten wir, daß wir uns weiterentwickeln!), für ihre Unbeweglichkeit und bequem-ängstliche Seßhaftigkeit bitter bezahlen. Die Verweigerung der Umkehr, so die Bibel, führt in den Tod. Leblosigkeit ist der Lohn. *Erkennbar wird dieser Tod an Ängstlichkeit, Resignation; Schuldige werden gesucht,* meistens sind es die falschen, nämlich die anderen: die Opferscheu der Leute, die schlechte Welt, die böse Gesellschaft, die Fortschrittlichen, die Theologen (und immer stimmt daran etwas). Aber helfen uns diese Sündenböcke nicht, unser eigenes Elend verheimlichen zu können, und zwar – was das Tragische ist – vor uns selbst? Ich erlebe es, daß die Veränderung des eigenen Lebens lebendig macht. Umlernen, Umkehren ängstigt mich nicht mehr. *Es hilft mir dabei sehr, daß ich andere habe, mit denen ich rede:* mit den Leuten in den Pfarreien, in denen ich arbeite; mit den Brüdern und den Mitarbeiterinnen in der Seelsorge; sehr geholfen hat mir ein Kurs für Praxisbegleitung; auch habe ich selbst eine Art *»Supervisionsgruppe«,* in der wir pastoral miteinander lernen. Wir berichten dort von pastoralen Situationen und sprechen sie durch. Ich habe dabei sehr oft, auch in fast ausweglos erscheinenden Fällen einen Weg entdeckt. *Solche Supervisionsgruppen sind eine wahre Wohltat für meine pastorale Umkehr.* Wenn ich an die Zeit zurückdenke, in der ich es allein für mich versucht habe, mich zu ändern, und an die Zeit jetzt denke, wo ich in einer solchen Supervisionsgruppe bin, möchte ich nicht mehr in die alte Lage zurück. Wie schlimm ist es, wenn von einigen Verantwortlichen in der Kirche solche hilfreiche Einrichtungen oberflächlich schlecht gemacht werden. Natürlich gibt es auch manchmal Mist. Aber die Ehe haben wir auch noch nicht abgeschafft, obwohl sie oftmals mißbraucht wird. Und selbst die Kirche gibt es noch... Ich wünschte mir, daß viele Pfarrer einmal die Erfahrung einer guten Supervisionsgruppe gemacht hätten. Und wenn einmal in Zukunft ein Bischof über diese Form pastoraler Weiterentwicklung ein Wort sagt, dann wäre es wünschenswert, er hätte eigene Erfahrung, und würde erst dann reden. Zumindest könnte er Leute fragen, die gute Erfahrungen mit solchen Gruppen gemacht haben. Wenn heute die Kirche etwas über die Ehe und die Familie sagt, redet sie ja auch zuerst mit Verheirateten.

VII. Theologische Redeübungen. Für Laien und Priester gleichermaßen erdichtet und erdacht

STELLENANGEBOT

Gesucht: Menschen

Belanglos: Alter, Herkunft, Zeugnisse

Geboten: Betätigungsfelder für jede Begabung gemäß Mt 25,35–36 sowie 1 Kor 12,4–6

Arbeitszeit: nicht fest geregelt

Vergütung: Mt 25,34 und Mt 25,40

Fähigkeiten: offene Herzen, sehende Augen, hörende Ohren, helfende Hände, wacher Geist, Sachverstand

Fortbildung: laufend möglich

Bewerbungen: Kennwort »Christ sein«

Christa Peikert-Flaspöhler

1. Eine Pfarrei kann wieder versorgt werden

Am Fest des heiligen Ruprecht, des Patrons der versorgten Gemeinden, wurde Pfarrer X. in sein Amt eingeführt. Damit ging eine schwere Zeit zu Ende, in der diese Pfarrei unbesetzt war. Das Leben der Pfarrei war empfindlich eingeschränkt, ja es drohte in der kurzen Zeit fast zu erliegen.
Einige Kirchenmitglieder sind überhaupt aus der Kirche ausgetreten, weil sie nicht mehr einsahen, wofür sie ihre Kirchensteuer zahlen sollten, wenn sie von der Kirche ohnedies nichts mehr haben. Andere sind abgewandert, um anderswo einer Messe beiwohnen und so ihre Sonntagspflicht erfüllen zu können. Sie wollten nicht länger des Empfangs der Sakramente entbehren. Sie litten darunter, daß sie wie Schafe ohne Hirten waren, sittlich verunsichert und im Glauben geschwächt.
Gott sei Dank, so denken jetzt viele, nachdem der Pfarrer die

Pfarrei übernommen hat, diese Zeit ist endlich vorbei. Damit geht aber auch die Zeit vorüber, in der die Laien, deren Aufgabe doch in der Welt und deren Verchristlichung besteht, ersatzweise für den Priester viele Aufgaben übernehmen mußten: mit den Kindern auf Zeltlager fahren, Erstbeichte und Erstkommunion vorbereiten, Kranke besuchen und ihnen die Kommunion mitbringen, Hausbesuche machen u. v. a. m. Was sind denn auch die Laien, wenn nicht der Priester dahinter steht und die Fäden zieht, Ideen hat, Arbeit verteilt, kurz: eben die zentrale Figur der Pfarrei ist! Eine Pfarrei ohne Pfarrer ist wie ein Auto ohne Fahrer. Da geht nichts voran. Natürlich werden auch hinkünftig einige Laien bereit sein, dem Pfarrer bei seiner Aufgabe, die Pfarrei zu betreuen, zu helfen. Sie werden willig und gehorsam das tun, was er ihnen überläßt und delegiert. Auch werden sich einige finden, welche es als Ehre ansehen, im Pfarrgemeinderat vom Pfarrer zu hören, warum er mit seinen Mitarbeitern seine Arbeit so und nicht anders zum Wohl seiner Pfarrkinder organisiert. Und wenn dann einem Pfarrgemeinderatsmitglied oder dem Sprecher des Pfarrgemeinderates (Vorsitzender sollte man ja nicht sagen, denn das ist ganz sicher der Pfarrer selbst!) einmal eine Idee kommt, die dem Pfarrer ins Konzept paßt, wird sie dieser auch gern bedenken und den guten Rat in seiner Arbeit mitberücksichtigen.
Im übrigen sind jetzt, nach einigen Monaten, die Laien mit ihrem Pfarrer sehr zufrieden. Er müht sich Tag und Nacht, sorgt sich wie ein Vater redlich um seine Pfarrkinder, betet für sie. Sorge macht einigen allerdings, daß man ihm deutlich ansieht, wie ihm die viele Arbeit ohne Urlaub und freie Zeit schier zuviel wird. Jedenfalls sind aber die Verhältnisse – nach einer längeren Verdurstungsstrecke – endlich wieder, wie sie früher waren. Man kennt sich aus, weiß, zu wem man zu gehen hat und wer für die Pfarrei verantwortlich ist: der Pfarrer.

2. Wortprovinz des Versorgungsprinzips

(NB.: Mit einiger Anstrengung und Begabung lassen sich einzelne Wörter aus dem Begriffsfeld des Versorgungsdenkens herausschmuggeln. Sie machen bei dieser Grenzüberschreitung einen unbemerkten Bedeutungswandel durch.)
eine Pfarrei besetzen
die Leute betreuen
versorgen
Laie (versteht nichts)

Pfarr(h)er(r)
die Pfarrei ist unbesetzt
der Bischof kann keinen schicken
Vetorecht im Pfarrgemeinderat
der Pfarrer delegiert
gibt Arbeit ab
überläßt Aufgaben
verteilt sie
in seiner Pfarrei
Leute wohnen der Messe bei
sie entlasten den Priester
Was wird aus den Laien, wenn es genug Priester gibt
Soll man nicht den Zölibat aufheben, damit der Bischof wieder genug Priester hat, die er in die Pfarreien schickt?
eine Pfarrei übernehmen
übereifrige Laien
Oberlaien (das sind besonders klerikale Laien)
Priester, Laien, Leute
Kirche von oben – von unten
Hierarchie und Basis
...
(was noch?)

3. Widerborstigkeiten

Schützt die alten und kostbaren Wörter!
Von diesen sind einige im Sprachschatz
des Versorgungsdenkens:

»Be-Treuen« hat zu tun mit treu sein,
jemandem trauen, Treue halten...

»Ver-Sorgen« erinnert an die Mühe Gottes
um den Menschen, die so alt ist wie die
Geschichte der Menschheit...

»der Messe beiwohnen« ist Ausdruck
intimer Partizipation...

wenn eine Pfarrei »nicht besetzt« wird:
dann ist der Platz leer, niemand sitzt
auf ihm, es ist keiner da...

...
(was noch?)

4. Ein Pfarrer leistet Entwicklungshilfe

Pfarrer Y erhielt eines Tages von seinem Bischof einen Brief. In dem stand zu lesen: »Wegen des vorhersehbaren Priestermangels werden Sie auf wohl längere Zeit der letzte Priester sein, der in dieser Pfarrgemeinde leben und seinen priesterlichen Dienst in und für diese Gemeinde erfüllen kann. Bereiten Sie bitte in der nächsten Zeit die Gemeinde auf diese unerwünschte schwierige Zeit vor.«

Unverzüglich machte sich der Pfarrer an diese ungewohnte Aufgabe. Er arbeitete ab sofort so, als wäre er nicht mehr hier. Vor allem erinnerte er die Pfarreimitglieder, daß das Leben und Arbeiten ihrer Pfarrei Sache aller ist, und daß sich der Pfarrer zunächst als einer von ihnen fühle; zwar sei er lange Zeit bereit gewesen, Aufgaben, die jeder hätte machen können, zu erfüllen, weil er dafür Zeit gehabt und man ihn ja schließlich dafür auch bezahlt habe. Diese ihm delegierten Aufgaben gebe er nunmehr den Leuten zurück, weil eben morgen kein solcher Priester mehr vom Bischof geschickt werden könne, der ihnen ihre Arbeit weithin abnimmt. Und schließlich sei dies auf die Dauer ohnedies nicht unbedingt das Beste, wenn einer für alle arbeitet. Das kenne er als Seelsorger zu gut: Wer nur am Schreibtisch sitzt und mit dem Kopf arbeitet, wird bald krank, kann nicht mehr laufen, seine Muskeln werden schlaff, das Leben verkommt. Ebenso ist es in der Pfarrei: Wenn nur einer arbeitet, werden die anderen allmählich müde, lahm und krank. Zwar wird euch morgen der Priester sehr fehlen, so redete der Pfarrer zu den Leuten. Aber es wird nicht alles Leben in der Pfarrei absterben. Viele werden merken, wie wichtig sie sind: Daß Gott sie zum Christen gemacht habe, damit sie jene Gemeinde Jesu aufbauen und lebendig machen, an denen alle Menschen ablesen können, was Gott mit allen, nicht nur mit den Christen vorhat.

Tatsächlich begannen einige Christen, dies zu begreifen. Hausfrauen, deren Kinder groß waren und die keinem Beruf nachgehen mußten, entdeckten neue Fähigkeiten; Arbeitslose wurden gewonnen, mit ihrer Zeit, die niemand kaufen wollte, etwas Sinnvolles zu tun; Rentner, Pensionisten, aber auch andere fanden sich bereit, mitzumachen. Die einen lernten, selbst trauererfahren, Hinterbliebene zu trösten, andere besuchten Kranke, wieder andere bereiteten Kinder auf die Erstkommunion vor; da machte einer einen Jugendklub, und er machte seine Arbeit so gut, daß die verantwortlichen Pfarrgemeinderatsmitglieder beschlossen, diesen Jugendleiter von anderen beruflichen Aufgaben freizubekom-

men und von gesammelten Geldern zu bezahlen (dieser war seinerseits mit einem bescheidenen Lohn zufrieden); es fanden sich Leute, welche Gottesdienste vorbereiteten, man betete den Rosenkranz, feierte Bußgottesdienste, und einer der zwischenzeitlich einen theologischen Fernkurs gemacht und sich mit anderen in einer Gruppe zusammenfand, um seine »Predigt«-Erfahrungen auszutauschen, hielt in einigen Gottesdiensten eine Ansprache. Noch wichtiger war aber, daß sich Menschen in vielen Häusern, nicht nur Familien, nachbarschaftlich zusammenfanden, über ihr Leben nachdachten, und eingestreut das Evangelium lasen, um sich zu fragen, was die alten Glaubenserfahrungen für sie als heutige Christen bedeuten.
Nur selten tauchte der Pfarrer auf. Viel wurde von der Arbeit im Pfarrgemeinderat erzählt, zu dem auch Leute kamen, die nicht gewählt waren, die aber am Schicksal ihrer Gemeinde regen Anteil nahmen.
Es war, so schrieb nach Monaten der Pfarrer dem Bischof, noch nie so schön, Pfarrer zu sein. Er konnte mit vielen Christen sein Leben teilen, war einer unter ihnen. Und wenn er dem Gottesdienst vorstand, wenn er die Leute ermunterte, als Gläubige ihre Aufgabe ernstzunehmen, und so weit sie könnten, auch in der Pfarrei das eine oder andere zu tun, hatte er nicht das Gefühl, Aufgaben zu delegieren, sondern den Leuten zu helfen, ihre Fähigkeiten und Aufgaben zu entdecken. Auch konnte er mit Freude das Wort der Bibel verkündigen, weil er erlebte, wie sehr dieses in den Hausgemeinschaften und Gruppen schon angefangen hatte, Wurzeln zu schlagen!
Von einer aufregenden Begebenheit konnte der Pfarrer in seinem Bericht freilich nicht schweigen: Einige Leute seien bei einem Bibelgespräch darauf gekommen, daß Gott seine Gemeinde mit allen Fähigkeiten ausstatte, die sie brauche. Plötzlich sagte einer: Dann aber auch mit einem Priester! Und wenn wir keinen haben, dann nicht, weil Gott uns keinen gibt, sondern weil wir ihn nicht finden. Und sie begannen zu beten und herumzuhören, wer von ihnen denn jener sein könnte, den Gott als Priester für sie schon längst berufen habe und der bisher vom Bischof nicht gefunden wurde (wie soll er denn auch bei so vielen Pfarreien!). Da fanden sie auch einen. Zufällig hatte er früher schon einmal etwas Theologie studiert, war dann aber Lehrer und Ehemann geworden. Er hatte drei heranwachsende Kinder, war ein kernfrommer Mann, dem sehr an der Gemeinde lag und hatte eine bewundernswerte Begabung, Leute zu ermuntern, zu bewegen mitzumachen, kurz: er wurde »ihr Kandidat«. Soweit die Entwicklung. Der

Bischof, so schrieb der Pfarrer, möge sich darauf einrichten, daß bald eine Abordnung aus der Gemeinde bei ihm vorsprechen werde, damit er »ihren Kandidaten« prüfe und nach Möglichkeit für ihre Gemeinde zum Pfarrer bestelle. Das Zölibatsgesetz müsse er dabei gar nicht aufheben. Das könne grundsätzlich bestehen bleiben. Aber so wie man ausnahmsweise auch evangelische Pastoren, die katholisch und Priester werden, nicht bewege, ihre Frau und ihre Kinder zu verlassen, könne man ja auch für sie eine Ausnahme machen.

Der Bischof war von diesem Bericht sehr beeindruckt. Auch er betete lange Zeit, und dabei gewann er allmählich das gute Gefühl, daß sich in der Idee dieser einfachen gläubigen Leute eine Möglichkeit auftut, in der er durchaus Gottes Willen erkennen könne. Und er begab sich in diese Gemeinde und bestellte deren Kandidaten zum Pfarrer, auf die Gefahr hin, daß diese Gemeinde einen Pfarrer, die Diözese aber vielleicht keinen Bischof mehr haben werde. Aber, so wußte er, man muß Gott mehr gehorchen als den Menschen...

5. Nachtrag

Dem Vernehmen nach hatte dieser Bischof vor der Weihe dieses aus der Gemeinde präsentierten verheirateten Kandidaten, der in der Seelsorge bewährt war, in Rom angefragt, ob der Weihe etwas im Wege stünde. Rom hatte auf die Anfrage nicht geantwortet. Daraufhin hatte der Bischof, auf dem Boden seiner unableitbaren pastoralen Verantwortung in der Diözese, diesen Kandidaten geweiht und dieses nach Rom weitergemeldet. Auch jetzt kam aus Rom keine Antwort.

Für gewöhnlich gut informierte römische Kreise berichten, daß inzwischen vom Papst eine hochrangige Kommission eingesetzt wurde, die über folgende befristete Notregelung zur Milderung des Pfarrermangels beraten sollte:

»Ausnahmsweise
kann auch ein verheirateter
Christ
zum Pfarrer bestellt
und dazu zum Priester geweiht werden,
– wenn dieser aus einer lebendigen Christengemeinde kommt,
in der viele Pfarreiangehörige
das Leben und Wirken der Gemeinde
in unübertragbarer Eigenverantwortung jedes einzelnen tragen;
– wenn die Mitglieder dieser Christengemeinde,

als Ausdruck ihrer unabgebbaren Verantwortung auch für ihren Pfarrer,
selbst diesen Kandidaten gesucht haben
und selbst ihren Bischof um dessen Bestellung und Weihe bitten;
– wenn dieser Kandidat
sich über einen angemessenen Zeitraum
nicht nur in Beruf und Ehe,
sondern vielmehr noch in der Seelsorge bewährt hat
und in diesem erweiterten Sinn ein »vir probatus« ist. –
Für den Normalfall bleibt dabei das Zölibatskriterium bestehen.
Es wird lediglich schon bestehenden Ausnahmen
(wie der Weihe von konvertierten evangelischen Pastoren)
eine weitere hinzugefügt.
Diese Regelung bleibt solange in Kraft,
als auf dem herkömmlichen Weg
nicht genügend Pfarrer gefunden werden können.«

2. Teil
Gemeinden ohne Pfarrer und die Überwindung des Versorgungsprinzips

Studientexte

VIII. Der Priestermangel und Vorschläge zu seiner Milderung

Was schon vor einigen Jahren kirchliche Forschungsinstitute vorhergesagt haben[35], beschäftigt heute die Verantwortlichen in den Diözesen, aber auch die Christen in den betroffenen Gemeinden, in zunehmendem Maß: Die Zahl der Priester im Seelsorgedienst geht zur Zeit rasch zurück. Die Gründe liegen vor allem in der ungünstigen Alterspyramide des Klerus, eine Pyramide, die gleichsam auf dem Kopf steht, eine schmale Basis und eine Breite »Spitze« hat; eben diese starken Jahrgänge der älteren Priester scheiden nach und nach aus dem Dienst (durch Pensionierung, Krankheit, Tod). Die Jahrgänge, welche nachrücken, sind schwächer. Dies hat zur Folge, daß die freiwerdenden Seelsorgsposten in den Pfarreien nicht mehr alle besetzt werden können. So wird es in den nächsten Jahren bleiben, auch wenn es wieder mehr Neupriester geben sollte. Die Diözesen rechnen auch längst damit, daß sich im laufenden und im nächsten Jahrzehnt die Lage dramatisch zuspitzen wird. In manchen Diözesen werden um 1990 fast die Hälfte der bestehenden Pfarreien ohne Priester am Ort sein[36].

Lange, vielleicht allzulange hat man in der Kirche nicht auf jene gehört, die schon vor Jahren auf den heutigen Priestermangel hinwiesen und drängten, sich darüber Gedanken zu machen. Man hielt sie für soziologische Pessimisten. Das Schicksal der Kirche werde nicht von Empirikern bestimmt, sondern vom Heiligen Geist. Man fragt sich heute rückblickend – und als einer, der fleißig an den Prognosen mitgearbeitet hat, auch mit gelassener Heiterkeit –, wo denn dieser Heilige Geist wirklich am Werk war, bei denen, die der im Grund schon gegebenen Wirklichkeit nicht ausweichen wollten, oder bei jenen, die einfalls- und tatenlos alles laufen ließen.

Immerhin, heute wird gehandelt, genauer genommen, es wird auf die Krise »reagiert«, und dies in vielfältiger Weise. Wir schauen uns zunächst die gängigen Lösungswege, die eingeschlagenen sowie die vorgeschlagenen, näher an.

1. Der administrative Weg

Eine erste Lösung besteht darin, daß die »unbesetzten« Pfarreien von einem Nachbarspfarrer *»mitversorgt«* werden. Auf diese Weise kann begründetermaßen gesagt werden, daß es keine »priesterlose Gemeinde« gebe. Damit werden sowohl die Theologen wie die Leute beruhigt. Die *Theologen,* weil sie stets und unbeugsam darauf hinweisen, daß jede christliche Gemeinde unvollständig ist, wenn sie nicht Eucharistie feiert, zur Feier der Eucharistie aber ein Priester (nach unserer katholischen Auffassung) unbedingt dazugehört. Manche spitzen diese unbestrittene Erkenntnis zu und reden von einem »Recht der Gemeinde auf die Eucharistie«[37] und dementsprechend vom Recht der Gemeinde auf einen Priester. Die *Leute* wiederum werden besänftigt, weil zumindest ein eingeschränktes Gottesdienstangebot aufrechterhalten wird. Ganz »unversorgt« sind sie nicht. Man hat sie nicht ganz abgeschrieben und vergessen. Wenigstens dann und wann schaut ein Priester bei ihnen vorbei und spendet die Sakramente. Diese administrative Lösung des Problems des Priestermangels ist das Mindeste, was heute vielerorts geschieht. Dazu hat man die kirchlichen Planungsbüros in hohe Alarmbereitschaft versetzt. Am Schreibtisch, aber da und dort auch in regem Kontakt mit den betroffenen Priestern, manchmal sogar in Begegnungen mit den betroffenen Leuten, hat man *Stellen- bzw. Personalpläne* für die nächsten Jahre ausgearbeitet. Demnach steht fest, welche Pfarreien vom Priestermangel unmittelbar betroffen sein werden. Viele Gemeinden wissen heute schon, daß sie keinen Priester mehr bekommen werden, sobald ihr derzeitiger Seelsorger aus dem Dienst scheidet. Kein Wunder übrigens, daß diese Stellenpläne nicht gerade lautstark unters Volk gebracht werden und daß es nicht geringe Durchführungsschwierigkeiten gibt, sobald der Tag X gekommen ist und mit ihm meist unvorbereitet die neue Situation eintritt.

Besonders delikat ist die Lösung, raumpflegerisch mehrere Pfarreien zu bündeln, ihnen zusammen eine bestimmte (aber eben zu kleine) Anzahl von Priestern zuzuweisen, und es dann den Pfarreien selbst aushandeln zu lassen, wo diese Priester wohnen werden.

Immerhin kann bei diesem Lösungsweg nicht übersehen werden, daß zumindest administrativ ein alter Wunsch von Synoden wie der Pastoraltheologie zum Zuge kommt: *Die Errichtung von Pfarrverbänden macht schleunige Fortschritte.* Ihre Idee ist ja schon ziemlich alt[38]. Erfunden wurde sie, um die Zusammenarbeit mehrerer Pfarreien zu begünstigen. Hatte man doch die Erfahrung gemacht, daß vor allem manche Kleinstpfarreien nicht mit all jenen Begabungen ausgestattet sind, die für eine erwünschte Pastoral erforderlich sind. In einem größeren Kirchengebiet, also auf dem Gebiet mehrerer nahegelegener Pfarreien, hielt man dies schon für wahrscheinlicher. So sollten sich zum Beispiel die Bildungswerke mehrerer Pfarreien zusammentun, die Jugendarbeit sollte überpfarrlich mitbetrieben werden, die Sonntagsgottesdienstzeiten hätte man abstimmen können, die Beichtzeiten ebenso, Pfarrer hätten in mehreren Pfarreien rundum abwechselnd predigen können, was die einzelne Pfarrei vor der Monotonie der Lieblingsgedanken einzelner hätte schützen, aber auch die Pfarrer hätte entlasten können. Der Austausch von Gruppen, die in der Pfarrei häufig dem Trend zur Abschließung erliegen, hätte stattfinden, die Kooperation von Verbänden hätte beginnen können.

All diese Möglichkeiten waren aber in den priesterreichen Zeiten nur zögernd und vereinzelt genützt worden. Die Kirchturmsperspektive der als Einzelarbeiter erzogenen Pfarrer war offenbar stärker als der Anreiz, durch Öffnung und Zusammenarbeit über die Pfarrei hinaus frische Luft in die einzelnen Pfarreien hereinzulassen. In den Ordinariaten wurde dies (bestenfalls mit Trauer) zur Kenntnis genommen. Die diözesanen Raumpfleger arbeiteten zwar lückenlose Pläne für die Errichtung von Pfarrverbänden aus. Doch meist blieben diese Raumordnungspläne leblose Papierleichen. Im übrigen hatten die Verantwortlichen in den entsprechenden Ämtern auch recht, nicht mehr Druck auszuüben. *Denn verordnete Zusammenarbeit, die nicht gewollt wird, gelingt auch meistens nicht.*

Immerhin waren aber die Pläne bei der Hand: Und als der Priestermangel um sich griff, holte man sie hervor und begann für die Errichtung von Pfarrverbänden zu kämpfen. Viele administrative Mittel (wie Geld, Personal) wurden dafür eingesetzt. Zwar liefert man jetzt den betroffenen Gemeinden als Motivation für die Errichtung von Pfarrverbänden immer noch die alten »guten Gründe« (wie Bereicherung durch Zusammenarbeit) mit. Der »wahre Grund« aber ist heute offenkundig ein anderer: Eben die administrative Milderung des Priestermangels.

Wir sagen nun keineswegs, daß diese Verwaltungslösung vermeidbar wäre und nur schlecht ist. Sie ist eine »erste Hilfe«, eine Mindestlösung, die vom raschen Handlungsdruck ein wenig entlastet und Zeit öffnet, um die Krise (auch theologisch) zu analysieren sowie zukunftsweisende Entscheidungen zu treffen.

Dabei wird auch nicht übersehen, daß vereinzelt Personen anzutreffen sind, welche diese *Verwaltung der Krise* für ausreichend halten, weil sie der festen Ansicht sind, daß die Krise lediglich eine kurze »Durststrecke« sei, ihr Ende vorhersehbar und auf deren »Talsohle« man schon bald gelangt sei; von da an ginge es wieder bergauf bzw. es werde zumindest nicht schlechter: Und dann könne man sich ganz gut (fast typisch österreichisch) im administrativen Provisorium einrichten und mit ihm leben lernen. Der Pastoraltheologe freilich kann es nicht lassen, nachzufragen, welches die Auswirkungen dieser Verwaltungslösung auf die Betroffenen sind. Wir meinen dabei in erster Linie die Leute in den »unbesetzten« Pfarreien sowie die Priester, die nunmehr zwei, drei oder mehr Pfarreien (dieser Tage traf ich einen Priester, der mir erzählte, er hätte »acht Altäre«) »mitversorgen müssen«.

(1) Auswirkungen auf die Leute

Im Frühjahr 1982 war ich in der Diözese Vorarlberg (Feldkirch) eingeladen, um mit betroffenen Gemeindevertretern über das Problem der »Gemeinden ohne Priester am Ort« ein Wochenende lang zu arbeiten. Zu Beginn stellte ich an die Teilnehmer die Frage, die sollten darüber nachdenken und dann einander erzählen, was sie befürchten, wenn in ihrer Pfarrei kein Priester mehr ansäßig ist (bzw. sein wird), sondern nur noch gelegentlich vorbeikomme. Ich erinnere mich noch ganz lebendig, wie stark sich die vielen Tagungsteilnehmer mit dieser bedrängenden Frage nach den *vorhersehbaren Folgen des Priestermangels* beschäftigten. Ihnen war am Schicksal ihrer Pfarrei sehr wohl gelegen. Hier sind einige Stichworte, ungeordnet, wie sie damals gesammelt worden waren:
– geistig-religiöse Apathie;
– der Zusammenhalt schwindet, wenn niemand dahinter steht, der alles führt;
– der Hirte fehlt, es wird Spaltungen geben, Sektiererei;
– es wird der geistige Mittelpunkt fehlen;
– die Zahlungsmoral wird schwinden (in Österreich hebt die Kirche selbst den Kirchenbeitrag ein);
– man wird sich daran gewöhnen;
– das religiöse Brauchtum wird leiden (Fronleichnam, Feldersegen, Patrozinien), die Sakramente werden weniger gespendet, vor allem das Sterbesakrament, es werde weniger Messen geben;
– die Gemeinschaft wird leiden;
– es wird weniger Impulse für die Jugendarbeit geben;

- die spirituelle Weiterbildung der Leute wird unterbleiben (z. B. die Kenntnis der Bibel);
- das »Auge Gottes« fehlt, was Auswirkung haben werde auf das sittliche Bewußtsein;
- es werde einen kulturellen Zerfall besonders in kleineren Gemeinden geben;
- wer wird die Pfarreien verwalten?
- an wen wird man sich klammern können?

Ähnliche Befürchtungen wurden auf einer großen Tagung im Herbst 1982 in Altenberg, in der Erzdiözese Köln zusammengetragen:

- es werde für die Gemeinde keinen Ansprechpartner mehr geben;
- Laien, die für den Priester einspringen, haben keine Amtsautorität;
- niemand hält die verschiedenen Gruppen zusammen, es wird Konkurrenz unter gespaltenen Gruppen geben;
- wenn Laien mithelfen wollten, wären sie neben Beruf und Familie heillos überfordert;
- es fehle die zentrale Figur der Gemeinde;
- die Pfarrhaustür sei nicht mehr offen;
- Personen mit übertriebenem Sendungsbewußtsein würden erwachen;
- man müsse Gotteshäuser schließen, weil niemand sie verwaltet;
- die Bindung der Leute an die Kirche werde schwächer;
- viele gingen nicht mehr zur Messe, einige würden austreten: denn wozu noch zahlen, wenn man nichts mehr davon hat?
- die Arbeit des Pfarrgemeinderates werde leiden, da der Pfarrer nicht mehr ausgleiche;
- die Gottesdienste werden zu »Hau-ruck« Gottesdiensten, der Pfarrer komme knapp, springe in seine Gewänder, sei gehetzt, habe keine Zeit zum Reden;
- die Vereine und Verbände verlören ihre Grundlage;
- es gebe keine Anlaufstelle für Hilfesuchende ...

Die Sammlung dieser Befürchtungen ist eindrucksvoll. Sie deckt sich im übrigen weithin mit den Ergebnissen aus der großen Umfrage über »Die Religion im Leben der Österreicher« aus dem Jahre 1980. An der Spitze der befürchteten Folgen steht, daß der Kontakt zum Priester abnehmen werde. Sodann wären die Sonntagsmesse und die religiöse Betreuung der Kinder betroffen. Es folgt das Krankensakrament. Der christliche Glaube würde schwächer werden. Betroffen wären also durchaus zentrale Anliegen der Kirche: der christliche Glaube, die Sonntagsmesse, die

Sakramente, die religiöse Formung der nächsten Generation. Aber auch andere Befürchtungen sind weit verbreitet: Es wäre schwieriger, kirchliche Dokumente zu erhalten, die Katholische Aktion würde einschlafen, das sittliche Verantwortungsbewußtsein sinken. Schließlich würde der Ort kulturell viel verlieren[39].

Tabelle: Vorhersehbare Folgen des Priestermangels[40]
(Österreichumfrage 1980: Grundergebnisse, Aufschlüsselung nach Kirchenbesuch)

	mehrmals pro Woche	jeden Sonntag	mindestens 1 mal monatlich	mehrmals im Jahr (an Festtagen)	(fast) nie
1. Der Kontakt zum Priester würde aufhören (1)	63%	60%	53%	47%	46%
2. Der Sonntagsmeßbesuch würde allmählich zurückgehen	66%	55%	51%	45%	41%
3. Die Kinder würden religiös nicht mehr so betreut werden	72%	55%	50%	44%	37%
4. Manche Kranke würden ohne Krankensakramente sterben	63%	54%	49%	45%	37%
5. Der christliche Glaube würde nach und nach schwächer werden	58%	52%	43%	36%	30%
6. Es wäre schwieriger, kirchliche Dokumente zu erhalten	49%	40%	36%	35%	29%
7. Die katholische Aktion würde allmählich einschlafen	62%	45%	39%	36%	30%
8. Das sittliche Verantwortungsbewußtsein würde sinken	60%	39%	29%	22%	15%
9. Der Ort würde kulturell viel verlieren	46%	33%	26%	20%	12%
(Summe)	(539)	(433)	(376)	(330)	(277)

Wir vermerken an dieser Stelle bereits, daß einige Leute diese Befürchtungen nicht teilen, ja in der Krise sogar neue Chancen entdecken. Davon werden wir später berichten. Hier soll hingegen verdeutlicht werden, daß diese Befürchtungen allesamt einen gemeinsamen Nenner haben, und der heißt »priesterzentrierte Seelsorge« oder »Versorgungsprinzip«. Offenbar denken die meisten Leute in unserer Kirche und unserer Gesellschaft, sobald sie Kirche und kirchliche Aufgaben hören, an den Priester[41]. Diese beiden Begriffe sind laut Umfragen weithin identisch. Diese Verknüpfung vorausgesetzt, sind auch die geäußerten Befürchtungen verständlich: Gibt es eines Tages keinen Priester mehr, oder ist dieser eben nur noch selten und punktuell in der Gemeinde, dann muß es schlecht um die Seelsorge bestellt sein. Dann ist langfristig der Zusammenbruch der Seelsorge und damit des pfarrlichen Lebens zu befürchten.

Von da aus ist es dann aber auch höchst einsichtig, daß die meisten Kirchenmitglieder für jede »Notlösung«, also jeden »Priester(ersatz)« aufgeschlossen sind. Ob es sich um einen verheirateten Priester handelt, um einen, der wegen einer Heirat aus dem Dienst genommen wurde, um einen Diakon, einen Pastoralassistenten, ob um einen Mann, oder – wenngleich mit weniger eindeutiger Zustimmung – eine Frau: Entscheidend ist, daß jemand da ist, der für die Arbeit zuständig ist und sie macht. »Mir ist jede Person recht, wenn sie nur die entsprechende Fähigkeit und Einsatzbereitschaft hat«. In Österreich waren 1980 nur 16% gegen diese Auffassung. Auf einen einfachen Nenner gebracht, heißt dies natürlich: Seelsorge ist nicht die Aufgabe der Leute, der Laien, sondern der »anderen«, für gewöhnlich der Priester, notfalls auch von hauptamtlichen Laien.

Tabelle: Notlösungen[42] – Nicht in Frage kommen …

	Katholiken Österreichs	mehrmals pro Woche	jeden Sonntag	mindestens 1mal monatlich	mehrmals im Jahr (an Festtagen)	(fast) nie
Diakon	5%	9%	5%	3%	5%	6%
Laie mit voller theologischer Hochschulausbildung (Past.-Ass.)	8%	15%	9%	5%	8%	10%
Priester, der geheiratet hat und zur Zeit sein Amt nicht ausüben kann (laisiert ist)	13%	27%	18%	10%	10%	12%
ein verheirateter Mann, der zum Priester geweiht wird	14%	31%	16%	12%	12%	12%
Ordensfrauen	16%	16%	15%	16%	17%	19%
Ein Laie mit einer Ausbildung als Gemeindeassistent (ohne akademische Theologie)	20%	18%	18%	19%	20%	23%
ehrenamtliches Kirchenmitglied	22%	25%	19%	21%	24%	23%
eine Frau, die zum Priester geweiht wird	39%	45%	46%	41%	36%	34%
(Summe der neg. Antworten)	(137)	(186)	(146)	(127)	(132)	(139)

(2) Auswirkungen auf die Priester

Von der administrativen Lösung sind auch die Priester betroffen. Dabei beginnen wir bei Auwirkungen, die zumeist übersehen werden: Viele Priester sind erschöpft, wirken abgehetzt, zeigen in beunruhigendem Maße psychosomatische Symptome, sind gereizt, werden depressiv, ziehen sich resigniert zurück, passen sich allmählich und unmerklich jener Ebene an, auf der die Lösung des Problems gesucht wird, der Verwaltung. Sie machen ihre zusätzlich aufgehalste Arbeit pflichtgemäß, werden also selbst mehr oder weniger gute Manager der ihnen zugewiesenen pfarrlichen Einheiten. Verloren geht dabei die Tiefe, die Kraft, die Überzeugung. Priester wirken ausgebrannt, oberflächlich, gehetzt, aktivistisch. Was wird von ihnen ausgehen?

Nicht immer wird von Verantwortlichen diese Auslaugung der Priester übersehen. Bischof *Hemmerle,* der wegen seiner Nähe zur pastoralen Wirklichkeit dafür offenbar sensibel ist, hat zusammen mit *W. Breuning* Leitsätze formuliert, die vielleicht in den Einzelheiten nicht unumstritten sind, die aber genau jene Auflösung der »pastoralen Persönlichkeit« voraussetzen, die wir soeben skizziert haben:

»1. Wichtiger ist, wie ich als Priester lebe, als was ich als Priester tue.
2. Wichtiger ist, was in mir Christus tut, als was ich selber tue.
3. Wichtiger ist, daß ich die Einheit im Presbyterium lebe, als daß ich in meiner Aufgabe allein aufgehe.
4. Wichtiger ist der Dienst des Gebetes und des Wortes als der Dienst an den Tischen.
5. Wichtiger ist, die Mitarbeiter geistlich zu begleiten, als möglichst viele Arbeiten selbst und allein zu tun.
6. Wichtiger ist, an wenigen Punkten ganz und ausstrahlend da zu sein, als an allen Punkten eilig und halb.
7. Wichtiger ist Handeln in Einheit als noch so perfektes Handeln in Isolation. Also: Wichtiger ist Zusammenarbeit als Arbeit, wichtiger *communio* als *actio.*
8. Wichtiger, weil fruchtbarer, ist das Kreuz als die Effektivität.
9. Wichtiger ist die Offenheit fürs Ganze (also für die ganze Gemeinde, fürs Bistum, für die Weltkirche) als noch so wichtige partikuläre Interessen.
10. Wichtiger ist, daß allen der Glaube bezeugt wird, als daß alle herkömmlichen Ansprüche befriedigt werden.«[43]

Zu diesen Auswirkungen für die »pastorale Persönlichkeit« kommen Konsequenzen für das sogenannte »Priesterbild«. Darunter verstehen wir nicht das, was amtliche Dokumente über den Priester sagen. Vielmehr meinen wir das Bild vom Priester, das sich aus den vorherrschenden und wahrnehmbaren Aufgaben ergibt. Dabei kann immer noch offen bleiben, ob ein goßer Unterschied besteht zwischen der Selbstwahrnehmung der Priester und der Fremdwahrnehmung durch die Leute. Tendentiell konzentriert sich die Wahrnehmung der Priester um den Altar. »Ich habe acht Altäre«, so beschreibt es ein Priester bei einem Kurs. Man hört auch von gutmütigen Pfarrern (und von diesen gibt es viele, gemessen an der Problematik der administrativen Lösung des Priestermangels vielleicht sogar zu viele?!), daß sie – entgegen den gutgemeinten Verordnungen der Bischofskonferenzen – am Sonntag einschließlich des Abends davor fünf, sechs, sieben Gottesdienste »halten« (das Wort »feiern« kommt dann kaum noch vor); daß in den vielen Pfarreien, die sie »versorgen«, pro Woche vier, fünf Begräbnisse mit Gottesdienst zu halten sind, daß es natürlich auch eine Reihe von Trauungen gibt. Gewiß, alle diese Sakramente werden zumeist katechetisch vorbereitet. Aber oft nicht vom Priester, sondern von anderen pastoralen Mitarbeitern, so daß der Priester in diesen ausgedehnten pastoralen Vorgängen eben doch nur im engeren Bereich der »Sakramentenverwaltung« wahrgenommen wird.

Wir sind durchaus nicht blind, und finden den Pfarrer während der Woche in der Schule, bei Hausbesuchen, in kirchlichen Gruppen. Aber die öffentliche Wahrnehmung (und nicht selten auch die Selbstwahrnehmung der Priester von sich selbst) ist in einem hohen Maß sakramentenzentriert. Dies führt dazu, daß die hohe Nähe von Kirche = Priester sich eingrenzt in die Nähe von Kirche = Priester = Sakramente. Es sind in der Tat viele Priester, die sich dagegen wehren. Sie können sich dabei auch auf das Neue Testament, das II. Vatikanische Konzil[44], kirchenamtliche Texte von Synoden und Bischofskonferenzen[45] berufen; sie können eine Menge theologischer Autoren für ihre weitere Auffassung[46] herbeirufen. Aber all dies hilft ihnen in der Praxis wenig. Der Druck des Bewußtseins der Menschen, verschärft durch die administrative Lösung des Priestermangels, ist schier unausweichlich. Priester fühlen sich heute nur noch selten als das, was sie sein möchten[47]. Dabei haben sie das Gefühl, daß die Hauptverantwortlichen der Kirche, ihre Bischöfe, noch mehr aber die Verwalter von kirchlichen Büros, nicht auf der Seite ihrer theologisch begründeten Vorstellungen sind (oder diese bestenfalls halben Herzens veröffentlichen), sondern eher bereit sind, mit ihrer Notlösung ein theologisch höchst fragwürdiges Bild von Kirche und Priester (und damit natürlich auch von den »Laien«) am Leben zu erhalten, ja sogar zu verstärken.

2. Bezugspersonen

Ein zweiter Weg, mit dem Priestermangel wenigstens behelfsmäßig fertig zu werden, ist der Einsatz von »nichtpriesterlichen Bezugspersonen« in den Gemeinden. Dabei wird vorausgesetzt, daß jede Gruppe, die lebendig ist, einheitsstiftende und die Gruppenzusammengehörigkeit darstellende Rituale, Normen, aber eben auch Personen hervorbringt. So wird umgekehrt gefolgert, daß eine (religiöse) Gruppe ohne eine solche Bezugsperson nur mangelhaft ausgerüstet ist.
Nun gilt der Priester traditionellerweise als Träger dieser die Einheit der Kirchengemeinde (in Jesus Christus) symbolisierenden und fördernden Aufgabe. Er war damit, mit einem relativ jungen Fachausdruck belegt, der »Gemeindeleiter«, die wichtige Bezugsperson der Christengemeinde.
Fehlt nun der herkömmliche Pfarrer, so fehlt auch zumindest ortsfest diese Bezugsperson. Dann ist es aber naheliegend, sich nach Ersatz-Bezugspersonen umzusehen. Als solche boten sich Vertreter der in den letzten Jahren entstandenen neuen kirchlichen Berufe an: Diakone, Pastoralreferentinnen und -referenten, Gemeindereferentinnen und -referenten. Daneben kamen schließlich Gemeindemitglieder in Frage, welche die Aufgaben der »Bezugsperson« ehrenamtlich wahrnehmen sollten. Diese »Notlösung« wird auch von der Deutschen Bischofskonferenz nachhaltig vertreten:
»Bei der Neuordnung der pastoralen Strukturen stellt sich in verschiedenem Zusammenhang die Frage nach nicht-priesterlichen ›Bezugspersonen‹. Solche Bezugspersonen sind erforderlich, wo zu große Gemeinden in überschaubare Einheiten untergliedert werden. Solche Bezugspersonen sind ebenfalls erforderlich, wo zu kleine Gemeinden in größere Einheiten eingegliedert werden. Solche Bezugspersonen sind schließlich erforderlich, wo der Priestermangel dazu zwingt, bisher selbständige Gemeinden für eine längere Übergangszeit einer anderen Gemeinde anzuschließen. In allen diesen Fällen muß deutlich bleiben, daß tatsächlich – und nicht nur rechtlich – die Leitung der Gemeinde in der Hand des Priesters liegt. Bei einem Diakon oder Laien, der die Aufgabe einer solchen Bezugsperson übernimmt, muß darauf geachtet werden, daß sein eigenes Profil nicht – auch nicht in der Sicht der

Gemeinde – durch eine Häufung von Funktionen des Priesters verfremdet wird. Entsprechend seiner Aufgabe, Substrukturen der Gemeinde zu bilden und auf die Gesamtgemeinde hin zu öffnen, kommt die Funktion der Bezugsperson mit Vorrang dem Diakon zu.«[48]

Auf den ersten Blick scheint diese zweite Notlösung besser zu sein als der rein administrative. Wird hier nämlich das Problem nicht auf dem Rücken der weniger werdenden Priester gelöst, die – wie bei einem Schachspiel aus »ortsfesten Bauern« zu »mobilen Springern« umgewandelt werden. Zudem wird das Problem ortsnahe gelöst, was den Erkenntnissen heutiger Gemeinwesenarbeit ebenso entspricht wie den Prinzipien der christlichen Soziallehre, daß menschliche Probleme von den Betroffenen selbst möglichst menschennah gelöst werden sollen. Jetzt ist wenigstens wieder jemand an Ort und Stelle anwesend. Im Pfarrhaus wohnt wieder jemand, der (manchmal sogar rund um die Uhr) erreichbar ist, einer, der Initiativen ergreift, der den reibungslosen Ablauf der meisten pastoralen Tätigkeiten sicherstellt und selbst viel Arbeit übernimmt. Die qualifizierte Arbeit von Laientheologinnen und Laientheologen, Diakonen und Ordensfrauen, und nicht zuletzt der Gemeindereferentinnen und -referenten ist vielfach bewundernswert. Und wenn im Folgenden Bedenken gegen die Lösung formuliert werden, dann will damit nicht gesagt werden, daß nicht diese zweifelhafte Lösung (zur Zeit wenigstens) besser als gar keine Lösung ist. Denn es ist besser, wenn Leben erhalten bleibt, als wenn es verkommt. Wer dies macht, ob ein Priester oder ein Laie, ist in der Tat zweitrangig.

Die Bedenken, welche diese Lösung hervorbringt, sind folgende:

(1) Theologie der Bezugspersonen[49]

Was ist denn theologisch eine »nichtpriesterliche Bezugsperson«? Nun wird man zunächst hören können, natürlich sind es Laien, die – neben ihrer sonstigen pastoralen Arbeit – noch einen Teil jener Aufgaben übernehmen, die bisher und normalerweise vom Priester erfüllt wurden, nämlich Leitungsaufgaben. So gesehen handelt es sich um eine dosierte Teilnahme von Laien am Priesteramt. Und weil diese hauptamtlichen Laien nicht die ganze Aufgabe des Priesters übernehmen (können), wie die amtliche Anwaltschaft für die Unversehrtheit der apostolischen Tradition, die symbolische Präsentation Jesu als Haupt der Gemeinde bei der Feier der Versöhnung und beim Vorsitz der Eucharistiefeier, ist klar, daß sie keine Priester sind. Und damit die Leute ihrerseits solche »nichtpriesterliche Bezugspersonen« nicht insgeheim doch allmählich mit dem Priester verwechseln oder das Verlangen nach dem Priester verlieren, sollen für diese Aufgabe der »nichtpriesterlichen Bezugspersonen« nach Möglichkeit Personen gewählt werden, die von ihrer Ausbildung her dem herkömmlichen Priester am wenigsten ähnlich sind: Und dies nicht zuletzt auch deshalb, damit die betroffenen Leute nicht eines Tages unwillig fragen, warum man diese begabten und hochgradig ausgebildeten Laientheologen nicht zu Priestern weihe, unbeschadet der Tatsache, daß es häufig verheiratete Männer sind; bei Frauen (z.B. Ordensfrauen) wird solches im übrigen weniger befürchtet. Aus diesem Grund verlangt die Deutsche Bischofskonferenz, daß Laientheologen normalerweise nicht auf der Pfarrebene, schon gar nicht in einer priesterlosen Pfarrei angesiedelt werden. Vielmehr sollte für solche Aufgaben ehrenamtlichen Gemeindemitgliedern, sowie Gemeindereferenten und vor allem Diakonen der Vorzug gegeben werden[50].

Nun fällt freilich auf, daß solches – oft aus sehr pragmatischen Gründen – nicht geschieht. Überpfarrliche Aufgaben kommen nur schleppend in Gang, es ist so wenig los, daß die Anstellung eines Pastoralassistenten auf überpfarrlicher Ebene mehr der Durchführung von Beschlüssen als der Pastoral dient, also nicht selten hinausgeworfenes Geld ist. Verständlich, daß viele Pastoralreferentinnen und -referenten von sich aus zur Pfarrei tendieren. Dazu kommt, daß manche Verantwortliche nicht recht einsehen, warum pastoral und theologisch hochspezialisierte Personen für die zumal schwierige Aufgabe in Pfarreien ohne Priester am Ort nicht der Vorzug gegeben werden soll vor vergleichsweise viel schlechter ausgebildeten Diakonen oder Laien. Lediglich die vorwiegend finanziell denkenden Entscheidungsträger bevorzugen die Lösung, nichtakademisch ausgebildete Personen zu nehmen, weil sie eben auf die Dauer billiger kommen. Andere wiederum drehen den Spieß um und befürworten die Weihe jener Laientheologen zu Diakonen, die man in Pfarreien ansiedelt.

Alle diese Überlegungen bleiben aber noch theologisch oberflächlich. Denn es ist schlicht zu sagen, daß wir heute nur allzu gerne diese Laientheologen zu Priestern weihen würden, wäre nicht das Kriterium des Zölibats[51]. Umgekehrt wären auch viele Laientheologen bereit, ihren geheimen Wunsch, Priester zu werden[52], doch noch eines Tages – als *viri probati* – erfüllen zu können. Dies nicht zuletzt auch deshalb, weil es die Laientheologen in einer Kirche sehr schwer haben, in dem die Gleichung Kirche = Priester = Sakramente das Bewußtsein sehr vieler Menschen bestimmt. Die Erwartungen werden an den Priester gerichtet, er genießt deshalb sozial (also in Gesellschaft und Kirche) ein hohes, ja steigendes[53] Ansehen. Er ist der »heilige Außenseiter«[54], von dem man Außeralltägliches erwartet. Laien, also Leute wie sie, sind dazu nicht in der Lage, so denkt und fühlt man vielfach. Laienmitarbeiter in der Kirche haben damit kein vorfindbares Sozialprestige, sie müssen sich solches vielmehr mühsam erwerben. Davon würde sie die Priesterweihe (und vielleicht auch die Diakonatsweihe) befreien.

Vieles spräche also, gäbe es nicht das überkommene Zölibatskriterium, für die Weihe vor allem der akademisch ausgebildeten (männlichen) »nichtpriesterlichen Bezugspersonen«. Heißt das nicht, daß diese Personen somit längst faktisch schon das Berufsfeld des Priesters so weit beschritten hatten, daß es hoher und fast akrobatischer Anstrengung bedarf, nachzuweisen, daß sie nicht der Sache nach Priester sind und daher im Grund ihre Weihe die theologisch sauberste Lösung wäre *(K. Rahner)*[55]? Es geht uns hier im übrigen gar nicht um die Frage, ob solches irgendwann einmal auch geschieht. Vielmehr sollen lediglich die Bedenken formuliert werden, die im zweiten Lösungsweg der »nichtpriesterlichen Bezugspersonen« drinnen stecken.

(2) Verhinderung der echten Laienberufe[56]

Dazu kommt, daß auf diese Weise wohl für die nächste Zeit empfindlich gestört wird, daß es in unseren Kirchengemeinden wirkliche hauptamtliche Laienberufe gibt. Die Laienberufe tendieren – übrigens ebenso wie die Diakone – fast unaufhaltsam auf das Berufsfeld des Priesters. Wir haben dann aber (faktisch) neben den herkömmlichen Priestern eine Reihe von »Ersatzpriestern« oder wenn man will von »Priesterersatz«, oder das Nebeneinander von geweihten und ungeweihten Priestern, also Priestern, wie man humorvoll im Gedenken an das große Gelächter Gottes über seine unbeholfene Kirche am Ende der Tage formulieren könnte, deren Priesterweihe erst im Himmel veröffentlicht werden wird.

(3) Verlängerung des Versorgungsdenkens

Das gravierendste, häufig übersehene Bedenken ist aber, daß die Idee und die Praxis nichtpriesterlicher Bezugspersonen zumeist

ein Teil des theologisch fragwürdigen »Versorgungsprinzips« ist. Das muß zwar nicht so sein, wie wir später darlegen. Aber die innere Tendenz geht so wie die faktische Entwicklung in Richtung auf Beheben von Versorgungsstörungen. Kann die Kirchenleitung eine Pfarrei nicht mit einem Priester »versorgen«, dann wird eben zur Not ein hauptamtlicher Laie oder ein Diakon bestellt. Der normalen wie der Notlösung ist gemeinsam, daß in beiden Fällen einer geschickt wird. Dies kommt zweifellos dem Wunsch der meisten Gemeindemitglieder entgegen, die an solche Versorgung gewöhnt sind und zur Zeit (was nach jahrhundertelangem Bewußtseinstraining nicht verwunderlich ist) sich gar nichts anderes vorstellen können. Was dabei erhalten wird, ist die Versorgungserwartung der Leute.
Noch einmal, dies muß ja nicht so sein. Auch in Pfarreien, deren Leben nicht mehr nach dem Versorgungsprinzip gestaltet wird, gibt es Priester und kann es auch hauptamtliche Diakone und Laien geben. Dies wird im übrigen hier auch nicht bestritten. Doch wird von denen, die darauf zurecht hinweisen, übersehen, daß genau dieses Problem der Überwindung des Versorgungsprinzips bei der Einrichtung der vielen neuen kirchlichen Berufe viel zu wenig mitbedacht wurde.
Mir erzählte einmal ein Diakon in einer deutschen Diözese, er arbeite in einer Pfarrei, wohne auch mit seiner Frau im Pfarrhaus. Er leitete den Bericht über seine Arbeit mit den Worten ein: »Im Grunde mache ich dieselbe Arbeit wie ihr Priester«. Und ihre Frau, frage ich nach. Worauf der Diakon antwortet: »Die macht vor allem jene Arbeiten, für die wir keinen Mitarbeiter aus der Gemeinde finden«. Natürlich macht der Diakon auch deshalb sehr viel, was eigentlich von vielen gemacht werden könnte und auch sollte, weil auch sein kirchliches Sozialprestige nach wie vor gering ist und deshalb von Diakonen viele Anstrengungen unternommen werden zu zeigen, daß sie wichtig sind. Deshalb zieht dieser Mann (noch dazu zusammen mit seiner Frau) viele gemeindliche Aufgaben an sich, was ihn in der Tat als wichtig ausweist. Doch wird damit eben nicht die Frage geklärt, was auf diese Weise mit der Gemeinde passiert. Sie mag gut versorgt sein. Aber ist das der Sinn einer christlichen Gemeinde?

3. Änderung der Zulassungskriterien

Vor schon längerer Zeit fand in Ludwigshafen eine Tagung der SOG-Speyer statt. Ich hatte ein Referat über die Folgen des Priestermangels zu halten. Das Tagungsthema behandelte das »Recht der Gemeinde auf Eucharistie«. Gegen Ende der Tagung wurde eine Resolution vorgelegt, welche die Änderung der Zulassungskriterien zum Priesterberuf verlangte. Vor allem das Zölibatsgesetz sollte aufgehoben werden und die Weihe von Männern, die sich in Beruf und Ehe bewährt haben, ermöglicht werden.

Nun klingt und gilt ein solcher Vorschlag als ziemlich progressiv, auch wenn er schon eine lange kirchengeschichtliche Tradition hat. Zudem kann auch niemand in der katholischen Kirche sagen, daß man sich nicht einen katholischen Priester vorstellen könne, der verheiratet ist. Schließlich feiern wir mit dem hl. Petrus das Fest eines verheirateten Papstes und gedenken vieler anderer heiliger Apostel, die zugleich Amtsträger und Ehemänner waren. Auch kann ruhig offen bleiben, ob die Erfahrungen der orthodoxen oder auch der evangelischen Christen mit verheirateten Popen und Pastoren nur vorteilhaft oder auch nachteilhaft sind. Diese und noch viele andere spannende Fragen sind hier nicht das Thema.

Mir geht es vielmehr darum zu verdeutlichen, daß dieser auf den ersten Blick sehr fortschrittliche und einfache Vorschlag, die Zulassungskriterien aufzumachen, damit es mehr Priester gibt, im Grund ziemlich reaktionär ist. Prinzipiell unterscheidet er sich von den beiden bisher genannten Lösungswegen überhaupt nicht, es sei denn dadurch, daß er zur Zeit kaum Chancen hat, realisiert zu werden.

Seine Logik ist sehr einfach. Gibt es zu wenige Leute, die unter den herkömmlichen Voraussetzungen (Mann, ehelos, akademisch gebildet: gläubiger Christ sollte er auf jeden Fall sein) Priester werden wollen, dann soll man durch eine Verringerung von Kriterien die Zahl der möglichen Anwärter steigern: also nach neuen Bildungswegen ausschauen, auch Verheiratete zur Weihe zulassen, die Weihe von Frauen prüfen (was ja in anderen christlichen [!] Kirchen mit guten Erfahrungen geschehen ist). Auf diese Weise kämen die verantwortlichen Kirchenleitungen (bei uns der Bischof) wieder in die durch Gebet und Werbung für den Priesterberuf herbeigewünschte Lage, die leerstehenden Pfarrhäuser zu füllen und den Pfarreien wieder ihren Priester zu schicken. Und alles könnte dann getrost beim Alten bleiben. Die Betreuten müßten sich nicht ändern, sie könnten sich weiterhin religiös versorgen lassen: Mit Gottesdiensten, Sakramenten, Katechese, Predigt und vielem anderen mehr. Und die Pfarrer könnten wieder, ungestört durch den »Übereifer« der Laien, ihre pastorale Arbeit allein und besser tun.

Der Vorschlag, die Kriterien der Zulassung zur Priesterweihe zu ändern, ist, so wie er zur Zeit von Priestern und Theoretikern vorgetragen wird, häufig deshalb reaktionär, weil er nicht eingebunden ist in die Veränderung der Gemeinden und des vorherrschenden Versorgungsbewußtseins. Anders sehe ich die Lage, wenn Bischöfe aus Lateinamerika, Asien oder Afrika solches vorschlagen und dabei darauf hinweisen, daß einer aus den lebendigen (Basis-)Gemeinden, der sich nicht nur in seiner Ehe, sondern auch schon in gemeindlichen Aufgaben bewährt und so empfohlen hat, zum Priester geweiht werden sollte, damit die Gemeinde mit allen erforderlichen Geistgaben sichtbar ausgestattet sei und so nicht zuletzt das oft monatelange eucharistische Fasten von einer Zeit leibhaftig-sakramentaler Sättigung abgelöst werden könne. Wir werden in einem ähnlichen Zusammenhang auf die Möglichkeit stoßen, daß erneuerte Gemeinden selbst die Änderung der herkömmlichen Zulassungskriterien erbitten und verlangen werden.

Für die Zölibatsdiskussion, die in den nächsten Jahren sicherlich wieder aufkommen wird, gilt dann aber: Wenn sich Theoretiker, zumal solche, die ehelos leben, oder gar jene, die in keiner Gemeinde mitmachen, nicht in deren Leben eingeflochten sind, für die Veränderung dieses Kriteriums eintreten, dann sollen sie sich dabei nicht allzu leichtfertig auf die Notlage der Gemeinden berufen[57]. Es wäre dann besser, die Menschenrechte zu bemühen, oder noch einfacher zu sagen, daß er selbst, obwohl er (ganz gleich wie freiwillig) den Zölibat übernommen hat, nicht mehr recht davon überzeugt ist, daß er für ihn gut ist, was aber auch heißen kann, daß er sich nicht rechtzeitig um eine entsprechende Kultur ehelosen Lebens gemüht hat. »Ich« zu sagen, und sich nicht hinter der pastoralen »Not« der Gemeinden zu verstecken, ist nach allen Erkenntnissen der Psychologie redlicher und erbringt gewichtigere Argumente. Diskutieren sollen dann vor allem die Christen in den Gemeinden über den Zölibat aus der Perspektive der pastoralen Not.

IX. Die versorgte Gemeinde

Unsere bisherigen Überlegungen münden ein in das Ergebnis, daß das eigentliche Problem unserer gegenwärtigen pastoralen Situation in der »Versorgung« zu sehen ist. Dabei meint »Versorgung« hier sowohl eine bestimmte Gestalt von Kirche und kirchlicher Praxis, als auch ein theologisches Denken, ein »Prinzip«, welches dieser Gestalt von Kirche und Pastoral zugrundeliegt.

1. Ihre wahrnehmbare Gestalt

Augenfälligstes Merkmal der versorgten Gemeinde ist der drastische Unterschied zwischen dem Priester und den Leuten. Der Priester ist der aktive Teil. Er hat die ganze Verantwortung für die Pfarrei. Es ist seine Pfarrei. Der Bischof hat sie ihm übergeben. Er hat sie »besetzt«, damit er sie betreut und versorgt. Dies sind uns höchst geläufige Formulierungen. Sie stecken so sehr in unserer alltäglichen kirchlichen Sprache drinnen, daß selbst jene, die theologisch längst das Versorgungsdenken überwunden haben (oder dies zumindest meinen), ständig in solche Formulierungen zurückrutschen.

Die Leute hingegen sind im Normalfall der passive Teil. Sie empfangen die Sakramente vom Priester, der sie »verwaltet«. Ausnahme ist die Nottaufe, weitere Ausnahme die Spendung des Ehesakramentes, bei dem die katholische Kirche bislang theologisch einer »Klerikalisierung« widerstanden hat, durch die Formpflicht des Konzils von Trient den Spielraum für die Ehewilligen aber zugunsten des Priesters (einst aus guten, inzwischen aus fragwürdigen Gründen) stark eingegrenzt hat.

Allerdings haben sich in den letzten Jahrzehnten die pastoralen Aufgaben gehäuft. Seelsorge ist zunehmend zeit- und personenintensiv geworden. Gesellschaftliche Unterstützung ist weggefallen. Kirche muß weithin heute Seelsorge selbst machen. Die Bekehrung eines Menschen zu einem Leben nach dem Evangelium war weit weniger kompliziert in einer Zeit, in der man gar nicht anders Bürger sein konnte, wenn man nicht zugleich auch getaufter Christ war und soweit dies kontrollierbar war, auch seine Christenpflich-

ten ausreichend erfüllte. Heute ist ein Umkehrprozeß wesentlich stärker von personalen Begegnungen abhängig, von Erfahrungen in Gruppen, kurz, weniger von gesellschaftlich geschützten Strukturen, denn von Menschen. Dieses Beispiel allein reicht aus um zu zeigen, daß die Arbeit der Pfarrgemeinden heute längst nicht mehr vom Priester und seinen hauptamtlichen Mitarbeitern (die früher auch alle Priester waren) gemacht werden kann.
Insofern sind heute in den meisten Pfarrgemeinden Leute nicht nur Empfänger von Sakramenten, sondern arbeiten mit. Dies allein ist aber noch kein ausreichendes Argument dafür, daß das Versorgungsmodell wirklich der Vergangenheit angehört. Wessen Mitarbeiter sind denn diese Laien? Der Pfarrer spricht von »seinen Mitarbeitern«. Die Leute ihrerseits erwarten vom Pfarrer, daß er ihnen dankt, wenn sie ihm Arbeit abnehmen. Was dabei geschehen ist, ist lediglich die geringfügige Ausweitung der wenigen Aktiven in der Gemeinde. Der Klerus hat sich, so wurde es einmal humorvoll-plastisch formuliert, einen »laikalen Bauch« zugelegt. Das bedeutet umgekehrt, daß einige Laien »klerikal« wurden und sich die Kluft zwischen Priester und Laien verschoben hat und jetzt als Kluft zwischen Priestern und (Ober-)Laien einerseits und den Leuten andererseits zeigt. Auch ein Pfarrgemeinderat kann der Gemeinde entfremdet sein[58]. Geändert hat sich aber grundsätzlich ansonsten wenig. Statt einem oder zwei Aktiven sind es heute vielleicht zwanzig oder dreißig, und das geheime Gesetz dieser erweiterten Zahl von Aktiven lautet aus der Perspektive in Abwandlung eines vertrauten Schriftwortes: »Ohne mich könnt ihr nichts tun«. Und damit dies nicht in Vergessenheit gerät, hat man den Pfarrer in der offiziellen Vertretung dieser aktiven Laienmitarbeiter (im Pfarrgemeinderat) mit einem absoluten Vetorecht ausgestattet. Wiederum heißt dies simpel interpretiert: »Ohne mich könnt Ihr nichts tun.« Das Versorgungsprinzip ist somit durch starke Strukturen wie durch hartnäckige Bewußtseinslagen langfristig geschützt. Und nicht wenige Anhänger dieser klerikalen Versorgungskirche träumen von kommenden Zeiten, in denen es wieder genug Priester, damit für überlastete Pfarrer auch genügend Kapläne gibt. Dann wird die für Notzeiten geduldete Mitarbeit ungeweihter Laien wieder überflüssig sein. Schon gar nicht wird man den Laientheologen brauchen und sie mit den bis dahin wohl knapp gewordenen Kirchen(steuer)geldern finanzieren.

2. Das Versorgungsprinzip

Dieses Modell der »versorgten Gemeinde« hält sich freilich nicht zufällig so hartnäckig. Es wird getragen durch ein theologisches Denken, welches über Jahrhunderte lang das Bewußtsein der Kirchenmitglieder und des Klerus, dem es sehr nützlich war, prägte.

(1) Theologische Elemente[59]

Im Jahre 1956 erschien in vierter Auflage von *J. Brems* das Werkheft »Zeichnungen zum katholischen Katechismus für Wandtafel und Werkheft«. Das Lehrstück 54,1 (S. 52) behandelt »Die großen Gnadenzeichen«:

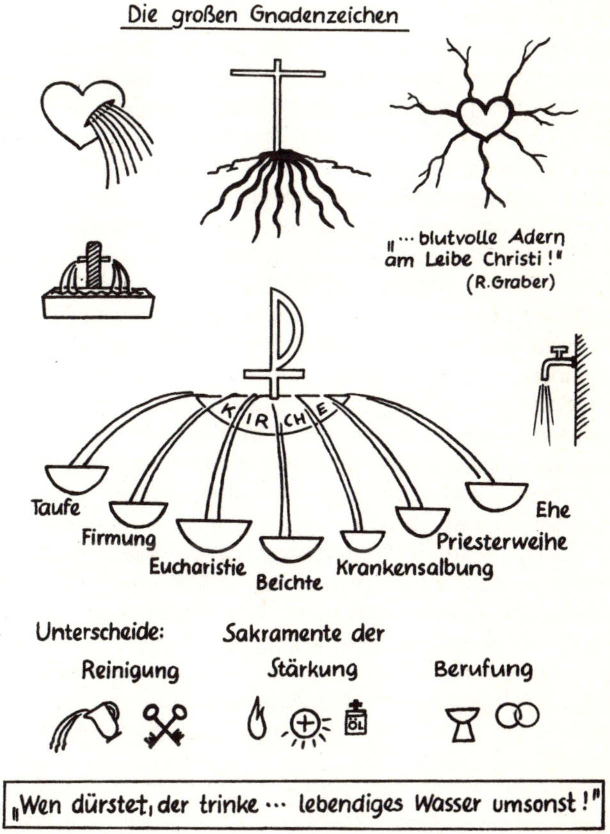

Grob gefaßt kann (muß aber übrigens nicht unbedingt) folgendes Konzept von Seelsorge hinter diesen Zeichnungen stehen:

a. Der Mensch ist von sich aus in einer *heillosen* Situation. Er kann sich nicht selbst erlösen. Jesus ist der Heiland dieser heillosen Welt. Durch seinen Tod sind wir gerettet. Aus seinem Herzen strömt überreich Gnade.

b. Diese *Gnade* wandelt den Menschen um. Er wird gereinigt (durch Taufe und Beichte), gestärkt (durch Firmung, Eucharistie und Krankensalbung) und berufen (durch Priesterweihe und Ehe).

c. Die Rolle der *Kirche* ist eindeutig: Die Gnaden, die Jesus am Kreuz verdient hat, fließen in den Gnadenbrunnen der Kirche und werden dort (wie Quellwasser) gefaßt. Außerhalb des kirchlichen »Gnadenbehälters« (vgl. Abbildung: Brunnen unter dem geöffneten Herzen) gibt es keine Gnade. Also »extra ecclesiam nulla salus«, außerhalb der Kirche kein Heil.

d. Durch die *Sakramente* fließen die Gnaden zu den Menschen. So gibt es gleichsam sieben Gnadenkanäle vom Gnadenbecken der Kirche hin zu den Menschen. Dabei wird mitgedacht, daß die Sakramente nicht »automatisch« wirken. Die Gnaden fließen in kleine Trinkgefäße (nämlich die einzelnen Sakramente): »Wen dürstet, der trinke ... lebendiges Wasser umsonst!«; das »opus operantis« ist also mitbedacht.

e. Bemerkenswert ist das kleine Symbol neben dem kirchlichen Gnadenbecken. An einer Mauer ist ein Wasserhahn angebracht, aus dem Wasser fließt. Die Deutung ist nicht einfach. Im Vordergrund kann das fließende Wasser stehen, ein Entgegenkommen an den zivilisierten Bürger, dem weniger ein Brunnen, sondern eher die Wasserleitung vertraut ist. Andere, mit denen ich zusammen dieses Bild angeschaut habe, Laien wie Priester, sehen aber in erster Linie den Hahn, den man auf und zumachen kann. Er erinnert sie an die *»Vollmacht der Priester«*, zu binden und zu lösen. Eine vertraute Auffassung vom priesterlichen Amt wird hier sichtbar: Die Gnade, die vom Kreuz her in das Gnadenbecken der Kirche fließt, um von dort durch die Gnadenwege der Sakramente zu den Menschen zu gelangen, durchfließt eine Engstelle, die geöffnet und geschlossen werden kann. Öffnen (und eben gegebenenfalls auch verschließen, wir reden dann von »verweigern«, »aufschieben« etc.) ist Sache derer, die die Gnadenschätze der Kirche und mit ihnen die Gnadenmittel »verwalten«: die *Priester*. So gesehen sind sie das den Gläubigen zugewandte Gesicht einer umfassenden Heils-Hierarchie, die von Gott über Jesus hin zur Kirche und die Amtsträger (Papst, Bischöfe, Priester) hin zu den Menschen reicht[60]. Priester sind so »Ausspender der göttlichen

Geheimnisse«, »Verwalter der Sakramente«[61]. Die »Vollmacht ist groß«. Oft wird sie zur Macht. Viele Priester sagen: »Die Laien müssen den Priestern gehorchen, weil die Priester Mittler zwischen Gott und den Menschen sind.«

f. Damit sind wir bei den *Laien* angelangt. Sie empfangen in den Sakramenten Gnade und Heil; »ihr (privates) Heil«. Sie werden mit Heil und Gnaden »versorgt« durch das Handeln der Kirche = der Priester (im Wort und) in den Sakramenten. Dabei ist die (Kinder-)Taufe zentral. Wer mit ihr nicht in Berührung kommt, hat keine »Heilschancen«, denn »außerhalb der Kirche gibt es eben kein Heil«. Dies sieht im ungemilderten Versorgungsdenken beispielsweise so aus:

- 1726 schreibt der Bischof *J. D. Lamberg* eine Pastoralepistel[62], natürlich an seinen Klerus (er ist ja verantwortlich für die Pastoral). Im ersten Paragraphen behandelt er konsequenterweise die »Verwaltung der Taufe« (De Administratione Baptismi«). Dabei setzt er als Landesfürst von Passau voraus, daß alle Neugeborenen getauft werden. Anders bekommen sie nicht einmal das Bürgerrecht. Was ihn vielmehr beschäftigt sind jene Geburten, die nicht normal verlaufen. »Wenn nur ein Fuß oder eine Hand aus dem Mutterschoß herausragt«, auch dann müsse dort wenigstens versuchsweise das Taufwasser angebracht werden; allerdings sei die Taufe zu wiederholen, wenn das Kind dann noch lebend geboren werden könne, weil nicht sicher sei, ob die Taufe, nicht auf dem Kopf gespendet, überhaupt gültig und daher wirksam sei. Damit keine Nottaufe unterbleibe, seien alle Hebammen und werdenden Mütter darin zu unterrichten, wie man die Nottaufe spendet. Kommt der vorgesetzte Dechant des Pfarrers dessen Amtsführung prüfen, macht er also Visitation, dann müsse er – ohne Absprache mit dem Pfarrer – irgendeine Hebamme oder werdende Mutter herbeirufen und sie fragen, wie man die Nottaufe macht. Kann sie es nicht, sei der Pfarrer unverzüglich seines Amtes zu entheben und dem fürchterlichen Strafgericht Gottes zu überlassen, weil durch seine Schuld ein Kind verloren gegangen sei.
- Freilich, diese grimmige theologische Lehre wurde nach und nach gemildert. Man konnte sich nicht recht vorstellen, daß der gütige Gott Kinder erschafft und in ihrer persönlichen Unschuld verdamme, nur weil ihre Geburt mißglückt und das Taufwasser nur einen Fuß oder eine herausragende Hand erreicht hat. Aber der Himmel blieb diesen Kindern für viele Theologen noch verschlossen. Man sah für sie einen eigens dafür erdachten Ort erdenhafter Glückseligkeit vor. So verkündet beispielsweise *G. Woratsch* in

einer seiner wichtigen Katechesen im »Offertenblatt für die katholische Geistlichkeit Deutschlands« im März 1982: »Wenn ungetaufte Kinder sterben, können sie zwar nicht selig werden, genießen aber wohl eine Art natürlicher Seligkeit im Himmel«. Eine Art Papageno-Himmel vermutlich. Und Gott lachte ihrer ...

Nun klingt eine solche Theologie einfach. Sie ist uns allen vertraut, auch ich habe sie als Kind so gelernt und versuchte so recht und schlecht danach mein Leben zu gestalten und die Welt zu verstehen. Inzwischen habe ich gelernt, daß jeweils ein Teil all dieser Sätze richtig ist. Aber der Kontext ist falsch und in seinen Auswirkungen gefährlich. Ich habe die Bibel gelesen und entdeckt, daß viele Aussagen unberücksichtigt bleiben. Ich lerne verstehen, warum man lange den Katholiken nicht gestattet hat, selbst die Bibel zu lesen, denn sie hätten wohl angefangen zu fragen: Wie ist das mit den ungetauften Kindern, wenn Gott das Heil aller will? Wie ist es mit den vielen Menschen, die mit Christus und schon gar nicht mit der Kirche in Berührung kommen: Sind sie von Haus aus »heillos« verloren – und am Ende bleibt solche Heillosigkeit an Gott haften, ohne den in der Welt nichts geschieht? Ich frage mit anderen zusammen, ob diese verkürzte, und deshalb keineswegs »katholische«, also die ganze Wahrheit der katholischen Tradition enthaltende Theologie, nicht im Grunde »häretisch« ist, weil ein Teil für das Ganze ausgegeben wird? Und wenn dies geschieht, was ist der Grund für diese Verkürzung? Wem dient sie? Wem nützt es, wenn die Sekten sagen, nur 144000 werden gerettet, und dies nicht im Sinn biblischer Zahlensymbolik lesen als $3 \times 4 = 12 \times 12 = 144 \times 1000$: womit die undenkbare, unvorstellbare Fülle zum Ausdruck kommt, nicht aber eine begrenzte Zahl von Sektenmitgliedern gemeint ist, die allein Heilschancen haben (was natürlich soviel Angst erzeugt, daß man beitritt und dabei bleibt)? Wem nützt unsere katholische Variante, daß es »außerhalb der Kirche kein Heil« gibt? Wem nützt es, wenn das Heil nur durch die Sakramente zu den Menschen kommt, und wenn das Heil, Gott selbst, der sich liebend allen Menschen schenken will, verdinglicht und von so wenigen verwaltet wird, daß Gott gar keine Chance hat, zu allen zu kommen? Wem nützt es, wenn Priester die monopolisierten »Heilsvermittler«, Heilsagenten sind, und deshalb sagen können, dem einzelnen, dem Pfarrgemeinderatsvorsitzenden, wem immer sie wollen (außer ihrem klerikalen Vorgesetzten): Pfarrer bin ich, und ihr Laien müßt mir gehorchen, denn ich bin Mittler zwischen Gott und euch, und wenn ihr mir nicht gehorcht, gehorcht ihr Gott nicht[63]? Wem nützt es, wenn verschwiegen wird, wie Jesus verlangt, daß alle, Laien und Priester von Gottes Geist

»versorgt«, genährt und belebt werden, also in dieser Hinsicht eben alle gleich, »Brüder« sind, und wenn es darüber hinaus Unterschiede gibt, es nur den des Dienstes, aber nicht der Herrschaft, auch nicht der »heiligen Herrschaft« gibt? Teilwahrheiten halten sich am besten dort, wo sie einer Gruppe nützen. Sollte die Theologie der Versorgung am Ende die »Legitimation«, die Rechtfertigung des Klerikalismus sein, der stets dann entsteht, wenn »geistliche Vollmacht« zu institutioneller oder persönlicher Machtausübung mißbraucht wird? Wenn also die »Vollmacht für« zur »Macht über« wird?

(2) Versorgungsprinzip und Leutereligion[64]

Alle bisher genannten Gründe liegen aber eher mehr auf der Oberfläche. Wir müssen noch weiter in die Tiefe des Problems hineingraben. Dabei zeigt sich, daß das Versorgungsdenken engstens mit dem menschheitsalten religiösen Suchen der Leute verknüpft ist. *Das Versorgungsdenken ist somit ein inneres Moment der »Leutereligion«, damit der Erwartungen der Leute an die Kirche.* Das bedeutet aber:

– *Das, was Kirche tatsächlich tut, wird nachhaltig von den Erwartungen der Leute geformt.* Demnach ist grundsätzlich die Frage zu stellen, ob auf diese Weise der von Jesus ererbte Auftrag gewahrt oder doch unbemerkt in eine allgemein religiöse Richtung gedrängt wird. *Es fällt auf,* daß für die Leute zumeist »jede Religion gleich wahr und gut ist« und daß sie auch dann nicht aus der Kirche austreten, wenn sie mit der Lehre der Kirche nicht mehr übereinstimmen. Was die Leute an die Kirche bindet, ist somit weniger das Evangelium, sondern ihre religiösen Wünsche. Das Evangelium hat natürlich mit diesen unleugbar zu tun. Aber sind sie völlig identisch? Mahnt nicht das Alte Testament, mahnt nicht auch Jesus nachhaltig vor der Versuchung der Religiösen, sich selbst »ihren Gott« zu machen und ihn zur Stillung ihrer religiösen Sehnsucht zu benützen?

– Wichtig ist hier schon zu bedenken, daß diese Leutereligion überaus stabil, ja *hartnäckig* ist. Sie widersetzt sich heftig den Versuchen der Veränderung. Insofern aber die vorfindbare Praxis der Kirche möglicherweise eher von der Leutereligion denn vom christlichen Erbe und Auftrag bestimmt ist, kann vermutet werden, daß eine *Annäherung der Kirche und ihrer Praxis eine mühsame Angelegenheit ist. Der Weg aus der Betreuungskirche und dem Versorgungsprinzip ist äußerst mühsam.*

Was ist es nun also, was die Leute religiös fühlen, wünschen und vereinzelt auch denken, also ausdrücken können? Was ist die Leutereligion?

Wir besitzen dazu heute gute Anhaltspunkte in ganz neuen Untersuchungen der Religion im Leben der Leute. Wichtige Elemente dieser Leutereligion werden hier zusammengestellt; deren innere Verkettung mit dem Versorgungsdenken wird aufgedeckt.

a. Der Ansatz der Leutereligion ist die tiefe Erfahrung von *Zwiespältigkeit des Lebens.* Diese wird vornehmlich in den außeralltäglichen Situationen erlebt, an den Knotenpunkten des Lebens, in den Krisen, an den Übergängen der Biographie und des Jahres. Religiöse Ereignisse sind somit für die Leute das Geborenwerden, die Verknüpfung von Liebesgeschichten, Krankheit und Krieg, Sterben und Tod, der Jahreswechsel und die Feste des Werdens und Vergehens, Ostern, Allerheiligen, schließlich das Fest der Beheimatung, des Dazugehörens, Weihnachten. In all diesen Situationen werden Hoffnungen und Ängste erlebt. Das Leben gilt als ambivalent. Die Spannung zwischen Hoffnung und Leben sowie Hoffnungslosigkeit und Tod durchzieht alle diese Erfahrungen. Der lebenshungrige Mensch leidet tief an seiner Endlichkeit, an den kleinen Toden vor dem endgültigen Tod. Mitten im Leben sind wir vom Tod umgeben; oder sollte man die depressive Version wählen: Mitten im Tod sind wir von Leben umgeben?

b. Wenn nun ein Mensch »religiös« im Sinn der untersuchten »Leutereligion« ist, dann wird für ihn *Religion zu einer Art »heiligem Schild« und »heiligem Baldachin«.* Religion soll die Bedrohungen fernhalten, den Tod eindämmen (»Schild«) und die Hoffnungen, das Leben schützen (»Baldachin«). Religion hat somit für die Leute vornehmlich schützend (stabilisierend-integrierende) Funktion.

c. Religion kann dies »leisten«, weil sie den Zugang zu einer Welt, einer *Wirklichkeit, erschließt, die »anders« ist, »außeralltäglich«, »transzendent«;* die Eigenschaften dieser anderen Welt entsprechen dem Leiden und Wünschen des Menschen: der Tod und die Endlichkeit ist bezwungen, das Leben »ewig« und geschützt, das Bedrohliche ist aus der Welt geräumt, die Tränen sind getrocknet, es ist kein Leid. Vor allem ist es eine Welt, die heilt und selbst heil ist, unbegrenzt und nicht vergänglich-endlich, fest und veränderlich und nicht brüchig-gebrechlich. In unserer christlichen Kulturtradition verbinden die meisten Leute diese Wirklichkeit mit Gott. Religion ist somit das verläßliche Wissen um eine solche »Welt

Gottes«, um seine »heilige Welt«. Die überlieferten religiös-mythischen Begriffe dafür sind uns vertraut: Himmel, Jenseits, Paradies.

d. Religiöse tragen nun mit sich den Wunsch, ihr gebrechliches Leben, an das sie (in wichtigen Situationen erleben sie es) große Erwartungen knüpfen, mit dieser Welt Gottes *in Berührung zu bringen;* es ist der Wunsch, Vergängliches mit dem Unvergänglichen zu paaren, Endliches mit dem Unendlichen, Begrenztes mit dem Grenzenlosen. Wertgeschätztes Leben soll in diese Welt eingebunden, ja *»eingeordnet« werden und dermaßen in Ordnung kommen (in eine Ordnung, die gemeint ist,* wenn die Mutter dem im Dunkeln weinenden Kind sagt, sei still, es ist ja alles »in Ordnung«). So wollen die Leute für ihre Kinder den Segen Gottes; Ehen werden nach dem Volksmund im Himmel geschlossen; der Tod geliebter Menschen wird bezwungen, ja überlistet, indem das Ende zum Übergang umdefiniert, das endgültig Verschlingende zum Zwischenspiel verniedlicht wird.

e. Diese »Berührung« mit der anderen Wirklichkeit ist aber nicht alltäglich *erfahrbar.* Es bedarf dazu eigener Erfahrungsweisen. Seit altersher gibt es dafür die religiösen Riten. Sie stellen einerseits die tiefen Hoffnungen und Ängste des Menschen anschaulich dar; zugleich bringen sie mit der heiligen Welt Gottes, mit dem »Heiligen«, dem Außeralltäglichen, dem ganz Anderen, dem Numinosen, das fasziniert und zugleich erschreckt, »erfahr-bar« in Berührung. *Riten sind somit »Fahrzeuge« hinein in die Welt Gottes.* Das Unsinnliche machen sie sinnenhaft-sinnlich erfahrbar[65]. Wir verstehen von da her, was die Leute von den Riten der Kirche erwarten: Es ist eine tiefe religiöse Erfahrung, nicht aber ein katechetischer Schulunterricht, schon gar nicht die Sicherstellung kirchlicher Lebensdeutungen oder Lebensregeln zur Ehe, zur Arbeit, zur Politik. Wir verstehen auch, warum die Nachfrage nach den symbolischen Spielhandlungen der Riten derart stabil ist: Wo immer Leute noch in einem diffusen Sinn religiös sind, wird sie ein Begräbnisritual berühren.

f. Von hier aus gewinnen wir auch einen verstehenden Zugang zur Erwartung der Leute auf die *Ausstattung und Inszenierung dieser religiösen Spielhandlungen.* Die Berührung mit dem Außeralltäglichen muß ebenso erlebbar werden wie die tiefen Wünsche des Menschen zur Darstellung gebracht werden. Deshalb leben die Riten von der Spannung von Lebensnähe und Lebensferne, von Alltag und Außeralltäglichem. Riten, die aber im Alltäglichen aufgehen, verlieren ihre »Kraft« bei den Leuten. Genauer: Ihre Kraft wird sinnlich kaum noch erlebt. Was aber die Außeralltäglichkeit erfahrbar macht, sind die kleinen Stilmittel wie fremde Sprache, festlicher Raum, heiliger Duft, sakrale Musik. Von großer Bedeutung ist der »religiös Wissende«, der »Guru«, der *»Priester«*[66]. Er weiß den Weg zur Welt Gottes, kann daher das Fahrzeug der Riten sicher lenken; was diese Erfahrung verläßlich und gewiß macht. Noch mehr, es wird von ihm nicht nur Können erwartet, sondern auch Teilnahme an der anderen Welt Gottes. Er wird von den Leuten als der »heilige Außenseiter« betrachtet, was nicht zuletzt auch in seinem Lebensstil zum Ausdruck kommt. Er lebt auch anders, als die meisten Leute: abgesondert, befremdlich (unverheiratet), »heilig«. Die Person des religiösen Führers repräsentiert somit leibhaftig, in Person die angestrebte andere fremde Welt Gottes. Dies hat als Nebenwirkung zur Folge, daß die religiösen Erwartungen nicht nur ganz allgemein an die religiöse Gemeinschaft gerichtet werden, an ihre Riten, sondern schließlich personifiziert an den Priester herangetragen werden. *Religiöse Gemeinschaft, Riten, Religionsdiener sind somit eine Einheit.* In die christliche Sprache übersetzt (aber vielleicht an deren tieferen Sinn vorbeiführend) heißt dieses *Syndrom Kirche = Priester = Sakramente.* Die Umfragen der jüngsten Zeit lassen aber keinen Zweifel daran, daß dieses Syndrom das Bewußtsein der meisten Kirchenmitglieder prägt. Eben dieses Syndrom ist aber ein zentrales Moment des Versorgungsprinzips. Die Leute in ihrer religiösen »Heilssuche« wenden sich an die »religiösen Virtuosen«, um durch deren Vermittlung in den Genuß der religiösen Wohltaten zu gelangen. Kirche wird so zum Ort der Stillung tiefer religiöser Wünsche; es ist der Ort, wo die Leute mit Heilsgütern versorgt werden. Die Versorger aber sind die auserlesenen religiösen Führer, die »Priester«.

Fragen wir also, wem das Versorgungsprinzip »nützt«, so müssen wir darauf auch antworten: den religiösen Wünschen der Leute. Insofern dieses in den Grundhoffnungen des Menschen verankert ist, kann erwartet werden, daß eine Bearbeitung dieses Versorgungsprinzips ein schier unmögliches Unterfangen sein wird. Vielleicht wird es immer nur bei wenigen Menschen gelingen?

(3) Versorgungsprinzip und Legitimation des Klerikalismus

Eine Nebenwirkung der Leutereligion ist eine *außergewöhnlich bevorzugte Stellung der »Priester«. Sie besitzen eine Art »Heilsmonopol«*. Indem sie die »Riten« verwalten, sie vollziehen oder auch verwehren können, haben sie in einem höchst empfindlichen Bereich des Menschen, nämlich religiös, eine große »Vollmacht«. Die Leute sind in ihrer religiösen Heilssuche von ihnen *abhängig*[67]. Solche religiös-zentrale Stellung, *solche »Vollmacht« ist höchst anfällig für die Ausübung von »Macht«.* Religiöse Kompetenz kann sich nur allzuleicht mit menschlichen, ja allzumenschlichen Interessen verbünden. Vollmacht für den Menschen kann zur Macht über den Menschen führen. Der Blick in die Religionsgeschichte und auch die Christentumsgeschichte zeigt, wie oft dieser Versuchung nicht widerstanden wurde. Religiöse Macht wurde dann eingesetzt, um weltliche Interessen durchzusetzen, Besitz in Händen der religiösen Führer anzuhäufen, gesellschaftliche Privilegien, Ansehen zu gewinnen. *Die Leutereligion kann zur vorzüglichen Legitimation des Klerikalismus, der »heiligen Herrschaft«* (eine Spielart der »Hier-archie«) *werden.*

Praktisch sieht dies dann so aus, daß sich *Klerikale auf die Wünsche der Leute berufen können, wenn es um ihre Vorrangstellung geht.* Sie halten die Leute für heillos unmündig, wenn autoritäres Handeln kritisiert wird. Weiters: *Sie nützen auch die religiöse Nachfrage, die Wünsche der Leute nach Riten (manchmal schamlos) aus, um ihre eigenen oder die Interessen der Kirche durchzusetzen.* Dann kann eine kirchliche Trauung erzwungen werden, indem man die Taufe eines Kindes davon abhängig macht. Die Trauung wiederum wird von einem ausgedehnten Beeinflussungsvorgang abhängig gemacht, den man Ehevorbereitung nennt und den Kritiker die »Pädagogisierung der Rituale« heißen. Auch »fortschrittliche«, und nicht nur ererbte pastorale Handlungsstile sind von geheimen Durchsetzungswünschen durchzogen. Der Wunsch, mittels zugewiesener religiöser Vollmacht sich und seine Institution »gewaltsam« (durch manipulative Bekehrungsprozesse, durch Strategien erpresserischer »Verweigerung«, durch Arbeitgebermacht), ist als ständig gegenwärtig zu vermuten. Natürlich erliegen ihm nicht alle religiösen Virtuosen. Aber wer steht, sehe zu, daß er nicht falle.

(4) Praktische Auswirkungen des Versorgungsprinzips

Kehren wir nach diesen tieferschürfenden Überlegungen wieder zum pastoralen Alltag zurück. Eine Reihe bekannter Details werden auf ihrem Hintergrund unschwer verständlich:

a. Die so begründete *starke und zentrale Position des Pfarrers* läßt andere Mitglieder der Pfarrgemeinde nicht zum Zug kommen, es sei denn, der Pfarrer teilt ihnen in Notzeiten Aufgaben zu. Sie werden dann seine Helfer und Mitarbeiter. Aber im Grund haben jene Leute recht, die sagen, er solle doch die Kinder taufen und die Leute mit dem Taufgespräch in Ruhe lassen (und wenn er nicht will, würden sie halt zur Nottaufe greifen und er müsse dann die Taufe so zur Kenntnis nehmen). Die Leute haben auch dann recht, wenn sie sagen, der Pfarrer solle selbst die Kinder auf die Erstkommunion und zuvor auf die Ersttaufe vorbereiten und soll es unterlassen, dafür schlechtausgebildete Laien anzulernen. Sie haben auch recht, wenn sie die Firmung der Kinder zu einer Zeit verlangen, wo noch alle »erreicht« werden können. Sie haben recht, wenn sie gegen die Predigt von (hauptamtlichen) Laienmitarbeitern (vor allem von Frauen) sind und die Kommunionausteilung durch sie ablehnen. Denn diese Aufgaben habe der durch die Weihe dem Alltag enthobene Priester wahrzunehmen. Dazu sei der Laie nicht berufen.

b. Klar ist dann aber auch, daß es *eine Katastrophe ist, sobald die Leute, sobald eine Pfarrei keinen solchen Priester mehr hat.* Sind nämlich alle wesentlichen religiösen Wünsche auf den Priester konzentriert, dann muß das religiöse Leben einer Pfarrei zusammenbrechen, sobald es keinen Pfarrer mehr gibt. Ein Laie, auch der gut ausgebildete hauptamtliche Laientheologe, schon gar eine Laientheologin oder Gemeindereferentin ist für die Stillung der religiösen Wünsche der Leute schlicht ungeeignet. Priester sind nur durch Priester ersetzbar: Ein Satz, der in sich völlig richtig, nur in diesem Zusammenhang höchst fragwürdig ist.

X. Die Überwindung des Versorgungsprinzips

Dieses, bei Kirchenmitgliedern und Priestern oft vorfindbare Bewußtsein ist alt. Es ist aber nicht die einzige, und gemessen am Neuen Testament, ist es keine unversehrte Denktradition.
Zwar kann man im Kirchenlexikon des Jahres 1851 (^{2}1884); unter dem Stichwort »Laien« noch lapidar lesen: »Siehe Clerus«. Und dort wird dann schlüssig ausgeführt[68]:

Clerus ist die Bezeichnung für den Stand der christlichen Priester und Cultdiener. Den Gegensatz dazu bilden die Laien; das sind alle jene Christgläubigen, welche nicht zum Clerus gehören. Die Unterscheidung dieser zwei Stände der Kirche ist eine fundamentale [...]
V. Der Cleriker ist berufen, im Dienste der Kirche thätig zu werden; er übernimmt bei seiner Weihe und Anstellung nicht nur eine Reihe verantwortungsvoller Befugnisse, sondern wird auch einer seiner Weihe entsprechenden äußeren Ehre theilhaft. Die *Würde* [Herv. d. Verf.] des Clerikers steht im Verhältniß zu der ihm übertragenen Amtsgewalt. Dogmatisch betrachtet ist die priesterliche Würde die denkbar höchste, eine durchaus eigenartige und wunderbare. Der Priester müßte bei abstracter Betrachtung seiner Würde *nothwendig stolz* [Herv. d. Verf.] werden. Im Individuum wird die Würde gemäßigt einmal durch in der Person gelegene Umstände, dann aber durch das Mehr von Jurisdictionsgewalt, welches andere Cleriker im Vergleich zu ihm genießen [...]
VI. Nicht von den falschen Auffassungen oder der Läugnung der Hierarchie ist schließlich noch zu handeln, vielmehr sind nur die grundsätzlichen Bestreiter des Unterschiedes von Clerus und Laien hier kurz zu erwähnen. Alle jene Secten, deren Kirchenbegriff ein phantastischer, ein ohne Rücksicht auf die historische Einrichtung der kirchlichen Verfassung durch Christus construirter ist, mußten naturgemäß auch die kirchliche Unterscheidung von Clerus und Laien über Bord werfen; so sämmtliche Gnostiker, mit Einschluß der Marcioniten, welche an die Stelle der kirchlichen ihre Unterscheidung zwischen Pneumatikern und Psychikern setzten. In dieser Richtung berühren sich mit den Gnostikern die Montanisten, wie einige Äußerungen Tertullians darthun, so *De exhortat. castitatis c. 7: Nonne et laici sacerdotes sumus?* ... *Differentiam inter ordinem et plebem constituit ecclesia auctoritas et honor per ordinis consessum sanctificatus, adeo ubi ecclesiastici ordinis non est consessus, et offers et tinguis et sacerdos es tibi solus, sed ubi tres, ecclesia est, licet laici* ..., wenn nicht die Worte nur von einem Laiengottesdienst im Falle der Noth zu

verstehen sind. Die Katharer des Mittelalters verwarfen die ganze Verfassung der Kirche. Unter den Reformatoren (über die englische Hochkirche s. d. Art. England; über Calvin s. d. Art.) lehrte vor Allen Luther ein allgemeines Priesterthum, läugnete das amtmäßige Priesterthum, welches die Gewalt der Schlüssel und den Beruf des Opfers habe (Auslegung des 110. Psalmes, 1518; An den christlichen Adel deutscher Nation, 1520, und Von der babylonischen Gefangenschaft, 1520). Daher sahen Luther selbst, wie seine Nachfolger, sich genöthigt, in die Verwaltung des Wortes und der Gnadenmittel Ordnung zu bringen, und führten demnach thatsächlich, wenn auch inconsequent und ohne dogmatische Grundlage, ja dieser zum Trotz, den geistlichen Stand wieder in die neugegründete Kirche ein *(Conf. Aug. a. 5.14 u. Apol. conf. tit. 7)*. An Stelle der kirchlichen Hierarchie trat die staatliche Theokratie. Schwenkfeld (s. d. Art.) lehrte lediglich ein inneres Priesterthum.
Ein Laienpriesterthum kann im Ernste von Niemandem behauptet werden. Es ist ein Zeichen großer Geschmacklosigkeit und exegetischer Verirrung [Herv. d. Verf.] aus 1 Petr. 2,5. 9 *(sacerdotium sanctum ... genus electum, regale sacerdotium, gens sancta, populus acquisitionis)* ein solches construiren zu wollen. Es ist klar, daß hier nur von einem *uneigentlichen, höchstens secundären Priesterthum der Gläubigen die Rede ist* [Herv. d. Verf.], welches die Existenz eines wahren und wirklichen Priesterthums voraussetzt [...]

[R. v. Scherer.]

Doch hat es neben dieser, nach der Reformation in der katholischen Kirche aus antiprotestantischem Affekt heraus verschärften Denktradition immer auch eine andere, viel ältere, in machem verwandte, in entscheidenden Punkten aber doch erheblich unterschiedliche Tradition gegeben.

1. Theologische Momente

(1) Gott ist schon immer am Werk[69]

Ausgangspunkt ist nicht die schlechthin heillose Situation des Menschen, auch wenn wahr bleibt, daß der Mensch von sich aus sich nicht retten und erlösen kann. Aber es wird vorausgesetzt, daß trotz unentrinnbarer Schuld, trotz einer ausweglosen Tradition einer ständig anwachsenden Schuldtradition des Bösen, Gott sich von Anfang an erlösend um den Menschen gekümmert hat. Die konkrete Menschheitsgeschichte ist von Anfang an nicht nur Unheilsgeschichte, sondern noch mehr Heilsgeschichte. Das Paradies wurde nicht nur verloren und verschlossen, sondern durch

Gottes wirksame Sorge um die Menschheit auch wiedergewonnen und eröffnet. In alten Heiligenkalendern stehen daher nicht zufällig am 24. Dezember die Heiligen Adam und Eva. Gottes rettende Gnade hat sich (freilich in Hinblick auf den Retter und Heiland Jesus Christus) von allem Anfang an als siegreich über jeglichen Tod erwiesen.

(2) Gott ist am Werk

Dieses Mühen Gottes um die Menschheit ist nicht an die soziologisch verfaßte Kirche gebunden, auch wenn in ihr das anbrechende Reich Gottes verläßlich anwesend ist[70]. Gottes Geist wirkt, wo er will, also auch außerhalb der sozialen Zäune der Kirche. Wird also ein Säugling einmal nicht getauft, so können Eltern dennoch seine Rettung durch Gott erhoffen. Kommt ein Mensch, vielleicht sogar ein Atheist in Moskau, mit der christlichen Tradition nicht mehr in Berührung, und bleibt er ein Leben lang erklärter Atheist, kann er gerettet werden, insofern das Wahre und Gute in seinem Leben Gottes Gabe an diesen Menschen sind[71]. Dabei verstehen wir Heil und Gnade nicht in erster Linie als Veränderung am Menschen, also als Heiligung, Reinigung und Berufung. Sondern Gnade ist Zuwendung Gottes selbst. Und er schenkt sich, wem er will, nicht nur uns Christen. Gott sei Dank!

(3) Kirche als »Weltsakrament«

Wir lesen heute den alten Satz daher im selben Wortlaut, aber in der anderen Richtung: Aus dem »außerhalb der Kirche ist kein Heil« haben wir, gelehrt durch die Bibel, eingeführt in den tieferen Sinn des allgemeinen Heilswillens Gottes und der zentralen Heilsbedeutung Jesu zu sagen gelernt: Wo immer Heil sich ereignet, und ein Mensch gerettet wird, ist nicht nur Gott am Werk, sondern dort ist im Grund auch »Kirche« (in einem neuen, weiteren Sinn als Gemeinschaft der Geretteten). Die soziologisch sichtbare Kirche, die in Raum und Zeit, Geschichte und Gesellschaft pilgert, erhält damit eine neue Bedeutung, die freilich auch längst in der Bibel und in den Vätertraditionen anzutreffen ist. Neu ist diese Auffassung lediglich gegenüber der versehrten Tradition der letzten Jahrhunderte. Kirche verstehen wir heute als »Weltsakrament«[72]. Sie ist Licht und Salz. Sie erzählt damit der Menschheit, was Gott mit allen vorhat (Licht) und treibt diese Geschichte durch ihr Handeln voran (Salz). So gesehen betreibt Kirche für die Menschen eine Art »Mystagogie«[73]. Sie führt (griechisch *agein*) die Menschen ein in jenes Geheimnis (griechisch *mysterion*), welches das Leben der Menschen immer schon ist, nämlich Gottes Liebesgeschichte mit uns. Dabei ist die entscheidende Erzählung das Leben und Sterben, der Tod und die Auferstehung Jesu selbst. Er veröffentlicht darin die Absicht Gottes mit uns und damit unser aller Schicksal. Wer sich zurückerinnert an Jesu Lebensschicksal, kann sich gleichsam an seine eigene Zukunft, an den Ausgang seines Lebens vorauserinnern, wenn er sich gläubig einbinden läßt in die Schicksalsgemeinschaft mit Jesus, noch mehr, wenn er sich nicht jener rettenden Bewegung der Menschheit verschließt, die in Jesus als einem dieser Menschheit, als dem neuen Adam, schon siegreich ans Ziel gekommen ist[74].

(4) Die einzelnen Sakramente

Die Sakramente in den einzelnen Lebenssituationen sind in konkreter Weise, was grundsätzlich und ursprünglich Jesus und die Kirche sind. Sie erzählen von Gottes Absicht mit dem Menschen und tragen dazu bei, daß diese Absicht im Leben von Menschen vorankommt. So ist zum Beispiel die Taufe eine dankbar-lobpreisende Feier der vorausgehenden Liebe Gottes zu diesem Kind, der es ohne sein Zutun rettet. Kommt dann keine Taufe zustande, dann bleibt – Gott sei Dank für die vielen geretteten Ungetauften – immer noch Gottes rettende Liebe. Es schmeichelt uns Priestern freilich nicht sehr und entmachtet einen unseligen Klerikalismus, wenn wir sagen: Gott ist längst am Werk, bevor (wir) Priester aktiv werden. Dies entlastet (uns) aber auch: Denn wie viele »erreichen« wir nicht? Bei wie vielen sind wir (vermeintlich) erfolglos? Wie vielen versperren wir sogar den Zugang zu Gott? Was kann man gläubigen Eltern Tröstliches sagen, wenn die Kinder plötzlich eigene Wege gehen, als dies, daß Gott »seine« Kinder, die uns anvertraut sind, nicht vergißt. Müssen wir nicht auch sagen, daß Gottes Wort, also was wir verkündigen, gar nicht vernommen werden kann, wenn sich Gott selbst nicht längst im Leben dieses Menschen vernehmlich gemacht hat und das Herz des Menschen »aufgeliebt« hat[75]?

(5) Die vielen Gaben Gottes an die Gemeinde[76]

Von da aus ergibt sich als nächster Schritt nicht die Frage nach dem Priester, sondern die Frage nach der Bedeutung der Berufung einzelner Menschen in die sichtbare Kirche. Der Grund kann nicht mehr allein darin bestehen, daß eben Christen gerettet werden und die anderen verloren gehen. Gerettet werden zweifelsfrei viel mehr Menschen, als es Christen gibt. (144.000 sagt die Geheime Offenbarung, und will mit dieser symbolischen Zahl ausdrücken, daß es unzählbar viele sind, die denkbare Fülle und Vollendung.) Nicht religiösen Konsum, Heilskonsum macht somit einen Christen aus. Nicht das »Rette Deine Seele«, die volksmissionarische Parole aus der Blütezeit der Versorgungskirche, ist typisch für den Christen. Er ist nicht (nur) Heilskonsument, sondern vor allem Heilssakrament. Wie Christen zusammen leben und was sie in der Menschheit, in der Gesellschaft tun, wovon sie verkündigend erzählen, ihre liturgischen Handlungen, ihr Spiel der Befreiten vor Gott, all dies hält allen Menschen in Erinnerung, wie Gott zu uns ist und was er mit uns allen, mit seiner Menschheit vorhat und für uns getan hat: in Jesus, seinem Messias.

Das bedeutet, daß die eigentliche Berufung der Christen nicht die zum Heil (allein) ist. Wir sind berufen, alle erfahren zu lassen, daß Gott aus jeglichem Tod errettet und uns das Leben gönnt. Dieses Zeugnis wird nicht von einzelnen Christen gegeben, sondern von der Gemeinschaft von Christen, von der Kirche und ihren Gemeinden. So gehört zur Berufung des Christen dazu, daß diese Gemeinschaft entsteht, lebendig und handlungsfähig ist. Jeder, der Christ wird, erhält von Gott(es Geist) für diesen Aufbau der Kirche, die Weltsakrament ist, auch seine eigenwillige Fähigkeit, Begabung. Die Bibel preist Gott, weil er seine Kirche überreich in seiner weisen Vorhersicht (»Prädestination«) mit den erforderlichen Begabungen ausgestatet hat (Eph 1). Die Glaubenssprache nennt diese Begabungen mit dem griechichen Wort »Charisma«, und meint damit eben jene Geistesgaben, die jedem Christen geschenkt sind, damit die Kirche als »Licht der Welt« und »Salz der Erde«, also als »Weltsakrament« wächst und handeln kann. Wir sind Christen zum Aufbau der Gemeinde (1 Kor 12), damit jenes Schauspiel vor der Welt inszeniert werden kann, indem alle sich wie im Spiegel erkennen und darin das, was Gott mit seiner Menschheit vorhat.

Hier wird der krasse Unterschied zum »Versorgungsmodell« schon deutlich, auch wenn im Kern noch eine Gemeinsamkeit bestehen bleibt, denn ganz falsch ist das Versorgungmsodell auch nicht.

Aber es nimmt eine Wahrheit heraus und verkürzt sie, zieht daraus die falschen Folgerungen. Diese Wahrheit ist natürlich, daß Gott durch seinen Geist jene »versorgt«, die er in Dienst nimmt, daß er jene zunächst »heilt« und »heiligt«, die er in seine Nachfolge ruft, damit sie an seiner Mühe und Arbeit als »Heiland« der Menschheit teilnehmen. Es ist Gott, der die Menschen begabt, ihnen seinen Geist, sich selbst mitteilt, und damit auch die Fähigkeiten schenkt, die wir Geistesgabe, Charismen, den »Charme seiner Kirche« nennen. Daraus folgt aber eben nicht, daß es also in der Kirche Versorger und Versorgte gibt. Vielmehr sind im Grund zunächst alle Beschenkte, Versorgte, denn anders wird keiner Christ. Und dies ist die Grundlage, daß alle Christen gleich sind an Würde und Aufgabe. Alle sind sie berufen, den Leib der Kirche aufzubauen, dafür zu sorgen, daß durch sie alle das »Weltsakrament« aufgebaut und handlungsfähig wird.

Dabei ist die Grundgabe die Liebe. Ohne diese wäre der Christ nichts. Denn nur in der Liebe wird anschaulich, was Gott für uns Menschen ist: reine, bedingungslose Liebe, die durch nichts zu erschüttern ist. Man kann auch sagen, daß Mitmenschlichkeit diese Grundbegabung ist, weil in ihr (wie schon in der Mitmenschlichkeit Jesu) die Menschenfreundlichkeit Gottes »sakramental« anschaulich und wirksam wurde. Daher ist eine unmenschliche Kirche, sind unmenschliche Christen »nichts« (vgl. 1 Kor. 13), auch wenn wir sonst noch soviele Begabungen hätten, fromm wären, in Engelszungen redeten und Berge versetzten.

Auf dieser Grundbegabung ruhen dann aber weitere Einzelgaben auf. Darin unterscheiden sich nun die verschiedenen Christen. Dabei ist wichtig, daß es für das Neue Testament keineswegs nur zwei Gruppen von Charismen gibt, Laien und Kleriker, die einen unten, die anderen oben. Vielmehr nennt die Bibel die Christen untereinander zunächst »Brüder« und keiner soll sich Meister nennen, denn nur einer ist unser Meister, und keiner soll sich »Vater« (Pater, Papst) nennen, denn nur einer ist unser Vater, Gott im Himmel (Mt 23,9). Die zusätzlichen Begabungen gibt es somit nicht, damit die einen oben und die anderen untergeordnet sind. Sie begründen keinerlei »heilige Herrschaft« (ein Wort, das sich aus den beiden griechischen Wörtern *hieros*=heilig und *arche* =Herrschaft) zusammensetzt. Diese zusätzlichen Begabungen sind sehr verschieden, und allesamt sind es Gaben, damit die Gemeinde der Christen entsteht, lebt und arbeitet. Der berühmte Text im 12. Kapitel des ersten Korintherbriefes zählt einige dieser Charismen auf:

falsch zitiert

»Es gibt verschiedene Gnadengaben, aber nur den einen Geist.
Es gibt verschiedene Dienste, aber nur den einen Herrn.
Es gibt verschiedene Kräfte, die wirken, aber nur den einen Gott: Er bewirkt alles in allen.
Jedem aber wird die Offenbarung des Geistes geschenkt, damit sie anderen nützt.
Dem einen wird vom Geist die Gabe geschenkt, Weisheit mitzuteilen,
dem andern durch den gleichen Geist die Gabe, Erkenntnis zu vermitteln,
dem dritten im gleichen Geist Glaubenskraft,
einem anderen – immer in dem einen Geist – die Gabe, Krankheiten zu heilen,
einem andern Wunderkräfte,
einem anderen prophetisches Reden,
einem andern die Fähigkeit, die Geister zu unterscheiden,
wieder einem andern verschiedene Arten von Zungenrede,
einem andern schließlich die Gabe, sie zu deuten.
Das alles bewirkt ein und derselbe Geist;
einem jeden teilt er seine besondere Gabe zu, wie er will.
[...]
So hat Gott in der Kirche die einen als Apostel eingesetzt,
die andern als Propheten,
die dritten als Lehrer;
ferner verlieh er die Kraft, Wunder zu tun,
sodann die Gaben, Krankheiten zu heilen,
zu helfen,
zu leiten,
endlich die verschiedenen Arten von Zungenrede.
Sind etwa alle Apostel,
alle Propheten,
alle Lehrer?
Haben alle die Kraft, Wunder zu tun?
Besitzen alle die Gabe, Krankheiten zu heilen?
Reden alle in Zungen,
Können alle solches Reden auslegen?«
(1 Kor 12,4–11; 28–30).

(6) Die Gabe des Gemeindepriesters[77]

In der Aufzählung der verschiedenen Fähigkeiten für die christliche Gemeinde kommt auch die Gabe »zu leiten« vor. Damit wird angedeutet, daß es unter den Gemeindemitgliedern einen Christen gibt, der eine *besondere Fähigkeit für den Zusammenhalt der Gemeinde hat.* Vermutlich haben wir hier einen unter mehreren Ansätzen für den »Priester« vor uns, den das Neue Testament aus Achtung vor dem einzigartigen Priesteramt Jesu sich zunächst scheute, Priester zu nennen, sondern den man *presbyter,* Ältesten nannte. Der »Priester« ist somit keineswegs der einzige, der mit Aufgaben ausgestattet ist. *Er allein kann nie Kirche sein,* nicht Gemeinde lebendig machen. Gibt es nicht die vielen Geistgaben, dann ist auch seine Fähigkeit umsonst, hinfällig. Da ist dann eben nichts zu leiten, wenn niemand arbeitet. Das Gemeinde-Priesteramt ist sinnlos, wenn es nicht in der Gemeinde (in der Kirche) ausgeübt wird. Daher ist auch das Wort von der Amtskirche ein theologischer Unsinn, wenn es unterstellt, es gäbe schon allein durch das Amt eine Kirche. Es gibt lediglich ein Amt in und für die Kirche. Die landläufige Gleichsetzung von Kirche und Priester ist daher eher ein Hinweis auf heidnisch-allgemein religiöse Verhältnisse, nicht aber auf das Neue Testament.
Halten wir fest: Die Begabung, das Charisma des Amtsträgers ist schon eine *zusätzliche Begabung*. Es kann keiner Priester werden, wenn er nicht lebendiger Christ ist, wie eben die anderen auch. Und dies kann er nur zusammen mit anderen Christen sein, also wenn er eingegliedert ist in die Gemeinde der Glaubenden. Daraus folgt, daß vieles, was er christlich lebt und tut, Kirche aufbaut und lebendig macht: also genau das ist, wozu die Christen allesamt berufen sind, also glaubt, hofft, liebt, betet, zum Gottesdienst zusammenkommt (muß er immer vorstehen?), sich um Arme kümmert, von seinem Glauben und auch Unglauben erzählt. *So gesehen ist vieles, was ein Priester in einer Gemeinde tut, gar nicht typisch »priesterlich« (im engeren Wortsinn). Deshalb kann Augustinus,* Bischof von Hippo in Nordafrika, erleichtert sagen: »Wo mich erschreckt, was ich für euch bin, da tröstet mich, was ich mit euch bin. Für euch bin ich Bischof, mit euch bin ich Christ. Jenes bezeichnet das Amt, dieses die Gnade. Jenes die Gefahr, dieses das Heil.«
Könnte es nicht gar sein, daß heute Gemeindepriester weithin für jene Arbeiten bezahlt werden, die ebenso gut von anderen Gemeindemitgliedern wahrgenommen werden könnten, dafür aber vielleicht zu wenig Zeit neben Familie und Beruf aufbringen

können: während aber eben der Priester, von Familie, weltlichem Beruf freigezahlt, mehr Zeit hat. Denke ich an meine Kaplansjahre, bin ich in dieser Vermutung ziemlich sicher.

Was macht aber dann den Priester aus, wenn schon alle für das Leben und Tun der Christengemeinde verantwortlich sind und daran mitzuarbeiten berufen sind? Diese heute intensiv diskutierte Frage ist deshalb schwer zu beantworten, weil es offenbar *im Neuen Testament und in der folgenden Pastoralgeschichte sehr unterschiedlich ausgeformte »Priester« gibt.* So ist das Apostelamt des Paulus zum Beispiel recht verschieden vom Presbyter, der nach der Gründungsphase der Gemeinde dieser vorsteht und um ihre innere Einheit sorgt. Dieses Amt sieht praktisch wieder ziemlich verändert aus, wenn alle Bürger eines Volkes Christen sein müssen (weil dies gesetzlich verordnet ist), die Pfarreien bestens organisiert und das alltägliche Leben durch kulturelle Selbstverständlichkeit und notfalls durch Gesetze geschützt ist. Priester ist hier eher mit dem »Vollzug« christlichen Lebens beschäftigt, der Predigt, noch mehr mit der Liturgie und den Sakramenten. Das *II. Vatikanische Konzil* hat, offenbar wegen der neuen, veränderten pastoralen Situation, die Verkündigung des Wortes als wichtige Aufgabe der Priester betont[78]. Dies versteht sich von selbst in einer Gesellschaft, in der die Lebendigkeit des Glaubens bedroht ist, Gemeinden zerbröckeln und schrumpfen, und die Christlichkeit der Leute offensichtlich auf ein Mindestmaß religiöser Bedürfnisse absinkt. In einer solchen Zeit haben Sakramente als Sakramente des Glaubens nur einen Sinn, wenn sie in einen längeren Vorgang der Glaubensweckung eingebunden sind. Aber eben daran haben die Laien zurecht mitzuwirken begonnen: nicht, um dem Priester Arbeit abzunehmen, sondern um ihrer (höchstens delegierbaren) eigenen Berufung gerecht zu werden[79]. So wird man heute lediglich die Frage stellen, was sind die von der heutigen pastoralen Situation erforderlichen Aufgaben eines Gemeindepriesters, wobei daneben auch an andere Ausformungen von priesterlichem Amt gedacht wird (ich selbst bin daher eine Art »Wanderpriester«).

Grundsätzlich gibt es das Amt und die amtliche Sendung in der Kirche, *damit in ihr nicht vergessen wird, daß sie von Christus her existiert und er die innere Mitte der Seinen ist, ihr Haupt, ihr Herr. Das Amt verhindert, daß eine Gemeinde von Christen zu einer selbst organisierten Vereinigung religiös Begabter und Bedürftiger wird, eine Art religiöser Bedürfnisanstalt.*

Das ergibt – schon konkreter gesagt – eine erste Aufgabe, nämlich *Gemeinden zu gründen.* Für viele ist diese Aufgabe weithin in den

Hintergrund gerückt, weil die Gemeinden ja bestehen. Aber wächst nicht stets eine neue Generation nach? Und sind unsere Pfarreien wirklich christliche Gemeinden oder für viele Kirchenmitglieder nicht doch mehr Service-Stellen zur Befriedigung religiöser Wünsche in wichtigen Situationen ihres Lebens (was ja in sich nicht schlecht ist, aber doch vom Christentum unterscheidbar ist)? Wer die pastorale Situation auch bei uns im alten und müden Europa kennt, sieht immer deutlicher die Aufgabe nach einer Missionierung unseres Volkes und unserer Kirchengemeinden. *Wir haben zwar viele Katholiken (und Protestanten), aber gibt es ebenso viele Christen?* Der Glaube aber kommt vom Hören auf Verkündiger, die als Freudenboten vom Herrn der Kirche als Diener des Glaubens gesandt sind (vgl. Röm 10,14f.).
Gibt es dann glaubende Gemeinden, verlagert sich auch der Akzent priesterlicher Arbeit in der Gemeinde. Immer aber ist das Grundthema dasselbe: *Verwurzelung der Gemeinde in Jesus, dem Haupt der Gemeinde, oder anders ausgedrückt, amtliche Sorge um die innere Einheit der Gemeinde.* Insofern ist das Priesteramt ein *geistliches Einheitsamt*[80].
Dies drückt sich aus als Sorge um die Einheit im Raum und in der Zeit. (Man spricht auch in der heutigen Diskussion von der synchronen und diachronen Einheit.)

a. Einheit in der Zeit

Zunächst ist die *Verwurzelung der Christen im Glauben,* damit in Jesus als dem Grund der Kirchengemeinde, Teil priesterlicher Sorge. Seine Aufgabe ist es, daß die Verbindung zum Ursprung nicht reißt, innerlich also zu Jesu Geist, äußerlich zur unversehrt überlieferten lebendigen Tradition der einen christlichen Kirche. Dies geschieht in der amtlichen Verkündigung von der Hoffnung, sie gründet in der Überwindung des Todes in Jesu Auferstehung. Damit ist nicht gesagt, daß er allein verkündigt oder predigt. Einheit in der Zeit, in der Tradition, drückt sich auch aus in der amtlichen Verantwortung dafür, daß jene, die in der Gemeinde das Wort ergreifen, im Grunde sagen: »Jesus ist der Herr«, also das Evangelium nicht entstellen, verwässern, bürgerlich anpassen, dadurch verkürzen, indem das verschwiegen wird, was schmerzt, weil es Umkehr fordert.

b. Einheit im Raum

Daß die Kirchengemeinde nicht eine selbstorganisierte Vereinigung religiös besonders Begabter und Bedürftiger ist, sondern die Sammlung und Sendung der von Jesus Berufenen, drückt sich auch darin aus, daß einer *Jesus als Haupt der Gemeinde »symbolisch (re)präsentiert«.* Jesus, der als Auferstandener der Erfahrung in Raum und Zeit, Geschichte und Gesellschaft entzogen ist, wird (als Haupt seiner Gemeinde!) in Raum und Zeit wieder zur Darstellung gebracht:

• Dies geschieht in der *Leitung der Gemeinde,* wobei hier die innere Leitung (und nicht die organisatorische im Sinn einer soziologischen Bezugsperson) gemeint ist: (Das kann jemand anderer sein und dies ist auch in vielen Gemeinden längst der Fall: Ich denke an einen Priester, der hauptamtlich ein Seelsorgeamt leitet, aber nebenberuflich Gemeindevorsteher ist; die Arbeit als Bezugsperson aber macht eine Gemeindereferentin!). Leitung meint hier, Verbindung der Gemeindemitglieder in Jesus, dem Herrn, lebendig zu erhalten und sie darin zu einen. Natürlich liegt es nahe, daß sich diese geistliche Leitung auch in der Gemeindevorstehung soziologisch ausdrückt. Zwingend notwendig scheint dies aber nicht zu sein. Man kann sich denken, daß das geistliche Einheitsamt und das soziologische in bestimmten Situationen voneinander auch getrennt werden können. Solches kann tatsächlich in Notzeiten geschehen, wenn die Gemeinde ihres eigenen Priesters entbehrt, wohl aber einen Christen haben, der sie zusammenhält und die Aufgaben koordiniert (also Bezugsperson ist). Dabei bleibt *der Mangel am Priester ein theologisch unmöglicher Zustand,* gemessen an der Erfahrung der ersten Christengenerationen, daß Gott seine Gemeinde mit allen erforderlichen Charismen (also auch jenem des Amtes) überreich ausgestattet hat. Fehlen dann Priester in den Gemeinden, dann kann dies in der Logik des Neuen Testamentes nur zwei Ursachen haben: *Entweder sind diese Gemeinden kaum noch christlich* (indem der Glaube verdunstet, verbürgerlicht angepaßt und verwässert ist, degeneriert zu einem verständlichen religiösen Bedürfnis), oder die *Gemeinden und ihre Verantwortlichen sind nicht in der Lage, die vorhandenen Amtsberufungen zu entdecken und öffentlich anzuerkennen.* Nicht auf der Linie dieser Logik liegt es, alle »nichtpriesterlichen Bezugspersonen«, die wir als »praktische Gemeindeleiter« beauftragen, unbesehen zu Diakonen zu weihen.

• Dieses Amt der Einheit im Raum wird vor allem in der *Feier der Eucharistie* wahrgenommen. Hier stellt sich Kirche in der denkbar dichtesten Form dar. Hier sind die Glaubenden um ihren Herrn feierlich versammelt, er ist mitten unter uns, sein Tod und sein Auferstehen sind sakramental, also in real symbolisierenden Gaben und Handlungen wirklich da. Es wird in einem höchst dramatischen Spiel sein Tod und sein Auferstehen so intensiv dargestellt, daß wir wirklich in Jesu Leben hineingezogen werden, so daß die erzählende und spielerische Erinnerung zurück an Jesu Schicksal zur Erinnerung an unsere eigene Zukunft, an unser Sterben und Auferstehen wird, welche so in unser Leben hereingezogen wird. Dieses spielerische Tun (in dem wirklich geschieht, was dargestellt wird) verlangt nach einer Person aus der Gemeinde, welche die Rolle Jesu übernimmt, also *»an Christi Statt«* (2 Kor. 5,20) steht und ihn so zeichenhaft, sakramental vergegenwärtigt. Dies macht nicht den Priester zum Christus, sondern er »leiht nur seine Person«, spricht die Worte Jesu, steht der Feier vor, damit deutlich bleibt, daß Jesus der Herr ist. Ähnlich ist es beim *Sakrament der Wiederversöhnung* eines Christen, der durch schwere Schuld die lebendige Einheit mit dem einen Leib Christi verloren hat. Wiederum wird ihm (die vielleicht schon längst gewährte Vergebung durch Gott) nunmehr leibhaftig, sinnenfällig, in einer dankbaren Feier der (zumeist auf Priester und Beichtenden geschrumpften) Gemeinde hörbar auf den Kopf zugesagt. Es ist sinnvollerweise wiederum der »Priester«, der in diesem verdichteten Tun der Kirche »an Christi Statt« das Wort der Versöhnung spricht (2 Kor 5,20). Wichtig ist hier, daß es keineswegs auf die Spendung Sakramente als alleinige Gnadenmittel ankommt. Vielmehr wird in diesen dichten Vorgängen kirchlichen Lebens etwas leibhaftig-sozial dargestellt, was zwischen Gott und dem Menschen in Jesus Christus geschieht.

• Dazu kommt, daß diese einheitsdarstellende und -stiftende Aufgabe keineswegs in der Messe und in der Beichte vorkommt. Der Priester hält in seinem Amt auch in Erinnerung, daß diese eine Gemeinde in *Verbindung steht mit den anderen Christengemeinden,* mit der ganzen Kirche also, die ihrerseits wieder im einen Bischof seinen Ausdruck hat[81].

Nicht Aufgabe des Priesters ist es daher, alles zu tun und zu verantworten. Zwar arbeitet er am Aufbau der Gemeinde mit, aber in dieser Hinsicht ist er nicht mehr und nicht weniger als die anderen Mitchristen auch. Deshalb sagen wir theoretisch, daß »Träger der Pastoral« die Gemeinde und damit alle Christen sind, nicht nur der Priester. Und wenn es dann noch sinnvollerweise den Begriff der »Mitarbeiter« gibt, dann sind es *Mitarbeiter der Gemeinde,* und nicht der Priester. Auch ist nicht die Gemeinde für den Priester da, sondern der Priester für die Gemeinde; daher dient das priesterliche Amt nicht einem privaten Priestersein, sondern ist Gemeindedienst. Auch der Priester ist Mitarbeiter der Gemeinde, in der eben skizzierten eigenwilligen Weise, die ihn in einigen Momenten seiner Arbeit so der Gemeinde gegenüber-

stellt, wie eben auch das Haupt dem Leib gegenüber steht, aber eben nicht von ihm trennt.
Schon gar nicht gestattet diese Auffassung des Priesters eine Über- und Unterordnung. Der Satz, »die Laien müssen dem Priester gehorchen, weil er Mittler zwischen Gott und den Menschen ist«, von einem guten Drittel der Priester in Österreich im Jahre 1971 voll gutgeheißen, ist nicht nur theologisch falsch, denn nur einer ist unser Mittler, Jesus, sondern auch eine häretische Verformung und Verspottung der Beziehung Jesu zu seiner Gemeinde, welche nicht in Herrschaft, sondern im Dienst, in der Preisgabe seines Lebens in den Tod hinein bestand.

2. Die Überwindung des Priestermangels

Von da aus wird klar, daß eine solche Gemeinde in einer völlig andersartigen Situation angetroffen wird, wenn es zu wenig Priester gibt und eines Tages kein Priester mehr am Ort ist.

(1) Revitalisierung des Glaubens

Eine Gemeinde, die nicht mehr versorgt werden muß, wird dann zunächst das Fehlen eines Priesters aufmerksam wahrnehmen.Sie wird sich fragen, warum es zu wenig Priester gibt, wenn doch Gott seine gläubige Gemeinde mit allen Gaben beschenkt, die für sie erforderlich sind. Sie werden sich fragen, ob sie vielleicht zu bürgerlich geworden sind? Ob das Evangelium einen »katastrophalen Mangel an Folgen«[82] in ihrem Leben erleidet? Ob die Christen zu sehr angepaßt sind an das verarmte gesellschaftliche Bewußtsein und die vorhandenen Strukturen gesellschaftlichen Lebens[83]? Ob das Salz schal geworden ist? Ob nicht insgeheim der christliche Glaube zu einem Vorgang privater Sicherung zumal weltlicher Güter, wie Treue, Überleben in Sterbefällen, wie Wohlstand und Eigentum, wie Macht- und Besitzverhältnisse geworden ist. Ob vergessen wurde, daß wir Christen eine Berufung für alle haben, die »wie ein Zwang« (1 Kor 9,16) auf uns liegt, und der wir uns nur unter schuldhafter Verweigerung gegenüber Gott, der uns beruft, entziehen können. Solche Christengemeinden werden somit radikal nach ihrem Glauben und seiner Lebendigkeit fragen und anfangen, umzukehren.
Sie werden zudem fragen, ob nicht Gott insgeheim aus ihrem Leben ausgeblendet oder zumindest umgedeutet wurde, weil auch

wir Christen der geheimen Verführung erlegen sind, rastlos zu raffen und zu schaffen, weil auch wir das gesellschaftlich etablierte Karussell von kaufen, verbrauchen und wieder kaufen und dem angekettet das Karussell von leisten, erholen und wieder leisten bestiegen haben, und dabei blind (gemacht, also verblendet) sind gegenüber dem, was Gott mit uns vorhat, sondern uns vielmehr dem beugen, was man gesellschaftlich aus uns Menschen macht: geheimnisleere Bündel steuer- und befriedigbarer Bedürfnisse. Solche Christen werden gemeinsam den alten Text aus der Geheimen Offenbarung lesen, der vielen mitteleuropäischen, zumal bundesdeutschen Christengemeinden wie vom Engel in ihre Pfarrchronik geschrieben erscheint:

> »Du behauptest: Ich bin reich und wohlhabend, und nichts fehlt mir. Du weißt aber nicht, daß gerade du elend und erbärmlich bist, arm, blind und nackt.
> Darum rate ich dir: kaufe von mir Gold, das im Feuer geläutert ist, damit du reich wirst; und kaufe von mir weiße Kleider, und zieh sie an, damit du nicht nackt dastehst und dich schämen mußt; und kaufe Salbe für deine Augen, damit du sehen kannst. Wen ich liebe, den weise ich zurecht und nehme ihn in Zucht. Mach also Ernst, und kehr um!
> Ich stehe vor der Tür und klopfe an. Wer meine Stimme hört und die Tür öffnet, bei dem werde ich eintreten und wir werden Mahl halten, ich mit ihm und er mit mir« (Offb 3,17–20).

Daß solche Umkehr vorankommt, wird daran deutlich, daß der Glaube »leibhaftig« wird, also Folgen hat für den Umgang mit menschlichen Grundwünschen, wie dem Wunsch nach Zuwendung und Sexualität, dem Wunsch nach Macht, Freiheit und Beweglichkeit, dem Wunsch nach Armut und Besitz. Die alten evangelischen Räte werden in vielfältiger Weise wieder das Leben aller Christen prägen. Der Tendenz nach werden sich die Christen nicht mehr seßhaft, also ungläubig in diesen Gütern einrichten, auch wenn sie Ehe, Macht und Besitz dankbar als Gaben Gottes annehmen. Weil sie aber erfahren, daß die endlichen Güter die unendlichen Wünsche des Menschen nach einem Namen, nach entgrenzter Freiheit und nach letzter Beheimatung gar nicht erfüllen können, sondern daß die kleinen Momente der Erfüllung in diesem Leben bestenfalls Spuren gelungenen Lebens sind, die uns eine Ahnung geben von einer Erfüllung durch Gott, die im Anbrechen ist und zugleich noch als verheißene aussteht, weil sie also gläubig jetzt schon ihr Leben in Gott verwurzelt und hoffen,

daß er ihren Namen nie mehr vergißt, ihre Freiheit grenzenlos ausweiten und ihren Wunsch nach Heimat erfüllen wird, deshalb lernen sie liebend-verschwenderisch mit den endlichen Gütern so umzugehen, daß viele leben können und anfangen, Gott zu preisen, der allen das Leben gönnt, die er erschaffen hat. Sie werden also der Tendenz nach »ehelos«, »gehorsam« und »arm« sein, auch jene, die in Ehe leben, weil sie zusammen offen sind für andere; die Macht haben, weil sie ihre Autorität so ins Spiel bringen, daß für andere Leben aufkommt und vorfindbare Lebenszerstörung eingedämmt wird; die arm sind, weil sie bereit sind, die begrenzten Mittel dieser Erde für alle bereitzuhalten. Auf diesem Weg der mystisch-gläubigen Verwurzelung in Gott, der Zukunft und Leben für uns ist, in dem unser Hunger nach ganzem, unzerstückeltem Leben aufgehoben ist, entsteht nicht allein eine neue, radikale christliche private Lebenskultur, sondern zugleich eine neue Aufmerksamkeit gegen jene Lebensgesetze unserer Welt, die Gottes Lebensabsicht für alle zynisch durchkreuzen.
Ist aber einmal ein solcher alltäglicher leibhaftiger Glaube[84] im Aufbrechen, dann wird es wahrscheinlich auch in den Gemeinden von morgen wieder Menschen geben, die inmitten der Gemeinde (oder auch in eigenen Gemeinschaften) in verrückt-zugespitzter Weise, in der Art prophetischer Symbole, leben, also wirklich ehelos, machtlos und besitzlos. Diese Menschen und ihr Leben in den »Losigkeiten« verachtet nicht die tiefen Sehnsüchte des Menschen nach einem Namen, nach schöpferischer Mächtigkeit, nach Verwurzelung. Sie verachtet auch nicht die menschlichen Erlebnisse, in denen diese Sehnsüchte eine momenthafte Erfüllung finden, Momente, die aber scheitern, also vergehen, und in Erinnerung halten, daß der Wunsch, die Sehnsucht größer ist als jede nur denkbare endliche »Stillung«, Beruhigung. Sie sind Menschen, welche die Sehnsucht offen halten, endliche Erfüllung zurückstellen, und dies in einer Weise, die andere den Kopf schütteln und fragen lassen, warum sie das machen. Und sie werden dann erzählen, damit nicht in Vergessenheit gerät, daß die wahre Erfüllung der tiefen Sehnsucht unseres Herzens Gott selbst ist, und wir uns nicht seßhaft machen in den Oasen des vergänglichen Lebens, sondern unterwegs bleiben auf jenen Gott hin, von dem unser Leben kommt und in den wir hineingeboren werden am Ende der Tage.
Es könnte dann durchaus sein, wenn aus vitalem Glauben heraus ein neues Verständnis für eine Lebenskultur nach den evangelischen Räten in den Gemeinden auftaucht, daß sich Menschen finden, die ihre Berufung, »Heilssakrament« mit anderen zusam-

men, auch in der zugespitzten Form der »Losigkeiten«, also der Machtlosigkeit, der Besitzlosigkeit und der Ehelosigkeit leben wollen. Tritt dies ein, dann wird man morgen vielleicht auch wieder genug ehelose Priester haben: Freilich Priester nicht im Rahmen einer klerikalen Versorgungskirche (Kandidaten dafür tummeln sich heute in beunruhigender Weise in den Priesterseminaren), sondern Priester im Sinn des Neuen Testaments, die mit anderen zunächst Christen sind, also mit anderen zusammen christlich leben, und in der Mitte der Mitchristen ihren priesterlichen Dienst ausüben.

Eine Garantie dafür gibt es allerdings nicht, daß Gott morgen genug (junge) Christen zum prophetischen Leben der »Losigkeiten« *und zugleich* zum priesterlichen Dienst beruft. Es wäre ja wünschenswert für die Kirche, gäbe es viele »lose« Lebende, ohne diese (Männer) immer auch zu Priestern zu weihen oder daraus Mönche und Ordensleute zu machen. Es wäre wünschenswert, gäbe es viele Gemeindemitglieder, die in Freiheit ein Leben der »Losigkeiten« inmitten der Gemeinde wählen und dort auch als Dienst an der Gemeinde leben: Damit in der Gemeinde die Menschen nicht »seßhaft«-ungläubig werden, sich einrichten und somit das Salz schal wird.

(2) Andere Priester aus erneuerten Gemeinden

In diesem Fall, daß die künftig auch ehelos lebenden Gemeindemitglieder keine Berufung zum Priesteramt vernehmen, stelle ich mir in meiner pastoralen Phantasie vor[85], daß eine Gemeinde, die sich nicht mehr versorgen lassen muß, sich auf die Suche nach lebendigen Christen macht, die in der Lage wären, also die Gabe haben, den priesterlichen Dienst zu erfüllen. So könnte es dann geschehen, daß Abordnungen aus Gemeinden ohne Priester am Ort zum Bischof kommen, die das auch den anderen Bischöfen und dem Papst weitererzählen, und sagen: Du, Bischof, hast für uns keinen Priester. Das ist aber weiter nicht tragisch. Denn in langem Beten und Suchen haben wir einen Menschen gefunden, der zweifelsfrei ein gläubiger Christ und fähig für das priesterliche Dienstamt ist. Wir haben auch dafür gesorgt, daß er seine Fähigkeiten in ausreichendem Maße entwickelt hat, was Du nachprüfen kannst. Nun bitten wir Dich, stimme zu, daß dieser in unserer Gemeinde als Priester anerkannt ist, lege ihm zum Zeichen dafür mit anderen Priestern benachbarter Gemeinden die Hände auf.

Und wenn man die pastorale Phantasie auf die Spitze treiben will – worauf es mir aber hier nicht ankommt –, dann fällt einem ein, daß diese Person nicht nur ein verheirateter Mann sein kann, sondern auch eine Frau, vielleicht eine Ordensfrau, aber auch eine unverheiratete oder verheiratete. Worauf es uns hier aber ankommt, ist, daß ein solches Bedenken der überlieferten Zulassungskriterien zum priesterlichen Amt nicht mehr allein von der Kirchenleitung und von theologischen Experten (und manchmal auch zölibatsenttäuschten Priestern) geschieht, sondern die unmittelbar betroffenen Christengemeinden selbst sich daran beteiligen. Daran kann man erkennen, daß das Versorgungsprinzip wirklich überwunden ist.

Aber nicht nur die Art und Weise, wie Priesteramtskandidaten von den betroffenen Gemeinden (mit-)gesucht werden, ist typisch für die wirkliche Überwindung des Versorgungsprinzips. Noch wichtiger ist, daß es sich um »andere Priester« handelt als wir sie jetzt in der Zeit der Versorgungskirche gewöhnt sind.

Ich rufe an einem konkreten Text aus einem Pfarrblatt noch einmal plastisch das alte Priesterbild in Erinnerung. Dabei ist der Kontext die eben erfolgte Wahl des neuen Pfarrgemeinderates.

»Liebe Gemeinde,

etwa 7% der Pfarrgemeindemitglieder (3377), nämlich 285, haben den neuen Pfarrgemeinderat gewählt. Das ist ein verschwindend kleiner Prozentsatz. Weit unter der Hälfte der Besucher des Gottesdienstes am Sonntag haben ihre Stimme abgegeben.

Haben auch die Vielen indirekt gewählt, die ihre Stimme nicht abgegeben haben? Sind sehr viele – Pfarrgemeindemitglieder gegen die Existenz eines Pfarrgemeinderates? –

Ein Pastor braucht die Hilfe von Laien in der Gemeinde. Er braucht den Rat und die Mithilfe des Kirchenvorstandes und des Pfarrgemeinderates. Falsch ist allerdings, was am Freitag, 6. Nov. '81 in der »Rundschau« zu lesen war:

›Viele Jahrhunderte waren die Priester die treibende Kraft, eigenverantwortlich, auf sich allein gestellt. Das II. Vatikanische Konzil hat die Kompetenzen in wesentlichen Punkten geändert.‹

Die katholische Kirche würde aufhören *katholisch* zu sein, wenn nicht mehr ganz klar wäre, daß der vom Bischof geschickte Hirte (Pastor) als »verlängerter Arm« des Bischofs die Leitung der Pfarrei innehat. Daher kann es im Prinzip keine Verschiebung der »Kompetenzen« geben. Man sollte daher auch besser nicht vom

Vorsitzenden des Pfarrgemeinderats sprechen, sondern von seinem Sprecher.
Dem neuen Pfarrgemeinderat wünsche ich gute Ideen für die Mitarbeit in der Pfarrei und frischen Mut bei der Arbeit.

Mit freundlichen Grüßen,
Ihr G. R.«

Das ist der klassische Pfarrer des Versorgungsprinzips. Kompetent (oder sollte man dafür ein stärkeres Wort suchen?) ist er, und diese Kompetenz hat nichts mit der Gemeinde zu tun. Sie kommt von draußen, vom Bischof. Laien braucht er als Mitarbeiter. Auch Rat schadet nichts, wenn es »gute Ideen« sind, und ob sie gut sind, bestimmt natürlich er. Daß der Pfarrgemeinderat nicht viel bedeutet, als daß er unverbindlich berät, und dies einer »spricht«, untermauert er im übrigen auch mit der Wahlbeteiligung. Im Klartext heißt dies an die Adresse des Pfarrgemeinderates (dem er als Außenstehender gute Ideen und frischen Mut bei der Arbeit wünscht: das wirkt auf den Leser nahezu zynisch), daß er sowieso keine Leute hinter sich hat, lediglich sieben Prozent. Die Nichtwähler bescheinigen dem Pfarrgemeinderat vielmehr, daß sie ihn gar nicht wollen: Was natürlich in erster Linie die projizierte Wunschvorstellung des Pfarrers ist.
Solche Priester werden dann, wenn die Gemeinden nicht mehr versorgt werden müssen, sondern sorgende Gemeinden geworden sind, entweder nicht mehr zu erwarten sein oder aber nicht mehr arbeiten können (was wirklich kein Schaden ist). Vielmehr werden die für diese Gemeinde erwünschten Priester in erster Linie zunächst mit den anderen Pfarreimitgliedern Christen sein. Sie werden glauben, hoffen und lieben, sich um die größte aller Gnadengaben mühen, die Liebe; sie werden mit anderen auf Gottes Wort hinhören, wie andere Sakramente empfangen, mit anderen beten und Gottesdienst feiern, wobei sie keineswegs jedem Gottesdienst vorzustehen brauchen, sondern dies vorwiegend auf die Eucharistiefeier zutrifft. »Mit euch bin ich Christ«. Davon lebt ihre »Identität« in erster Linie. Eingebunden in dieses Christsein werden sie ihr priesterliches »Zusatz-Charisma« für die Gemeinde erfüllen, damit diese aus ihrem Herrn lebt, diesen und sein Wort nicht vergißt oder dieses zum eigenen Nutzen verbiegt, damit Jesus als Haupt der Seinen auch in verdichteten Vorgängen des kirchlichen Lebens leibhaftig-symbolisch anwesend ist: im Vorsitzenden der Eucharistie oder in der Feier der Vergebung, damit einer »an Christi Statt« spricht, versöhnt, heilt, also Christi

Wort, Versöhnung und heilendes Tun hörbar und in diesen Handlungen anschaulich macht, was eben die Gemeinde als ganze ist, die um Jesus als das Haupt versammelte Gemeinde, die dazu lebt und wirkt, damit alle Menschen in Erinnerung behalten, was Gott mit allen vorhat.

Ob später ein solcher Priester auch für sein Amt bezahlt wird? Oder ob die knapp werdenden Mittel für andere Dienste in der Gemeinde verwendet werden, eine Krankenschwester, einen Jugendpfleger, eine Katechetin? Dies ist durchaus denkbar. Vor allem dann, wenn einem klar geworden ist, daß zur Zeit die Priester vornehmlich für jene Gemeinde-Arbeit bezahlt werden, die ihnen die Laien übertragen haben bzw. die sie den Laien vorenthalten. Sobald aber viele Gemeindemitglieder ehrenamtlich (und eben einzelne auch hauptamtlich) »ihre Aufgaben« (und nicht vom Priester »delegierte!«) selbst übernehmen, genügt es, wenn Priester ehrenamtlich an der Arbeit aller mitmachen (weil es eben zunächst Christen sind) und ihre priesterliche Zusatzaufgabe nebenberuflich wahrnehmen.

In diesem Zusammenhang mag dann auch weiter geprüft werden, wo der Priester dann seine »Heimat« findet: in einem gemeindefernen Presbyterium, wo man sich vor den Laien schützt, vor ihnen zurückzieht, eine eigene Spiritualität als Priester entwickelt und darin das Priestersein pflegt? Oder ist die spirituelle »Heimat« eben nicht doch die lebendige Gemeinschaft der Christen, mit denen er zunächst Christ ist, mit ihnen zusammen »subjektive Entdeckungen« des einen gemeinsamen Glaubens macht[86], mit ihnen betet und arbeitet, sich über die spirituelle Formung seines Dienstes in der Gemeinde vor allem mit seinen Mitchristen berät, auch wenn es dann und wann sinnvoll bleibt, daß er sich mit anderen Priestern trifft, Abstand gewinnt, Erfahrungen austauscht, die widerständige Kraft des Evangeliums gegenwärtig halten kann, und schließlich um nicht jene Seite seiner Aufgabe zu vernachlässigen, welche darin besteht, daß die amtlich geschützte Einheit der Gemeinde, in der er lebt, mit anderen Gemeinden (und deren Priestern) sowie der Diözese (und so mit dem Bischof) nicht verkommt: Eine Form der Einheit aber, die – wenn sie wiederum nur durch die Priester stellvertretend geschieht –, ein Teil des Versorgungsdenkens ist und die erst dann vollkommen wird, wenn nicht nur die Priester, sondern die Gemeinden eines Gebietes oder einer Diözese manchmal leibhaftig (und nicht nur in den Eucharistiefeiern, in der Verkündigung des einen Wortes, in dem einen Geist) beisammen sind.

(3) Inzwischen geht das Leben auch ohne Priester weiter

Unbeschadet der Frage, wie rasch auf diesem ungewohnten oder einem anderen Weg der Priestermangel gelöst werden wird und »andere« Priester in den Gemeinden der Kirche sein werden, ist typisch für die nicht mehr versorgte Gemeinde, daß der Priestermangel keine Katastrophe darstellt. Das gemeindliche Leben geht in seinen entscheidenden Vorgängen unbehindert weiter. Die Katastrophe stellt sich ja nur dann ein, wenn die gemeindliche Tätigkeit priesterzentriert ist. Wo dies nicht der Fall ist, weil das Versorgungsprinzip ausgelaufen ist, arbeiten die vielen Charismen der Pfarrgemeinde fraglos weiter.

- Das gilt für das Erzählen der biblischen Botschaft, Kinder werden religiös erzogen, in den Schulen wird unterrichtet, es wird auf die Sakramente vorbereitet, die Gemeindekatechese, deren Prinzip ja genau darin besteht, daß nicht der Pfarrer sie trägt, sondern die Gemeinde, findet unbehindert statt. Es wird auch in den Gruppen von persönlichen Glaubenserfahrungen erzählt, der Glaube wird miteinander entdeckt, man belehrt und ermuntert einander, versöhnt sich, vergibt.
- Gefeiert wird selbstverständlich auch der Gottesdienst. Menschen kommen in Nachbarschaften und Hochhäusern zusammen, lesen die Schrift, verknüpfen die überlieferten Texte mit dem Text ihres alltäglichen Lebens und verändern von da her ihr Leben in den kleinen Lebenswelten ebenso wie in den öffentlichen Bereichen von Arbeit, Beruf, Wirtschaft, Politik, Schule, Welt. Die Menschen, die sich also allenthalben versammeln, und Jesus so in ihrer Mitte wissen, werden auch gemeinschaftliches Beten im Gotteshaus vorbereiten und durchführen. Gottesdienst ohne Priester wäre eine durchaus legitime Form auch in Zeiten, in denen ein Priester in der Gemeinde wohnt. Ich denke an das gemeinsame Beten des Rosenkranzes, an Maiandachten, an Bußfeiern, an Wortgottesdienste, bei denen der Priester als Mitglied der Gemeinde durchaus mitmachen kann; aber er muß diese Gottesdienste nicht leiten.
- Selbstverständlich gehen auch die diakonal-»politischen« Dienste der Gemeinde weiter. Ein Jugendklub braucht nicht unbedingt den Priester, sondern einen erfahrenen Jugendpfleger, der haupt- oder, was noch besser, ehrenamtlich im Klub arbeitet. Der Besuch bei Kranken, bei Menschen, die den Tod eines geliebten Menschen betrauern, bei Alten und Vereinsamten ist nicht vom Priester abhängig. Der Priester ist nicht erforderlich, wenn sich Betriebsräte versammeln, um über den Beitrag der

Christen in der Arbeitswelt zu beraten. Er ist nicht nötig, wenn sich politisch engagierte Menschen treffen, um die Verantwortung der Christen für die Wirtschaftspolitik, für die gerechte Verteilung der begrenzten Überlebensmittel der Erde, über Frieden und Abrüstung usw. Gedanken machen.

Diese Liste von Tätigkeiten, die weitergehen, ist nicht vollständig, sondern exemplarisch. Sie zeigt, daß das Leben einer Pfarrei durchaus weitergeht, wenn sie nicht mehr dem Versorgungsdenken verfallen ist. Das Fehlen des Priesters ist somit ein Mangel, aber keine Katastrophe. Es ist eine Krise, die nicht den Tod der Gemeinde herbeiführen muß, sondern zu neuer Vitalität führen kann.

Von da aus überrascht es auch nicht, daß Christen, die aus dem Versorgungsdenken aufgebrochen sind und ihre Berufung als Christ entdeckt haben, mit der Vorstellung von Gemeinden »ohne Priester« (am Ort) nicht nur Befürchtungen verbinden. Sie verknüpfen damit auch Hoffnungen. Beispielhaft nenne ich wieder Aussagen von Teilnehmern an den beiden großen Wochenendtagungen über »Gemeinden ohne Priester« 1982 in Vorarlberg und Köln-Altenberg:

- die Laien werden aktiver werden;
- die Priester werden spürbar entlastet;
- Christen werden zusammenrücken;
- Gläubigkeit wird wachsen;
- viele kleine Lebenseinheiten in der Pfarrei werden wichtig, weil in ihnen Glaubenserfahrungen ausgetauscht werden können;
- der Pfarrgemeinderat wird aktiver und tatkräftiger;
- es ist die Chance zu einem Neubeginn, neuer Lebendigkeit an der Basis der Kirche;
- die Gemeinde sucht von sich aus eine Ansprechperson, die im leergewordenen Pfarrhaus wohnt;
- brachliegende Kräfte werden freigesetzt;
- aus einer derart lebendigen Gemeinde werden auch wieder Priester kommen, die freilich anders denken werden, weil sie eine andere Gemeindeerfahrung haben werden;
- Pfarrverbände werden gut arbeiten.

Solche Hoffnungen werden sich aber nur dann erfüllen, wenn konsequent der Versuchung widerstanden wird, über eingangs bedachte »Notlösungen« (mögen sie noch so fortschrittlich aussehen) insgeheim doch das Versorgungsdenken zu verewigen.

Soll man also keine Bezugspersonen bestellen? Sollen also (statt fehlender Priester) hauptamtliche Laien nicht angestellt werden? Soll man also nicht über die Zulassungskriterien nachdenken? Wir meinen, daß alle diese Fragen nur dann wirklich aus der Krise führen, wenn sie nicht isoliert bedacht werden, sondern im größeren theologischen Zusammenhang, also vor allem im Kontext des keineswegs biblischen, sondern erst später der Kirche zugewachsenen Versorgungsdenkens. Das bedeutet aber auch umgekehrt, daß immer dann, wenn eine Notlösung der Überbrükkung getroffen oder vorgeschlagen wird, diese Überbrückung eigentlich keine sein darf, es sei denn, die Gemeinde gelangt durch die Notlösung hindurch an neue Ufer der Lebendigkeit. Geht aber am anderen Ufer das alte Gemeindeleben weiter, bleiben die Christen unverändert betreut und versorgt, werden die Pfarreien in den erhofften guten Seiten doch wieder nur neuerlich »besetzt«, bleibt der Klerikalismus bestehen und ändern sich die Betreuten nicht, dann sind die Notlösungen ein Beitrag zur Verlängerung der Krise der müde und lahm gewordenen Kirche in der alten ersten Welt.

Daraus folgt: Wer immer Notlösungen trifft, muß ein begleitendes Programm zur tiefgreifenden Veränderung der Gemeinden in Gang setzen. Aus Gemeinden, die sich versorgen lassen, müssen Gemeinden werden, die selbst Sorge für ihre Lebendigkeit tragen. Wenn daher Pfarrverbände errichtet, nichtpriesterliche Bezugspersonen berufen, ja selbst wenn viri probati geweiht würden, dann müßten alle diese neuen Strukturen und Personen in erster Linie so arbeiten, daß das Versorgungsprinzip nach und nach eingedämmt und überwunden wird. Noch mehr: Selbst in den Gemeinden, die einen Priester noch am Ort haben, müssen diese Priester so in der Gemeinde arbeiten, daß alle – oder geduldig ausgedrückt – immer mehr Kirchenmitglieder in Wahrheit Christen sind, die aktiv die Aufgabe der Kirche mittragen. Auf diese Weise ändern sich die Gemeinden, aber auch die Priester. Persönlich hätte ich ein viel besseres Gefühl bei der Auseinandersetzung um die Weihe von *viri probati*, hätten wir schon das Priesterbild so verändert, daß der Priester ein (wenn auch besonderes) Charisma unter vielen ist, die Gott seiner Gemeinde gibt. Denn nur ein solches Priesteramt läßt sich neben der Ehe und neben dem Beruf erfüllen. Solange die Arbeit der vielen Charismen faktisch immer noch in der Rolle des Priesters gebündelt bleiben, soll man Verheiratete nicht noch zusätzlich mit dem Priesteramt betrauen und damit auch das gemeindliche Zeugnis ihrer Ehe aufs Spiel setzen.

Ergebnis dieser letzten Überlegung ist, daß wir ein Programm zur behutsamen Veränderung des Versorgungsprinzips benötigen. Dieses wird vermutlich oft erst in letzter Minute, wenn es spät ist, eingesetzt werden: Dann also, wenn der schon längst vorhergesehene Tag eintritt und ein Pfarrhaus leer bleibt, dort kein Priester, sondern bestenfalls eine andere »nichtpriesterliche Bezugsperson« einzieht (falls das Geld der Kirche und der Pfarrei künftighin dafür überhaupt noch auslangt). Besser wäre es, daß ein solches Programm schon viel früher in Gang kommt, zum Beispiel, wenn ein neugewählter Pfarrgemeinderat seine Arbeit aufnimmt, bei einer Gebiets- oder Gemeindemission, in einem katechetischen Programm einer Fastenzeit. Bausteine dafür finden sich im 1. Teil (S. 19–67) sowie in den folgenden Ausführungen (S. 175–200).

(4) Der Sonntagsgottesdienst in pfarrerlosen Gemeinden

Der Priestermangel wird vor allem am Sonntag sichtbar. Die *Zahl* der Gottesdienste wird zunächst verringert, je weniger Priester es gibt. Zuerst fehlt in großen Pfarreien der Kaplan, dann der Pfarrer. Am Ende wird auch dieser am Sonntag nicht mehr selbstverständlich da sein können, weil er krank ist, weil es zu wenige gibt. Verhältnisse, die in anderen Kontinenten normal sind, werden sich demnächst auch in manchen (kleineren Land-)Pfarreien bei uns einstellen.
Ist mit der Sonntagsmesse auch der Sonntag gefährdet? Was kann eine Pfarrgemeinde tun, die begriffen hat, daß der Zusammenbruch der Versorgung mit Sonntagsmessen ein wichtiger Teil des Zusammenbruchs des Versorgungsprinzips ist? Auch hier gilt: Die *Not wird zur Chance, daß die Entwicklung von der versorgten Gemeinde zur sorgenden vorangetrieben wird.*
Wir stellen in diesem Abschnitt zwei Fragen: Erstens, was bedeutet der Sonntag heute, in der Gesellschaft und daher für uns Christen, vorausgesetzt, wir haben begriffen, daß wir »Weltsakrament« sind. Also hat gerade unser öffentliches Feiern eine Bedeutung für die Menschen, mit denen wir zusammen heute in dieser Gesellschaft leben. Sodann stellen wir, neben dieser grundsätzlicheren Frage, jene nach der Gestaltung des Gottesdienstes am Sonntag, wenn kein (eigener) Pfarrer mehr dabei sein kann.

a. Der Sonntag heute

Mit dem Sonntag ist in den letzten Jahrhunderten einiges passiert:
(a) Der Sonntag ist zunächst dabei, seinen Namen zu verlieren. Wir reden immer mehr vom *Wochenende,* denn vom Sonntag. Für einige dauert dieses Wochenende vom Freitag am frühen Nachmittag bis zum Montag früh.

(b) Die Numerierung der Tage hat sich verändert. Hatten die Christen den Sonntag, also den Sonnen = Herrentag als den ersten Tag der christlichen Woche gefeiert, steht heute in Flugplänen und Terminkalendern der Sonntag als der *siebte* Tag. Es haben sich vor- bzw. nachchristliche Verhältnisse eingestellt. Deutlich wird darin, daß heute der Sonntag nicht mehr vom Christentum bestimmt wird, sondern vom Arbeitsprozeß.

(c) Der Sonntag wird eng verknüpft mit dem Begriff *Freizeit*. Dabei ist dieser Begriff in seiner heutigen Bedeutung jung. Noch 1926 steht im Meyer'schen Lexikon unter Freizeit: »Veranstaltungen, bei der eine begrenzte Anzahl von Teilnehmern zu gemeinsamer religiöser Vertiefung oder zur Einführung in ein kirchliches Arbeitsgebiet für mehrere Tage zusammengeschlossen werden. Manche Freizeit hat die Art eines Lehrgangs, andre die einer engen religiösen Gemeinschaft«.

Heute steht bei der Freizeit der Wunsch im Vordergrund, endlich einmal das tun und lassen zu können, was man selbst will. Solches kann nur gewünscht werden, wenn die sonstige Zeit des Lebens nicht mehr als »frei« in diesem Sinn erlebt wird. In der Tat ist es so, daß in der Neuzeit *Arbeit ein Ort der Fremdbestimmung und der Zwänge* ist. Nicht zuletzt erkennbar wird dies an den gängigen sozialpolitischen Themen wie Mitbestimmung und in diesem Zusammenhang Humanisierung der Arbeit. Arbeit galt auch für *Marx* als das Reich der Notwendigkeit. Die *Freizeit ist so gesehen das Reich der erwünschten Freiheit*[87].

(d) So kommen dem heutigen Sonntag viele *»freiheitliche« Funktionen* zu[88]: Es ist die Zeit, da der Mensch seinen eigenen Hobbies und Wünschen nachgeben kann. Er soll Zeit haben für Beziehungen, Ehe, Familie, Freunde und Verwandte; er kann sich um Vereinsamte und Benachteiligte kümmern; er kann schöpferisch sein, Hobbies nachgehen; da Freiheit auch viel mit Beweglichkeit zu tun hat, wollen viele wandern, reisen, Sport betreiben.

Natürlich wissen die Freizeitexperten, daß viele Menschen *zu solcher Freiheit nicht in der Lage sind*[89]. Wer kann schon ausfliegen, wenn er daheim kleine Kinder hat? Wenn er bettlägrig und unbeweglich alt ist? Ganze Innenstadtteile sind am Sonntag unfrei, unbeweglich, eingesperrt in die vier Wände ihrer Wohnung und ihrer Vereinsamung. Dazu kommt, daß viele mit ihrer Freizeit nicht viel anfangen können. Wer ständig das tut, was ihm angeschafft, aufgezwungen wird, vom Arbeitsprozeß (und dahinter vom »Arbeitgeber«, der oft keine Person mehr ist, sondern ein Konzern, eine Ansammlung von totem Kapital) verlernt Kreativität. Kein Wunder, daß passiv gemachte Arbeiter am Abend passiv

Fernsehen und Alkohol konsumieren. Schuld daran sind weniger sie, sondern die Arbeitsverhältnisse. Da nützt es langfristig wenig, wenn man ihnen sagt, sie sollten doch . . .! Ähnlich sind nachweislich Arbeitslose dran, die jegliche Lust nach schöpferischer Beschäftigung zu verlieren scheinen, wenn man ihnen auf dem Bereich der Arbeit jeglichen Lebenselan genommen hat, weil man sie nicht brauchen kann und wir gesellschaftlich Arbeitslose als unterprivilegiert definieren: Wie gut waren da noch Römer dran, bei denen die »oben« waren, die nicht arbeiten mußten.

Die Gesellschaft hat gekonnt auf diese begrenzte Fähigkeit heutiger Bürger, mit ihrer Freizeit umzugehen, reagiert. Auch Kirchengemeinden machen da munter mit[90]. Es gibt für die Freizeitunfähigen Experten, die sie beraten und animieren, anregen. Freiheit, die einem nicht mehr gelingen will, wird durch *Animateure* herbeigezwungen[91]. Werden so Menschen wirklich frei?

(e) Immer mehr Menschen fragen hier ungeduldig weiter. *Was ist denn wirklich mit dem Sonntag passiert? Und dahinter die Frage, was passiert heute mit uns Menschen?* Natürlich schreibt die Bibel, der erste Fluch der Geschichte ist, daß wir im Schweiße unseres Angesichts arbeiten müssen. Das ist aber nicht die einzige Erfahrung, welche die Bibel erzählt. Es gibt da auch den wilden Auferstehungstanz des Mittelalters; es gibt nicht nur das Stöhnen der Schöpfung, sondern auch das Osterlachen, den *risus paschalis,* der den Christen so wichtig war, daß im Mittelalter am Ostersonntag der Prediger die Zuhörer durch irgend eine Anekdote in der Kirche (!) zum Lachen bringen mußte. Heute aber sieht das Leben nach großer Anstrengung aus, und nicht mehr nach wirklich spielerischer Freiheit[92].

Die Woche hindurch arbeiten wir hart; da haben wir nicht viel vom Leben, ausgenommen wenige, die sich in ihrer Arbeit selbst verwirklichen können, weil sie privilegiert gute Arbeit haben. Am Wochenende läßt man uns frei sein. Wofür denn eigentlich wirklich? Damit wir uns *erholen* können, so sagt man. Die Arbeitskraft soll wiederhergestellt werden, damit wir am Montag wieder frisch an die Arbeit gehen können. Das ist also der Mensch: einer, der hart arbeitet, sich dann wieder erholt, um dann wieder weiterarbeiten zu können. Wofür? Für wen?

Damit wir uns *etwas leisten* können, so flüstert man uns ständig ins Ohr des Herzens. Du hast also die Freizeit, damit du dir vom hart verdienten Geld etwas anschaffen kannst. Freizeit wird so zum Ort des Kaufens und Verbrauchens. Du kannst dir jetzt etwas leisten. Also bist du wer. Du kannst reisen, Sport betreiben, Surfen, Tennis

spielen. Du kannst dich dabei selbst schöpferisch betätigen. Nichts gegen solche Tätigkeiten. Aber beim genaueren Zusehen geben wir jenen das Geld zurück, von denen wir es dank harter Arbeit geliehen bekommen haben, der Konsumindustrie.
Das heutige Wochenende veröffentlicht somit, was heute der Mensch wert ist. Es zählt seine *Arbeitskraft;* wer nicht mehr arbeiten kann (weil er krank, behindert, pensioniert, zu jung, arbeitslos) ist, zählt nichts, er wird ausgeschieden aus dem Kreis der erwünschten Bürger. Und es zählt seine *Kaufkraft;* wer nichts hat, fällt durch (also die Armen, die Alternativen, die nicht mehr mitkaufen wollen). *Der Mensch, ein williges Arbeitstier und ein geheimnisleeres, steuerbares Bündel weckbarer und befriedigbarer Bedürfnisse. Für diesen Menschen braucht man in der Tat keinen Sonntag, wie die Christen ihn begehen. Ein Wochenende ist dafür besser geeignet.* Der wirkliche christliche Sonntag würde vielmehr empfindlich *stören,* denn er ist eine *Katechese über ein anderes Verständnis des Menschen von sich selbst.* Der wahre christliche Sonntag würde das in Frage stellen und langfristig stark stören, was heute mit uns Bürgern geschieht. *Der christliche Sonntag wäre revolutionär, gemessen an der stummen Ausbeutung des Menschen als Arbeits- und Kaufkraft. Er wäre ein wirksamer Aufstand der Hoffnung gegen die Entleerung des menschlichen Geheimnisses.*

b. Der Sonntag der Christen

Zentral für die Christen und ihren Sonntag ist *Jesu Auferstehung aus dem Tod. Der Sonntag ist ein kleines Osterfest.* Damit wird das Grundthema der Bibel angegeben: Es geht Gott um das *Leben* des Menschen. Es be-leid-igt ihn, wenn Menschen im Tod umkommen, ganz gleich welcher Tod es ist, der große Tod am Ende des Lebens oder die kleinen Tode während des Lebens, die mutwillig oder leichtfertig selbstverschuldeten oder die ererbten, sozial überkommenen und verordneten Tode. *Wo immer Leben beschnitten, behindert, gestört und zerstört wird, schreit dies zum Himmel und geht Gott an.*
Das, was Jesus ein kurzes Leben lang zeichenhaft tut, ist die *Veröffentlichung der Absichten Gottes für uns,* und diese *Absicht heißt Auferstehung,* Leben, das Gott selbst für uns einst wird, und das jetzt schon wie eine vorausgehende Ahnung angefangen hat bei denen, die lieben (1 Joh 3,14). Deshalb ist das *Grundthema kirchlichen Lebens Auferstehung:* Dies gilt für das, wovon wir erzählen, für das, was wir tun, und für das, was wir feierlich miteinander »begehen«, unsere Liturgie, unsere Sakramente.
Wenn sich also an einem Sonntag Christen versammeln, begehen

sie ein kleines Ostern. Das Grundthema ist in einem kurzen Text nach der Wandlung angestimmt: »Deinen Tod, o Herr, verkünden wir und deine Auferstehung preisen wir, bis du kommst in Herrlichkeit!«

(a) Wir verkündigen also Jesu Tod. Wir erzählen seine Leidensgeschichte, die am Kreuz geendet hat. Wir erzählen aber auch davon, daß Gott seinen Sohn im Tod nicht hängen ließ, sondern ihn beim Namen rief: daß er also (in einer unvorstellbar neuen Weise) lebt. Wenn wir uns so von seinem Tod und der Auferweckung erzählen, machen wir dieses Ereignis für uns und die heutige Menschheit unvergeßlich. Wir holen das Ereignis in unsere Zeit herein. Wir erinnern Tod und Auferstehung, holen es sozusagen von draußen nach »innen«. Aber diese *Erinnerung zurück, an Jesu Tod, wird eine Erinnerung nach vorn,* an das Kommen Jesu in Herrlichkeit. Dieses Wiederkommen wird aber erhofft als ein Ereignis, bei dem an uns etwas geschieht. Wir sagen nämlich: Das, was Du, Gott, an Jesus, deinem Sohn, getan hast, galt einem von uns, einem aus der Menschheit. Du hast in Jesus einen Anfang gemacht. Der Aufstand gegen den Tod ist damit gewonnen. Der Tod hat keinen Stachel mehr. Zwar werden auch wir leiden und sterben, und so Jesu Weg mitgehen. Aber wie er, werden auch wir von dir auferweckt werden. Also geht alles gut aus.

> »Wenn es keine Auferstehung der Toten gibt, ist auch Christus nicht auferweckt worden. Ist aber Christus nicht auferweckt worden, dann ist unsere Verkündigung leer und euer Glaube sinnlos [...] Wenn wir unsere Hoffnung nur in diesem Leben auf Christus gesetzt haben, sind wir erbärmlicher als alle Menschen. Nun aber ist Christus von den Toten auferweckt worden als der Erste der Entschlafenen. Da nämlich durch einen Menschen der Tod gekommen ist, kommt durch einen Menschen auch die Auferstehung der Toten. Denn wie in Adam alle sterben, so werden in Christus alle lebendig gemacht werden« (1 Kor 15,13f., 19–22).

(b) Solche Erinnerung *formt* den Menschen, der sie in sich einläßt. Und zwar in einer zweifachen Weise: Die Reichweite seines Lebens wird ausgedehnt. Er lebt nicht mehr im Augenblick, sondern *von der Zukunft* her. Seine tiefe Daseinsangst ist gezähmt, der Tod hat, wie die Schrift es nennt, keinen Stachel mehr, er kann österlich verspottet werden (1 Kor 15,55). Er wird so leidensfähiger, weil sich seine Leiden als vergänglich erweisen und nicht das letzte Wort über den Menschen sind. Dies aber setzt ihn in die Lage, widerständiger zu sein, und liebender. *Die Frucht der*

Verkündigung der Auferstehung des Menschen ist damit die Liebe. Wir werden erlöst vom Zwang krampfhafter Selbstbehauptung. Wir sind, so der Johannesbrief, vom Tod zum Leben übergegangen, weil wir lieben. Wer sein Leben von Gottes Auferweckung erwartet, weiß sich in seiner Hand so geborgen, daß er vergängliches Leben und seine Güter nicht mehr krampfhaft festhalten muß. Er kann sich verschwenderisch verschenken.

Noch mehr: Wenn er sich in Gott verwurzelt weiß (und also glaubt), *beginnt er teilzunehmen an der Auferweckungspraxis Gottes.* Er wird selbst aufmerksam dafür, wo man Menschen das Leben stiehlt oder wo sie es mutwillig zerstören. Aus der Erinnerung an unsere gemeinsame menschliche Zukunft in Gott (das ist eben Auferweckung) werden Christen widerständig gegen jegliche Art von Tod, vor allem vor dem Tod. Sie lassen daher nicht zu, daß die Grundgüter menschlichen Lebens (wie Zuwendungskraft und Sexualität, wie Macht und Freiheit, wie Beheimatung und Besitz) von einigen wenigen gegen andere eingesetzt werden, so daß die Lebenschancen der Leute ungerecht verteilt sind, die einen also auf Kosten der anderen leben: reiche Personen, Gruppen und Völker auf Kosten armer Personen, Gruppen und Völker. Christen widerstehen daher der Verflachung des Menschen, der Einebnung auf ein geheimnisleeres Bündel befriedigbarer, ja steuerbarer Bedürfnisse; Christen widerstehen der Ausbeutung des Menschen zur Vermehrung toten Geldes; für Christen bleibt der Mensch zuerst ein Befreiter, und zwar von Gott, zum Leben.

(c) Von diesen Überlegungen her wird verständlich, was geschieht, wenn sich Christen Sonntag um Sonntag versammeln. Sie *unterbrechen*[93] jenen Lebensalltag, den wir mit allen Bürgern dieser Gesellschaft teilen; und es ist in vieler Hinsicht kein versöhnter Alltag, in dem einige gute Stunden, man könnte sie Momente nennen, auftauchen, sondern es ist ein für viele verarmter Alltag. Wir Christen unterbrechen den Alltag, und versammeln uns, genauer, biblisch formuliert, lassen uns vom Herrn herausrufen *(ekkalein)* und versammeln, *hinein in einen Raum und in eine Zeit in der die Befreiung vorherrscht, wo etwas von der Stimmung des Reiches Gottes da ist, wo man Auferstehung atmet, also das Haupt erhebt.* Dies zeigt sich daran, daß wir *die alten gläubigen Erzählungen* hören, in denen ein reiches, tiefes, voll von Geheimnis waltendes Bild vom Menschen aufkommen kann: Das Bild von Menschen, die den einen Gott ihren Vater nennen und daher untereinander in unüberbietbarer Weise eins sind; das Bild von einem Menschen, den Gott schafft, damit er ihn lieben kann, was

ewiges Leben bedeutet; das Bild von einem Menschen, der nicht reduziert ist auf Arbeits- und Kaufkraft, der nicht mehr ausgenützt und ausgebeutet werden darf, dem man nicht mehr das Leben nehmen darf; das Bild von einem Menschen, der die Erde hegen und bebauen soll, damit eine ganze Menschheit diese Erde bewohnen kann und nicht nur wir, die wenigen Reichen; das Bild von einem Menschen, der das Recht auf Leben hat, auch wenn er noch nicht geboren ist, auch wenn er in sozial benachteiligte Verhältnisse geboren wird, bei uns oder in anderen Kontinenten; das Bild von einem Menschen, für dessen Lebensrecht Gott leidenschaftlich eintritt, also auch wir Christen, denen es also nicht gleich sein kann, daß wir in einem kollektiven Wahnsinn die begrenzten Lebensmittel der Menschheit in einer Tat himmelschreiender Veruntreuung verrüsten. Die alten gläubigen Erfahrungen verwurzeln uns im lebendigen Gott und machen uns so engagiert für Gottes Anliegen: damit sie das Leben haben, vor und nach dem Tod; damit Tod eingedämmt und Leben aufkommen kann, also Auferstehung geschieht.
Aber solche Befreiung des Menschen zum Leben, durch Gott angefangen in Jesus, dem Ersten von uns, wird nicht nur erzählt. Wir verkündigen den Tod und die Auferstehung Jesu nicht nur Sonntag um Sonntag, *wir begehen sie auch feiernd.* Wir veranstalten dazu eine *rituelle Dramaturgie.* Wir stellen das Ganze dar, schauspielerisch, in Gesten, mit verteilten Rollen. Wir präsentieren uns vor Gott und den Menschen als das Volk, das um Jesus, den Gestorbenen und Auferstandenen versammelt ist. *Symbolisch*[94] zeigen wir, nicht nur fiktiv, sondern wirklich, Brot und Wein, als Hinweis auf Jesu Tod; wir essen (alle) davon, um zu erleben und darzustellen, daß wir hineinverwoben sind in Jesu Leidens- und Auferstehungsgeschichte, und daß wir noch ergänzen, was an Jesu Leiden (und Auferstehung) aussteht; und dabei *applaudieren* wir und sagen, preisend: Gott, groß bist du, heilig, in dem, was du an uns Menschen in Jesus zu tun angefangen hast! Liturgie, so kann man mit heutiger Fachwissenschaft sagen, ist eine *Bündelung »präsentativer Symbole«, in denen die Hoffnungen des Menschen gut aufgehoben sind. Liturgie hebt für die Menschen Hoffnung auf, symbolisch, aber auf diese Weise sanft und tiefschürfend.* Da ist nichts von der oft ätzenden Schärfe moralisierender Gesetze und Gebote. Da ist die schlichte Aussage: *So ist eben unser Leben, wie es von Gott her inszeniert ist.*
Wer solche Zusammenhänge sieht, versteht, warum die Rituale so vielen Menschen derart kostbar sind. Sie mögen oft unser *pädagogisierendes Reden nicht,* weil sie dabei insgeheim erleben,

wir würden sie zu etwas zwingen, was in ihrer alltäglichen Welt so leicht nicht lebbar ist. Die *Riten aber lieben sie, wegen ihrer Gewaltlosigkeit, wegen ihres tröstlichen Tiefgangs.* Gewiß, manchmal hat man das Gefühl, die Menschen haben mit dem Ritus genug, und vergessen dabei auf Gott, aber wenn wir in der Kirche die Riten stets auch mit den deutenden Erzählungen verbinden, arbeiten wir nicht vergeblich gegen eine solche Aushöhlung der uralten Riten, der Eucharistiefeier, der Sakramente.

So geschieht für die Christen am Sonntag sehr viel. Sie gehen heraus aus dem Alltag, den sie mit anderen Menschen teilen. Sie versammeln sich in ihren Räumen und Zeiten, die gestimmt sind von der Erfahrung des Reiches Gottes, der Auferweckung. Sie hören auf die alten Erzählungen, wie sie in der Bibel niedergeschrieben sind, damit sie nicht vergessen werden und unverfälschtkraftvoll weitererzählt werden, von einer Christengeneration zur anderen; zusätzlich inszenieren sie *liturgische »Spiele«, deren Generalthema stets heißt: Gott, du schaffst Leben, du widerstehst selbst den vielen Toden, du drängst Tod zurück, damit Leben Raum bekommt. Nicht wir müssen daher das Entscheidende schaffen, denn dies machst du: die Welt, unser Leben unsere Befreiung, unser ewiges Leben, die Auferstehung. Also haben wir allen Grund, am Anfang zusammenzukommen und zu feiern, wie Freigelassene, die zunächst ein Fest veranstalten. Dann erst gehen wir an die Arbeit, die immer noch sein muß, aber nicht das Entscheidende am Leben bleibt.* Deshalb steht der Sonntag *am Anfang der* Woche, damit nicht vergessen wird, daß du, Gott, den Anfang machst. Der Sonntag, seine Stellung im Wochenzyklus, wie wir ihn begehen (hinhorchend auf die Befreiungserzählungen, teilnehmend am Spiel der Befreiten), wird so zu einer »Katechese für unsere Gesellschaft«[95]. Der Sonntag ist ein wichtiges Moment an der Aufgabe der Kirche, »Weltsakrament«, Licht der Welt, Salz der Erde zu sein.

Natürlich gehen Menschen, die sich an den Gottesdiensten der Kirche wahrhaft beteiligt haben, *verändert in ihre Welt zurück.* Sie sind weniger angepaßt, weil sie einen anderen Traum vom Menschen vernommen haben. Diese Utopie macht sie *kämpferisch,* manchmal sogar *leidend-revolutionär.* Christen halten dann mutig den Kopf hin, gegen totalitäre Regime ebenso wie gegen die geheime Ausbeutung des Menschen in unserer wohlanständigen Wohlstandsgesellschaft. Das Hinhorchen auf das Evangelium der Befreiung bringt Christen hervor, bei denen die Hoffnungen der Menschen gut aufgehoben sind und die sich im Namen Gottes (und nicht nur eines von Menschen allein beschlossenen und langfristig eben doch wieder verwerfbaren Programms) für die Lebensrechte des Menschen auch stark machen.

c. Austausch mit der Gottesdienstgemeinde[96]

Eine Konsequenz ergibt sich aus dem Gesagten: Zumal in unserer heutigen Gesellschaft ist das, *was in und um den Sonntagsgottesdienst geschieht, von hoher Bedeutung für christliche Existenz.* Wer mit der Gottesdienstgemeinde in einen Austausch eintritt, bei dem steigen die Chancen, daß er der Versuchung der geheimen Verführung zur Anpassung an das gesellschaftliche Alltagsbewußtsein (und dieses ist zum Teil eben auch bösartig) widersteht, noch mehr, daß er Kraft findet, gegen lebensbehindernde Verhältnisse einzutreten. Der Austausch mit der Gottesdienstgemeinde ist eine der entscheidenden Quellen für konsequente christliche Existenz in unserer heutigen Gesellschaft.
Zwar sagen wir damit nicht, daß es nicht auch andere Formen des Austausches gibt und geben muß: Bildungsveranstaltungen, Gruppen, Mitarbeit in diakonalen Diensten, etc. Dennoch zeigen vielfältige Untersuchungen, daß von der Teilnahme am Gottesdienst und damit am Austausch mit der sonntäglichen Gottesdienstgemeinde sehr viel abhängt. *Je regelmäßiger jemand teilnimmt, um so eher leuchtet dies auch ein:* Denn die Beteiligung am gemeinschaftlichen Tun am Sonntag, damit verbunden die Erfahrung der sanften Kraft präsentativer Symbole, also liturgischer Riten, deren Mächtigkeit bis in die unbewußten Tiefenschichten des Menschen reicht, *prägt den Menschen in seinem »Herzen«, also in seinem Personkern, dort, wo seine Auffassungen und Handlungsweisen wurzeln.* Wird der Mensch dort geändert, gestärkt, wird er zugleich immunisiert gegen Anpassung und motiviert zum Engagement. In die christliche Sprache rückübersetzt heißt dies: Anbetung befreit zum Engagement, Mystik führt zur Politik, Gottesliebe wird nahtlos zur Nächstenliebe.

d. Sonntagspflicht[97]

Von daher läßt sich Sinnvolles zum Thema Sonntagspflicht sagen. Eine solche ist im Denken der vitalen frühchristlichen Gemeinden nicht zu finden. Dem Liebenden braucht man die Liebe nicht vorzuschreiben. Dem, der ergriffen ist von der Hoffnung auf das Reich Gottes, braucht man das gemeinschaftliche Loben Gottes nicht vorzuschreiben. Nur wenn die Gläubigkeit einer zwangsbekehrten Masse verdunstet und verflacht, sieht sich die kirchliche Gemeinschaft genötigt, etwas zur Pflicht zu machen, was im Grunde eine Selbstverständlichkeit sein müßte.

Sonntagspflicht heißt dann: *Leute, ihr seid dabei, ohne Sonntagsgottesdienst Entscheidendes zu verlieren, nämlich die sanfte Berührung mit dem Quell eures Lebens und Glaubens.* Sonntagspflicht heißt dann aber auch: *Die sonntägliche Feier einer christlichen Pfarrgemeinde ist bedroht, wenn nicht mehr genügend Leute an ihr teilnehmen.* Was dies heißt, kann manche evangelische Gemeinde in deutschen Großstädten berichten: In riesigen Kirchen sind zehn Leute und eine Pastorin oder ein Pastor versammelt. Man braucht, um dies durchstehen zu können, schon eine gehörige Theologie der Stellvertretung. Gut ist eine solche Situation aber nicht. Liegt es auch daran, daß die evangelischen Christen die Sonntagspflicht nicht kennen? Ist dies nicht auch eine Mahnung an die Katholiken, behutsamer mit ihr umzugehen? Ich kann gut verstehen, daß evangelische Gemeinden gern ökumenische Gottesdienste feiern. Da gibt es wenigstens wieder Christen in ihren Kirchen. Auch dies ist ein wichtiger Aspekt der Ökumene, den die Katholiken nicht übersehen sollten.

Dennoch, wer sich heute auf das Gesetz und die Pflicht verläßt, ist bald verlassen. Die Leute haben eben sozial verbrieft die Wahlfreiheit, zu kommen oder fernzubleiben. Pflichten helfen da auf die Dauer wenig. Der alte religionspädagogische Grundsatz mag eine Weile zutreffen, der da humorvoll meint: »Gewöhnlich kommt von hinterwärts die Gottesfurcht ins Kinderherz.« Wie aber Untersuchungen zeigen, ist eine derartig eingebläute Gottesfurcht ein Moment an der Kindheit und wird, so bald als möglich, mit dieser Kindheit abgestreift. Ab 15 geht man dann eben nicht mehr; gehen doch die Erwachsenen auch nicht. Hier zeigt sich noch einmal, daß die Feiern der Christen nicht als ein Teil des christlichen Atmens erlernt wurden, sondern als Last christlichen Lebens.

Wenn es somit sinnvollerweise ein Reden von der Sonntagspflicht gibt, dann nicht im Sinn von Gesetzlichkeit. Vielmehr darf solches »Gebot« nicht mehr, aber auch nicht weniger ausdrücken: Wenn du begriffen hast, daß Gott dich befreit hat zum Leben, *dann wirst du doch nicht fehlen* bei den Spielen der Befreiten; du wirst dann doch nicht verhindern, daß Christen zusammen keinen lebendigen Gottesdienst mehr feiern können; du wirst doch nicht mutwillig geschehen lassen, daß dein christliches Leben verkommt und sich oberflächlich dem alltäglichen Bewußtsein der Menschen anpaßt, so daß du nicht mehr Salz der Erde und Licht deiner Umwelt sein kannst!

Ein kleines Problem am Rand: Wir reden hier immer von einem inneren Zusammenhang zwischen christlichem Glauben und den

sonntäglichen Feiern der Christen; dabei verstehen wir unter Sonntag durchaus die sonntägliche Vigil (also den Samstag Abend) mit.
Das zur Zeit geltende Kirchenrecht verpflichtet den Christen zur Teilnahme streng genommen nur der Eucharistiefeier. Was aber, wenn wegen des Priestermangels »nur« ein *Wortgottesdienst* gefeiert werden kann? Dann, so sagen die konsequenten Kirchenrechtler, ist man nach dem Wortlaut des kirchlichen Gesetzbuches *nicht verpflichtet.* Wer dann also nicht geht, verstößt genau genommen nicht gegen das Kirchenrecht.
Dennoch ist damit die Frage nicht gelöst. Wenn jemand nicht gegen eine kirchliche Rechtssatzung verstößt, dann ist noch nicht gesagt, daß er dann – z. B. durch sein ständiges Fernbleiben – nicht schuldig wird. *Er verletzt dann zwar keine Rechtsvorschrift. Aber er verletzt die Lebendigkeit seines Glaubens* (wenigstens auf Dauer) *und bedroht die Lebensfähigkeit der Gottesdienstgemeinde.* Es gibt daher eine Grundverpflichtung jedes Christen, am Gottesdienst seiner Pfarrei teilzunehmen, um seinetwillen und um der Gemeinschaft willen. Ausnahmen sind dabei sinnvollerweise denkbar; es ist manchmal wünschenswert, wenn jemand in einer anderen Gemeinde einen Gottesdienst mitfeiert, bei einer Wallfahrt, im Urlaub, auf Reisen, noch mehr, um einfach »katholisch« zu sein und gelegentlich das Heimatrecht in jeder Gemeinde in Anspruch nehmen.

e. Sonntäglicher Gottesdienst ohne Priester[98]
Der Priestermangel stellt auf dem Hintergrund des bisher Gesagten eine tiefe Krise in der Lebensfähigkeit der Pfarrgemeinde dar. Dies allerdings unter zwei Voraussetzungen:
– daß es ohne Priester keinen Gottesdienst gibt;
– daß die Eucharistiefeier der einzige Gottesdienst der Gemeinde ist.
Beide Voraussetzungen sind aber nur zum Teil sinnvoll. Sie sind *sinnvoll, weil es keine christliche Gemeinde geben kann, wenn in ihr nicht der Tod des Herrn verkündigt und seine Auferstehung gepriesen wird, also Eucharistie gefeiert wird;* und weil eine *Eucharistiefeier ohne Priester* (wenigstens heute)[99] *nicht denkbar ist.* Eine eucharistielose Christengemeinde hört demnach auf, eine solche zu sein. Damit ist noch nichts über die Häufigkeit von Eucharistiefeiern gesagt. Aber es gibt eine Tendenz, eine Art selbstverständlicher Regel, die sich offenbar von allem Anfang an eingebürgert hat: Am ersten Tag der Woche versammelten sich die Christen zum Brotbrechen (Apg 20,7). Ist dies nicht möglich, daß

Christen zusammenkommen, um miteinander das Brot zu brechen, dann ist das ein Mangelzustand, eine Krise, die durch nichts beschönigt werden kann. Gewiß, man wird diese Zusammenhänge nur schlecht mit den juristischen Vokabeln »Recht der Gemeinde auf Eucharistie« einfangen können. Nur allzuschnell wird einer einwenden, daß alles, was Christen tun, »Gnade« ist, also Geschenk. Aber es ist auch sicher, daß die ersten Christengemeinden eben dafür Gott preisen, daß er seine Gemeinde mit allen Gaben beschenkt hat. Dieser Mangel, wie wir ihn heute erleben, diese *eucharistische Not,* ist nicht auf Gottes Gnadenverweigerung zurückzuführen. Sie ist auch Ausdruck unserer mangelnden Phantasie. Gemessen an der pastoralen Beweglichkeit der ersten Christengemeinden sind wir heute in einem beschämenden Maße einfallslos und gebunden an Formen, dic sich erst spät als eine gute, auch sinnvolle, aber eben nur als eine herausgebildet hat und nun Mitursache des Mangels in den Gemeinden ist.
Dennoch sind die beiden Voraussetzungen *nur zum Teil sinnvoll.* Denn tatsächlich gibt es *viele Formen christlicher Gottesdienste:* auch wenn die Eucharistiefeier unverzichtbare Quelle und Höhepunkt ist. Zudem gibt es *keine eindeutige Verknüpfung von Gottesdienst und Priester;* also gibt es auch »priesterlose Gottesdienste«; notfalls auch am Sonntag. Die *Monopolisierung des Gottesdienstes in der Hand des Klerus ist ein Moment am historisch gewachsenen Versorgungsdenken,* damit der Enteignung der Laien, was ihre ursprünglichen Rechte und Pflichten in der Christengemeinde betrifft.

- Gottesdienst in Korinth[100] um 53–55.

> »Was soll also geschehen, Brüder? Wenn ihr zusammenkommt, trägt jeder etwas bei: einer einen Psalm, ein anderer eine Lehre, der dritte eine Offenbarung; einer redet in Zungen, und ein anderer deutet es. Alles geschehe so, daß es aufbaut. Wenn man in Zungen reden will, so sollen es nur zwei tun, höchstens drei, und zwar einer nach dem andern; dann soll einer es auslegen. Wenn aber niemand es auslegen kann, soll auch keiner vor der Gemeinde so reden. Er soll es für sich selber tun und vor Gott. Auch zwei oder drei Propheten sollen zu Wort kommen; die anderen sollen urteilen. Wenn aber noch einem andern der Anwesenden eine Offenbarung zuteil wird, soll der erste schweigen; einer nach dem andern könnt ihr alle prophetisch reden. So lernen alle etwas, und alle werden ermutigt. Die Äußerung prophetischer Eingebungen ist nämlich dem Willen der Propheten unterworfen. Denn

Gott ist nicht ein Gott der Unordnung, sondern ein Gott des Friedens. [. . .]
Wenn einer meint, Prophet zu sein oder geisterfüllt, soll er in dem, was ich euch schreibe, ein Gebot des Herrn erkennen. Wer das nicht anerkennt, wird nicht anerkannt. Strebt also nach der Prophetengabe, meine Brüder, und hindert niemand daran, in Zungen zu reden. Doch alles soll in Anstand und Ordnung geschehen.« (1 Kor 14,26–32; 37–40).

Beides, Eingrenzung der Gottesdienste auf Eucharistiefeier, sowie Konzentration aller Aktivität im Gottesdienst auf den Priester, gab es offenbar in der Christengemeinde von Korinth nicht. Viele trugen den Gottesdienst mit, der sichtlich noch eine viel freiere und beweglichere Gestalt hatte, als unser heutiger Gottesdienst, der aber zugleich auch schon geordnet war, wobei der Apostel Paulus bei seiner Ordnung eine wichtige Rolle spielte.
Wir schauen uns hier weniger die Form dieses charismatischen und in der Folge domestizierten, die Charismen zähmenden Gottesdienste an. Was uns interessiert, ist, wer ihn verantwortet. Hier ist klar, daß es im Grunde *alle Mitglieder der Gemeinde sind, welche die Möglichkeit haben, im Gottesdienst zu reden, und zwar »aus eigenem Antrieb«,* also aus dem Antrieb des ihnen gegebenen Geistes. Jene, welche »leiten«, feierten den Gottesdienst sicher mit. Aber man bekommt beim Lesen des Berichtes nicht den Eindruck, daß diese »Leiter« alles machten.
In unser heutiges Vokabular übersetzt, scheint sich daraus zu ergeben: Es gibt neben dem bzw. rund um das »Herrenmahl« (vgl. 1 Kor 11,17–34) gottesdienstliche Feiern, bei denen es keine auffällige Rolle der Leiter gab, sondern die Sache aller sind. *Es gibt also Gottesdienste der Kirche, in denen die Priester als ganz normale Teilnehmer dabei sind.* Ich stelle mir zum Beispiel vor, daß ein Liturgieausschuß einen Kreuzweg vorbereitet und einer vom Ausschuß diesen Gottesdienst auch vorbetet und das Volk mitbetet und mitsingt, und der Priester ist unter dem Volk. Natürlich heißt dies auch weiter, daß selbst in der heiligen Messe in weiten Teilen nicht der Priester redet und singt, sondern auch die Eucharistiefeiern ein Gottesdienst der Pfarrgemeinde ist, in dem der Priester mit seiner eigenwilligen Rolle eingebunden ist.
● praktische Folgerungen für pfarrerlose Pfarreien[101]
Man kann aus solchen grundsätzlichen Überlegungen schon einige praktische Folgerungen für jene Zeiten ableiten, in denen es (vorübergehend) in einer Pfarrei keinen Pfarrer an Ort und Stelle gibt.

– *In keiner Pfarrei darf es einen gottesdienstfreien Sonntag geben.* Der »Luxus des Lobens«[102] ist unverzichtbarer Ausdruck lebendigen christlichen Gemeindelebens. Feiert eine Gemeinde nicht mehr, kommt sie nicht zum Hören auf das Wort und zum Beten und Loben zusammen, hört sie allmählich auf, Gemeinde Jesu Christi zu sein. Daran ändert auch nichts die Tatsache, daß man eben nicht Eucharistie feiern kann: eine Erfahrung, die aber nur als Mangel erduldet werden darf. Denn der Normalfall heißt »zum Brotbrechen, zum Herrenmahl zusammenkommen«.

– Gottesdienste, die ohne Anwesenheit eines Priesters stattfinden, machen in unübersehbarer Weise deutlich, *daß jeder Gottesdienst (auch das Meßopfer) Angelegenheit der ganzen Pfarrgemeinde ist.*

– *Bei der Gestaltung dieser Gottesdienste wird man auf das reiche gottesdienstliche Erbe der Kirche zurückgreifen.* Dabei bietet sich vor allem der Wortgottesdienst der Eucharistiefeier an, für den in jeder Pfarrei Texte erreichbar sind. Dieser Wortgottesdienst kann sinnvollerweise auch mit einem Kommuniongottesdienst verknüpft werden; dies muß aber (z. B. bei Schulmessen) nicht immer der Fall sein. Der heute gebräuchliche Wortgottesdienst kann auch durchsetzt oder überhaupt ergänzt werden durch bewährte Volksandachten (wie Kreuzweg, Rosenkranz) oder durch Teile aus dem amtlichen Gebet der Kirche (das Stundengebet, also den Laudes, der Vesper). Bei all diesen Sonntagsgottesdiensten soll deutlich gemacht werden, daß sie keine Eucharistiefeier im engeren Sinn sind; obwohl sie in ihrer Grundstimmung eucharistisch sind, also Momente des Dankens enthalten. Dieser Mangel soll auch die Unzufriedenheit der Pfarrei mit dem gegenwärtigen Zustand schüren. Sie werden an ihre unabgebbare Sorge um eine volle Eucharistiefeier erinnert, damit um einen eigenen Priester.

– Die Gestaltung und Leitung dieser Pfarrgottesdienste (bei denen kein Priester da ist) liegt – wie sich bewährt hat – am besten in der Hand einer *Gruppe von beauftragten Gottesdiensthelfern*[103] (Lektoren, Kommunionspendern, Kantoren). Einer aus der Gruppe leitet den jeweiligen Gottesdienst. Ein Wechsel in der Leitung empfiehlt sich: Vielleicht auch deshalb, damit nicht die Leute allzu schnell auf die Idee kommen, dieser ständige Gottesdienstleiter könnte ja vom Bischof eines Tages beauftragt werden, auch einer Eucharistiefeier leitend vorzustehen (Warum könnte dies der Bischof eigentlich nicht?).

– Die Angehörigen dieser Gottesdienstgruppe lernen, indem sie die Arbeit machen. Daher ist eine aufwendige *Ausbildung* im Normalfall nicht erforderlich. Das Entscheidende lernen diese

Leute, indem sie in der Gruppe ihre Erfahrungen austauschen und auch mit der Gottesdienstgemeinde in einem regen Gespräch stehen. Es bleibt aber darüber hinaus sinnvoll und wünschenswert, wenn die eine oder der andere auch an diözesan oder überdiözesan organisierten Ausbildungskursen[104] teilnimmt. Für die Qualität der Gottesdienstgestaltung kann dies nur förderlich sein. Auch könnten hin und wieder liturgieerfahrene Leute (aus anderen Gemeinden, Praxisberater aus der Diözese) eingeladen werden, mit denen man konkrete Gottesdienste durchbespricht und an solchen eigenen Gottesdienstbeispielen weiterlernt.

– Die Einführung der sonntäglichen Gottesdienste ohne Anwesenheit eines (geweihten) Priesters erfordert eine gründliche, über längeren Zeitraum hin währende *Vorbereitung der Pfarrei.* Dabei könnte auf die Erfahrungen zurückgegriffen werden, welche die Pfarrei im Rahmen der Liturgieerneuerung nach dem II. Vatikanischen Konzil gemacht hat. Zugespitzt: *Für eine Pfarrei, in der diese liturgischen Reformen lebendig wurden, ist der Verlust eines Ortspfarrers keine Katastrophe; die Umstellung wird ohne größere Schwierigkeiten erfolgen, weil in dieser Gemeinde die Leute ohnedies sich selbst schon als Träger ihres Gemeindegottesdienstes (also auch der Messe) verstehen.* Anders steht es in Pfarreien, deren Bewußtsein und Praxis jenes einer versorgten Pfarrei ist, die also auch mit Messen gut versorgt war. In gut entwickelten Pfarreien wird es zudem neben der Eucharistiefeier längst schon ein breites Repertoire von anderen Gottesdiensten geben: Wortgottesdienste, Meditationsgottesdienste, Rosenkranz, Kreuzweg, Maiandacht, Anbetungsgottesdienste vor dem ausgesetzten Allerheiligsten, Frühschichten, Bußgottesdienste etc.

– Die gottesdienstliche Notsituation in pfarrerlosen Gemeinden fordert die *Solidarität jener Pfarreien heraus, die ihres Pfarrers nicht entbehren müssen.* Nur auf diese Weise ist es möglich, daß in den pfarrerlosen Pfarreien gelegentlich auch eine Eucharistiefeier stattfindet: in der nächsten Zeit vielleicht noch jeden Sonntag, in absehbar fernerer Zeit (um 1990?) aber vielleicht nur mehr einmal im Monat. Natürlich ist ein Teil der Solidarität auch darin zu sehen, daß Pfarreien mit Meßopfer *gastfreundlich* sind und Christen auch pfarrerloser Gemeinden gerne aufnehmen. Doch gehört auch *der Verzicht auf eigene Gottesdienstzeiten* zu dieser Solidarität. Auf diese Weise kann der Pfarrer in einer pfarrerlosen Gemeinde »aushelfen«. Dabei ist es wünschenswert, daß dieser »Aushilfspriester« nach Möglichkeit meistens derselbe Priester ist, damit sich die Pfarrei und der gottesdienstvorstehende Priester ein wenig aneinander gewöhnen können. Bei aller Bereitschaft zum Aushelfen sollte aber kein Priester an einem Sonntag (einschließlich seiner Vigil, dem Samstagabend) mehr als drei Gottesdienste feiern.

– Es ist wünschenswert, daß die *Gottesdienste und ihre Zeiten in einem Pfarrverband bzw. einem Dekanat aufeinander abgestimmt werden.* Dazu empfiehlt sich – falls dies nicht ohnedies schon selbstverständlich ist – eine (gelegentliche) *Zusammenarbeit der Liturgieausschüsse* der betroffenen Pfarreien. Ihre gemeinsamen Sitzungen können auch zum Forum für einen Erfahrungsaustausch über die Gottesdienstgestaltung werden. Auf diese Weise können die Gottesdienste in allen Pfarreien gewinnen.

– Die Pfarreien, die des Pfarrers nicht entbehren müssen, sind aber nicht nur zur Solidarität mit anderen Christengemeinden aufgerufen. Sie selbst mögen an den guten Erfahrungen der Pfarreien, die wegen des Priestermangels eine herbe Krisensituation durchmachen und diese als Chance auf ihrem Weg von der versorgten Gemeinde zur sorgenden nützen, lernen. Auch bei ihnen soll, trotz Anwesenheit eines Pfarrers (und vielleicht gerade deshalb) der Gottesdienst einschließlich der Eucharistiefeier Sache der ganzen Gemeinde sein, was sich in der Vorbereitung wie in der Feier selbst zeigen wird. Zudem wird es morgen auch in Pfarreien mit einem eigenen Pfarrer vielfältige Gottesdienste geben, nicht nur Eucharistiefeiern. Vor allem an Wochentagen wird dies der Fall sein. Die Pflege ökumenischer Gottesdienste ist für die Bereicherung der katholischen Gottesdienstvielfalt ein guter Anlaß.

XI. Gemeinde- und Praxisberatung Unterstützung auf dem Weg von der versorgten zur sorgenden Gemeinde

Wer heute haupt- und ehrenamtlich in einer Pfarrei lebt und arbeitet, und den Wunsch hat, daß diese Pfarrei immer weniger versorgt werden muß, sondern sich um die wichtigen Aufgaben selbst sorgen kann, stößt nicht selten auf schier unüberwindliche Schwierigkeiten. Das Gefühl, mit den eigenen Möglichkeiten an Grenzen zu stoßen, kann sich einstellen. Man beginnt *Ausschau zu halten nach Unterstützung durch Leute, die mit der Bewältigung solcher Probleme Erfahrung haben, und diese Erfahrung zusätzlich fachlich entwickelt haben.* Was gesucht wird, gibt es auch in ersten Ansätzen: Es sind Gemeinde- und Praxisberater.

1. Situationen

Entstanden ist die Einrichtung der Gemeinde- und Praxisberatung als Antwort auf die zunehmend differenzierte pastorale Situation. Diese ist gekennzeichnet durch ein hohes Maß an Ungleichzeitigkeit und Unüberschaubarkeit.

(1) Ungleichzeitigkeit[105]

Pastoralsoziologische Analysen haben ergeben, daß die *Leute in den Pfarreien oft noch sehr unterschiedlichen »Gesellschaften« angehören, dementsprechend auch oft andersgeartete Erwartungen an die Pfarrei haben.* Die einen sind noch sehr »traditionell«. Sie haben eine Form pfarrlichen Lebens kennen- und schätzengelernt, das über Jahrhunderte hinweg mehr oder minder unangefochten in Geltung war, und auch sein konnte. Es waren die Zeiten geschützter, ja selbstverständlicher Christlichkeit. Gesellschaften mit solcher Christlichkeit pflege ich »*christentümlich*« zu nennen. »Man« war eben Christ, wurde als Kind getauft, nahm an den Segnungen des kirchlichen Lebens selbstverständlich (und auch

staatlich geschützt) teil, wurde am Ende kirchlich beerdigt. Die Kirche stand an allen wichtigen Stationen des Lebens als tröstende und weisende Kraft. Glaube in einer solchen Gesellschaft war – zumindest äußerlich besehen – ziemlich ungestört[106].
Dagegen nehmen sich Glaubensgeschichten in einer sogenannten *pluralistischen* Gesellschaft anders aus. Sie sind bewegt. Es gibt Annäherung und Entfernung. Konversionen sind häufiger geworden. Leute haben auch sozial die Chance, nahe oder weniger nahe zu sein, den Austausch mit ihrer Kirche in wichtigen Glaubens- und Lebensfragen zu pflegen oder zu unterlassen. Sie können wählen. Noch mehr, sie müssen sogar wählen. Die Unschuld kultureller Selbstverständlichkeit gibt es nicht mehr. »Man« kann auch anders leben, als die Kirche es vorsieht. Viele mischen auch ihre Lebensweisheiten. Das meiste kommt aus dem alltäglichen Bewußtsein in der Gesellschaft. Was man so macht: Das heißt zum Beispiel, daß Religion Privatsache ist; auch zu den Lebenswenden ist Kirche mit ihren Ritualen durchaus erwünscht. Wichtig ist, daß wir sehen, die einzelnen entscheiden von sich aus (allerdings eingebunden in viele familiäre und soziale Abhängigkeiten), welche Bedeutung Religion, Glaube und Kirche in ihrem Leben haben. Dominant, so sagen wir deshalb in der Forschung, ist der Auswahlchrist[107], der sehr wählerisch mit seiner Kirche umgeht. Klar, daß die Umgangsweise der Kirche mit Menschen mit solchen Voraussetzungen eine andere sein muß als mit »christentümlichen Leuten«. *Es ist ein gewaltiger Unterschied für den pastoralen Handlungsstil, ob »man selbstverständlich« Christ ist und sich mehr oder minder in dem von der Kirche erwünschten Ausmaß am Glauben und Leben der Kirche beteiligt, oder ob »man« keineswegs mehr selbstverständlich so Christ ist, wie in diesen »christentümlichen Zeiten«, sondern man nur in dem Ausmaß Christ ist, als man sich* (eingebunden in soziale Bezüge) *dafür bereitfindet.* Man hat somit eine Chance, Christ zu sein, man kann sie nützen. Aufgabe der Kirche ist es aber dann weniger, das Selbstverständliche zu hegen und zu vertiefen, sondern überhaupt erst einmal dazu beizutragen, daß diese Chance, in einer freiheitlichen Gesellschaft ein gläubiger Christ inmitten der Kirche zu werden, genützt wird.
Nun sind aber auch damit noch keineswegs alle Probleme genannt. Stimmt es denn wirklich, so fragen immer mehr, daß der einzelne Bürger frei ist, »sein« Leben zu wählen? Gibt es nicht sehr viele »kollektive Verführungen«, die geheim wirksam sind, also unbemerkt die Bürger formen? Eben diese »geheimen Verführungen« haben auch Auswirkungen auf die Beziehung der Leute zu Glaube und Kirche. Erleben nicht auch wir, wie sehr uns die ökonomischen

Zusammenhänge beschäftigen? Haben wir noch nicht bemerkt, wie man aus uns – von Kindesbeinen an – verläßliche und rastlose Konsumenten gemacht hat? Sind wir nicht wie ein Riesensäugling, festgestellt auf die »orale Phase«: weil wir ständig zu uns nehmen und *konsumieren:* materielle Güter des primären (Essen, Wohnen) und gehobenen Bedarfs (Autos, Luxusgüter), dann aber auch Sexualität, Freizeit, Religion? Merken wir nicht, daß wir ständig der Werbung, der Mode, den Verkaufskatalogen und den Supermärkten auf den Leim gehen? Wir kaufen mehr als wir brauchen, wir kaufen oft auch, was wir erst brauchen, weil man uns zuerst den Wunsch nach Waren verkauft hat. Wir meinen immer mehr, daß wir nur dann etwas sind, wenn wir viel haben. Der an sich gute Wunsch, dem geistigen Leben (dem »Sein«) eine materielle Grundlage zu bieten (das »Haben«), artet aus. Der Habenmodus, so *E. Fromm,* bläht sich ungebührlich auf, und läßt den Seinsmodus verkümmern. Wir haben immer mehr, und sind dabei immer weniger. Alte Knappheiten haben wir überwunden: Die Knappheiten an Gütern des primären und gehobenen Bedarfs. Neue haben wir uns dafür eingehandelt: knapp sind unzerstörter Lebensraum, schöpferische Zeit, gute Arbeit, Treue und Verläßlichkeit, gutes Leben. Diese theoretisch vermuteten Zusammenhänge sind heute längst empirisch nachgewiesen. Je stärker das Belohnungsstreben der Leute (»Ohne Wohlstand bin ich nicht zufrieden«), desto ausgeprägter der »Individualismus« der Leute (auf andere kannst du dich nicht verlassen), um so wahrscheinlicher auch die Erfahrung von Sinnlosigkeit (»Ich weiß nicht, wozu der Mensch lebt«). Wir haben viel Brot, sterben aber den *Tod am Brot allein:* den Tod der Vereinsamung, der Beziehungslosigkeit, die uns durch die festgeschriebenen Weisen alltäglichen Lebens in unserer Konsum- und Verbrauchergesellschaft zuwachsen[108].
Kein Wunder, daß von solchem alltäglichen Denken und Fühlen auch die Religion betroffen ist. *Entweder ordnet sie sich dem Raffen und Schaffen, dem Leisten, um sich etwas leisten zu können, unter, oder sie wird ausgeblendet.* Religion wird dann entweder »verbürgerlicht«[109], Teil unseres Rundumkonsumierens, *Schutzschild für unseren erreichten Wohlstand und unsere Wohlanständigkeit.* Oder sie hat in unserem Leben für gewöhnlich keinen Platz, es sei denn, daß wir an nicht mehr machbare Grenzen stoßen und uns dann erinnern, daß einst Religion dem Menschen einen letzten Halt außerhalb der begrenzten und vergänglichen Wirklichkeit verheißen hat. Manche meinen also, daß in einer bürokratischen *Gesellschaft des gesteuerten Konsums*[110] die Chance, wirklich christlich zu sein, gedämpft und behindert ist. Der Satz, Du hast

eine Chance, also nütze sie (und glaube), wird zynisch zugespitzt: Du hast keine Chance, also nütze sie![111] Was heißt dies aber wieder für unseren pastoralen Handlungsstil? Was meint Jugendarbeit, wenn Jugendliche bevorzugte Opfer der jugendlichen Freizeitindustrie sind? Was meint eine Sonntagskultur, wenn die Menschen gerade in der sogenannten Freizeit alles andere als frei sind, sondern willfährig konsumieren, was die Freizeitindustrie ihnen offeriert, noch mehr »unterjubelt«?
Das ist gemeint, wenn wir heute von einer großen Ungleichzeitigkeit der Lebenssituation unserer Kirchenmitglieder reden; und ihre Ungleichzeitigkeit ist auch unsere. Sie geht quer durch jeden von uns durch, auch durch den Leser dieser Zeilen. Wie wird dann aber Seelsorge aussehen? Wie kann dann noch eine pastorale Erneuerung geschehen?

(2) Unüberschaubarkeit

Es überrascht nicht, nach solchen Andeutungen, daß manche heute ratlos sind. Die Lage ist für sie undurchschaubar. Denn die *Situation in einer Pfarrei ist noch viel komplizierter als die hier vorgestellten »gesellschaftlichen Konstrukte« ahnen lassen.* Eine Pfarrei hat ihre Geschichte, und die Leute in ihr haben ihre eigenwillige Geschichte, welche nicht immer den großen theoretischen Einsichten folgt, sondern viele originelle Modifikationen kennt. Wer sich aber in einer Situation nicht zurechtfindet, gerät an die Grenze der Handlungsunfähigkeit.

(3) Notwendigkeit des Wandels

Die Versuchung stellt sich ein, alles einfach laufen zu lassen, und keine Impulse mehr zu setzen. Manche nennen dies »Tradition«, im Grund leisten sie aber der Anpassung der Menschen an das Alltagsbewußtsein Vorschub. *Kirche, als widerständige, unangepaßte Kraft in der Geschichte der Gesellschaft, darf sich nicht anpassen, weder »traditionalistisch«, noch »progressiv«.* Kirche lebt so bezüglich der Gesellschaft in einer unaufhebbaren und doch »produktiven Ungleichzeitigkeit«[112]. Dies verlangt aber nichtsdestoweniger von ihr, die Situation aufzugreifen und ihren ererbten Auftrag von Jesus her gerade in diese unüberschaubare, ungleichzeitige Situation hinein zu verwirklichen.
Übrigens: Wenn wir hier *Situation* sagen, dann meinen wir nicht

etwas der Kirche Fremdes. Die gängige Gegenüberstellung: Hier die Kirche (und damit Gnade, Glaube, Religion, Gott), und dort die Welt, die Gesellschaft (und damit noch nicht Gnade, Glaube, Religion und Gott), ist theologisch schlicht falsch. Es ist zwar eine Aufteilung, die der Kirche schmeichelt und uns das Gefühl unentbehrlicher Wichtigkeit gibt. Dadurch wird aber eine falsche Annahme nicht wahrer. Wahr ist vielmehr, daß die *Weltgeschichte immer schon Gottes Geschichte mit uns ist, sowie die Geschichte der freien Annahme oder Verweigerung durch die Menschen.* Geschichte ist also stets Heils-/Unheilsgeschichte. Damit spielt sich in jeder Situation bereits dieses Drama, dieses Schauspiel der Heils-/Unheilsgeschichte ab.

Kirche, wie wir sie in diesem Buch ständig verstehen, veröffentlicht und treibt voran, was längst schon stattfindet. Kirche »importiert« also nicht Gott in die Welt. Sie deckt sein Wirken auf und treibt es so voran. Das bedeutet aber, daß Situationen etwas von Gottes Wirken erzählen, bzw. vom Umgang der Menschen mit Gottes Heilswirken. *Situationen sind damit der Kirche nichts Fremdes, sondern ein Ort, an dem sie mit den Menschen zusammen nach Gottes Absichten fragen kann.* Situation wird zur »Stunde« (zum *kairos*), in der Gott seiner Kirche etwas zu sagen hat.

Wehe also, wenn sich die Kirche nicht auf die Situation der Welt von heute einläßt. Sie ist dann im Grund ungehorsam, weil sie nicht hinhorcht auf Gottes Wort durch die Geschichte. Wie erkennen wir aber dieses Wort? Wer erläutert uns die Situation? Die Pastoraltheologie sagt unablässig, daß wir bei der Erkenntnis der Situation angewiesen sind auf die Wissenschaften vom Menschen und von der Gesellschaft, also auf die Human- und Sozialwissenschaften. Sie haben auch keinen anderen Menschen und keine andere Geschichte, an der sie arbeiten, als wir Theologen. Also müssen wir mit ihnen zusammenarbeiten. Es war schon oft so im Laufe der Erkenntnisgeschichte, daß weltliche Wissenschaften (wie Soziologie, Psychologie, Anthropologie) den Theologen sehr viel zu sagen hatten. Umgekehrt wird auch die Theologie diesen Wissenschaften Fragen stellen, wenn sie zu oberflächlich, zu eng, zu »verschlossen« an diese vielschichtige Wirklichkeit herangehen, damit »ideologisch« werden.

Wir haben diese Frage einer Fundamentalpastoral angeschnitten, weil wir daraus einen wichtigen Schluß ableiten: *Wenn diese Situation für die Arbeit der Kirche unverzichtbar wichtig ist, und wenn sich diese Situation (zumal heute) rapid verändert, dann muß sich auch der Handlungsstil der Kirche daran orientieren.* Wiederum: Nicht um Anpassung geht es, aber, wie *Johannes XIII.*

sagte, um Aggiornamento, also um »Verheutigung« des Handelns der Kirche. Was Kirche tut, muß »up to date« sein, auf den heutigen »Tag« gebracht werden, und dazu offen bleiben, in die Zukunft der Menschheit hinein wirksam zu sein[113].
Kirche ist daher in einer geschichtlichen Situation, die von einem rapiden Wandel gekennzeichnet ist, eine *Kirche des Wandels, des Übergangs*. Ist sie es nicht, erfüllt sie ihren Auftrag nicht. Was dabei nicht zur Disposition steht, ist der Auftrag der Kirche, nämlich »Weltsakrament« zu sein, und Gottes Liebesgeschichte auch mit der heutigen Menschheit zu veröffentlichen und voranzutreiben (indem die Menschen entriegelt werden, sich aufzumachen für Gottes Geschichte mit uns). Wandel und Übergang meinen auch nicht Ziellosigkeit, Unklarheit der Ziele; heißt nicht, nicht mehr zu wissen, wohin die Geschichte der Menschheit und damit der Kirche führt. Aber wer um das Ziel weiß, muß nicht immer auch schon des Weges sicher sein. Die Unüberschaubarkeit und Ungleichzeitigkeit der Situation vieler Menschen in unserer Gesellschaft schafft daher in der Tat oft übermäßige pastorale Ratlosigkeit. Wie soll das unverzichtbare Ziel gerade heute, in dieser bzw. in diesen Pfarreien angegangen werden?

(4) Theologische Veränderungen

Zu all diesen Überlegungen kommt, daß uns heute, nach dem grandiosen II. Vatikanischen Konzil und den großartigen Synoden, immer noch der Auftrag gegeben ist, *theologische Einsichten in den pfarrlichen Alltag zu übersetzen*. Kirche als »Weltsakrament«, und daran partizipiert jeder Christ, führt zu einem anderen Stil christlichen und pfarrlichen Lebens als wenn die Kirche als »Heilsanstalt« allein verstanden wird (was in einer christentümlichen Gesellschaft nahelag, weil da ohnedies alle Bürger Christen waren: Wem war da etwas anschaulich zu machen? Höchstens den Heiden in den Missionsländern!)
Die *Vertiefung des Wesens der Kirche* als Volk Gottes inmitten der Menschheit, berufen, am eigenen geschenkten Schicksal allen Menschen vernehmlich zu machen, was Gott mit allen vorhat, führte zweifellos zu einer *erneuerten und vertieften Sicht dessen, was ein Christ ist*. Die Charismenlehre wurde wiederentdeckt, damit das »Apostolat« der Laien in Kirche und Welt. Was weniger konsequent zu Ende gedacht wurde, sind die Auswirkungen dieser vertieften Einsichten in Kirche und Christ auf das *Selbstverständnis der Priester*. Eines ist klar, daß die ererbte Gleichsetzung von

Kirche und Priester, massiv verankert im Bewußtsein der Menschen und in den Handlungsstrukturen der Kirche, damit hinfällig wurde. Wer aber rasch sagen kann, was nicht mehr zutrifft, weiß deshalb noch lange nicht, wie es anders sein soll. Oder er weiß es, weil er sich intensiv mit dieser Frage nach seinem eigenen Selbstverständnis als Priester (mit Hilfe der Bibel, amtlicher Texte und theologischer Literatur, allein und mit anderen) beschäftigt hat: Dann fällt es ihm aber vielleicht noch schwerer, in einer Pfarrei zu wirken, die von diesem vertieften Verständnis noch nicht viel gehört hat, in der es vielleicht einige sind, während die breite Zahl, vor allem jene, die mit Kirche selten zusammenkommen, längst noch die alten Auffassungen vertreten und nichts anderes kennen. Die pastoralsoziologische Ungleichzeitigkeit wird so vermehrt durch eine tiefgründige theologische Ungleichzeitigkeit im Verständnis von Kirche, Christ, Priester, Sakramente, etc.

(5) Ratlosigkeit als Beratungsbedarf

Wer einer solchen knappen Analyse folgt, den überrascht nicht, daß manche Gemeinde, die (in ihrem aktiven Kern) den Wunsch hat, in diesem Sinn des Konzils »Weltsakrament« zu sein für die Menschen, mit denen sie an Ort und Stelle leben, wohnen und arbeiten, daß also eine Gemeinde, die begriffen hat, daß sie *aus einer versorgten zu einer sorgenden Gemeinde werden muß, will sie den ihr gestellen Auftrag in der Umwelt verwirklichen,* von der Aufgabe überfordert ist. Manche haben nach einigen Schritten auch bald wieder aufgehört. Sie haben das theologische Handtuch geworfen. Man begann sich auch, einige Jahre nach dem Konzil, wieder auf Ererbtes einzurichten. Das Alte wurde im Sinn eines kirchlichen Jugendstils, wieder »in«. Die pastoralen Impulse des Konzils schienen zu erlahmen. Manche Pfarrei begann eher einem stehenden Tümpel zu gleichen, mit laut unkenden Leuten, denn als Salz der Erde und Licht für die Welt zu wirken. Das Konzil, und sein Impuls, schienen endgültig domestiziert zu sein. Der Geist wurde von den Institutionen geschluckt. Dann aber kam *Johannes Paul II.* Und es wurde der Priestermangel akut. Neue Impulse wurden frei. Der Papst fordert das Konzil ein. *Der Priestermangel treibt die versorgten Gemeinden in eine Überlebenskrise. Beides zusammen, die Konzilsvision einer erneuerten Kirche sowie der unerwünschte Priestermangel könnten einen Ausweg aus dieser Krise darstellen.* Manche Pfarrei, die des eigenen Pfarrers entbehren muß, sieht sich in dieser Krise unentrinnbar vor die Alternative

gestellt: *Entweder beendigen wir das Versorgungsprinzip, und das gläubige Leben in unserer Pfarrei geht weiter, wir können dann auch unseren Auftrag vor der Welt erfüllen; oder das Leben unserer Pfarrei wird notdürftig* (über eine längere Durststrecke, die zur Verdurstungsstrecke werden kann) *weiterverwaltet und verkommt unbemerkt.* In einer solchen Krise entscheiden sich immer mehr verantwortliche Leute für den Weg von der versorgten zur sorgenden Gemeinde. Der Wille zum Überleben der Pfarrei als Ort des Glaubens und damit Anwalt des Menschen ist stärker als der Wunsch, in Ruhe gelassen zu werden. *Gottes Geist ist sichtlich nicht domestizierbar.*
Der Wunsch allein reicht aber nicht aus. Zwar wird ein Programm entwickelt. Ziele werden deutlich. Aber die Kraft und Fähigkeit, dieses Ziel auch in Angriff zu nehmen, überfordert zumeist die ungeübten Leute. Genauer: Die Fähigkeiten wären schon da, aber sie sind nicht entwickelt. Die Kundigen wissen darum auch. Also suchen sie nach Abhilfe, um ihre Fähigkeiten, ihre Charismen zu entfalten.

2. Pastorales Lernen[114]

Fähigkeiten entwickeln, heißt »lernen«. Pastorale Fähigkeiten entfalten, heißt dann »pastorales Lernen«. Dabei geht es um die Entwicklung einer vielfältigen *fachlichen »Kompetenz«,* also Handlungsfähigkeit. Drei Elemente sind wichtig: Welches Ziel hat mein Tun? In welcher Situation findet es statt? Es geht damit um den Erwerb von Zielsicherheit und Situationsgerechtigkeit. Aus diesen beiden Einsichten lassen sich dann Handlungsstile entwerfen, die dann zu erproben und in der Reflexion mit anderen stets neu zu prüfen sind.
Man kann diese »Kompetenz« die fachliche nennen. Eine weitere kommt dazu. Pastorales Tun ist ja immer Umgang mit Menschen. Der seelsorglich arbeitende Mensch (Laie, Priester) steht somit stets in *Beziehungen:* zu einzelnen, zu Gruppen. Manch einer, der die Ziele gut kennt, die Situation erfaßt, der gute Handlungsstile entwickelt hat, scheitert am Umgang mit Leuten und Gruppen. Also gehört zum pastoralen Lernen auch der Erwerb persönlicher kommunikativer Kompetenz. Dies sieht beim Umgang mit einzelnen Menschen anders aus, als wenn es um Leitung und Kooperation in Gruppen geht.
Schließlich ist solches pastorales Tun nicht nur sachbezogen (hat also ein Thema), nicht nur kommunikativ (ist also eine Bezie-

hung), sondern ist immer als Handeln der Kirche zu verstehen. So gesehen bedarf es einer *»spirituellen Kompetenz«*. Wir meinen damit nicht eine abgespaltene Spiritualität, die es neben der fachlichen und persönlichen Kompetenz gibt. Vielmehr haben die fachlichen und persönlich-kommunikativen Momente der pastoralen Fähigkeit eine Tiefendimension: die spirituelle. Wir haben dies zuvor schon an der Situation gezeigt: sozialwissenschaftliche Erkenntnis ist ein Teil der Erfassung der Situation, die gläubig-spirituell als Gottes Geschichte mit uns und der Annahme bzw. Verweigerung der Menschen verstanden wird. Spiritualität ist somit vor allem ein Graben in die Tiefen der Wirklichkeit, also auch des pastoralen Arbeitens. Pastorale Spiritualität ist demnach die Erfahrung, daß unser Handeln immer »Sakrament«, also Darstellung der Absichten Gottes im Raum und Zeit sind, und diese Absichten voranbringen wollen.

(1) Lernen in Kursen

Nun hat pastorales Lernen eine lange Tradition. Es gibt Kurse, Konferenzen, Tagungen aller Art. Ihnen gemeinsam ist, daß die Menschen den Ort ihrer pastoralen Tätigkeit verlassen, und *an einem eigenen Ort rund um ein gemeinsames Problem versammelt* werden.

Das ist sinnvoll, vor allem weil es Zeit und Personen schont, sowie Geld *spart*. Auch wird es möglich, daß verschiedenartige *Erfahrungen ausgetauscht* werden können. Lernen aus Erfahrungen anderer ist eine sehr bewährte Form der Fortbildung.

Doch hat sich längst herausgestellt, daß solches Lernen abseits vom Ort pastoraler Arbeit auch nachteilig ist. Man hört dort gekonnt vorgetragene und einsichtige Theorien. Dann kommt der berühmte *»back-home«* Effekt: »Nach Hause« zurückgekehrt, sieht dann alles viel schwieriger aus. Die Übersetzung des Gelernten will nicht gelingen. Dazu kommt, daß durch Fortbildung der Abstand zwischen den Teilnehmern an Kursen und den Daheimgebliebenen wächst. Ich erlebe dies nicht selten, wie ältere Pfarrer auf die Berufseinführung ihres Kaplan reagieren. Das Lernen einzelner stört den Arbeitsalltag. Manch einer, der etwas gelernt hat und nun verwirklichen will, stößt so auf harten Widerstand der Seßhaften, und gibt bald auf. Seine schlechte Erfahrung immunisiert ihn auch gegenüber weiteren Fortbildungsangeboten. Er bleibt dann lieber daheim, und verhütet damit vorbeugend neue Konflikte, die sich aus seinen besseren Einsichten ergeben.

Fortbildung herkömmlicher Art erweist sich damit aber immer häufiger als *»Fort-Bildung«, fort von jenem Ort, an dem dann das Lernen fruchtbar werden soll.* Muß man also hinkünftig auf Fortbildung verzichten? Die Fortbildungseinrichtungen der Kirche sind nicht zufällig heute in einer bemerkenswerten Krise. Man hat es schwer, für viele Themen, vor allem ausdrücklich theologische, Teilnehmer zu gewinnen. Besser steht es noch um gruppenorientierte Kurse, wie für Angehörige von Liturgieausschüssen von pfarrerlosen Gemeinden (die aber nicht priesterlos sind), von Pfarrgemeinderatsvorsitzenden, u. a.

(2) Lernen am Ort

Die Alternative zur Sistierung der pastoralen »Fort-Bildung« heißt nicht Beendigung der Fortbildung, sondern *Rückführung des Lernens an den Ort des Arbeitens.* Lernen am Ort ist die Antwort auf die verbreitete Krise pastoraler Fortbildung.

Der Vorteil ist offenkundig: Wird an Ort und Stelle gelernt, besteht die Möglichkeit, die an pastoralen Vorgängen Beteiligten zusammen in *einen* Lernprozeß einzubeziehen. Dieses Lernen ist dann zwar nicht einfacher, aber zielführender. Es schafft nicht neue Konflikte, indem einige sich durch Wissen, draußen geholt, stärken und »Munition« besorgen.

Tauchen dabei grundsätzlichere theologische oder pastorale Fragestellungen auf, besteht immer noch die Möglichkeit, daß dann die Pfarrei, die lernt, ein intensives Wochenende verbringt oder auch einige von ihnen einen Kurs besuchen.

(3) Begleitetes Lernen

Der Normalfall für ein solches Lernen am Ort besteht darin, daß man dazu *keinen eingeholten Fachmann* benötigt. Es müßte genügen, daß eine hochqualifizierte Person (Priester, Laie) da ist, einer also, der pastoral und theologisch gut ausgebildet ist und an sich weiterarbeitet. Der zunächst Verantwortliche für das Lernen einer Pfarrei, damit für die Entwicklung von einer versorgten zu einer sorgenden Gemeinde ist der Pfarrer, ein Provisor, eine hauptamtliche Bezugsperson.

Es gehört daher auch zu den Grunderfordernissen pastoraler Ausbildung, das Absolventen von theologischen Fakultäten oder von Fachhochschulen die Fähigkeit haben, in der Pfarrei, in der sie leben und/oder arbeiten, diesen Lernprozeß zu begleiten. Da dies oft nicht der Fall ist, habe ich zum Beispiel zusammen mit der Theologischen Fortbildung in Freising einen einjährigen Intervallkurs für »*Praxisbegleitung*« entwickelt. Wir haben damit bislang gute Erfahrungen gemacht, auch wenn das Programm von Jahr zu Jahr sich entwickelt hat, also immer noch weiter entwicklungsfähig ist. Wir drucken im Anschluß an diese grundsätzlichen Reflexionen den zur Zeit gültigen Werbetext des Freisinger Kurses für Seelsorgliche Praxisbegleitung ab.

Anliegen dieses Kurses ist knapp folgendes: Die Aufgabe eines »Gemeindeleiters« (oder für Notzeiten einer nichtpriesterlichen Bezugsperson) besteht in der Gründung und Entwicklung von Pfarreien. Sein Auftrag ist also, eine Art »Entwicklungshilfe« zu leisten, nicht, indem er alles selber macht, sondern indem die vielen möglichst eigenverantwortlich machen, wozu sie von Gottes Geist befähigt werden. Entwickeln verbinden wir mit dem Wort »begleiten«. Ein Pfarrer wird die Pfarrei, in der er lebt, oder die er providiert, so begleiten, daß dort Leben aufkommt und bleibt.

(4) Gemeinde- und Praxisbegleitung

Nicht in allen Situationen reicht die Fähigkeit des Praxisbegleiters aus. Dann wird er in seiner »*Supervisionsgruppe*« (die sich häufig nach einem Praxisbegleitungskurs von selbst bildet) sich beraten lassen. Er trägt dort seinen »Fall« vor, spricht ihn mit anderen durch, und zieht für sich und seine Arbeit Schlüsse. Ein solcher Schluß kann darin bestehen, daß er in der Pfarrei, in der er arbeitet, vorschlägt, man soll *für eine überschaubare Zeit* einen Fachmann, einen *Gemeinde- und Praxisberater* beiziehen. Mit diesem wird dann ein ziemlich präziser Vertrag (über Ziel, Dauer, Finanzierung) der Beratung abgeschlossen. Die Zahl der Kirchen[115] und Diözesen wächst, die solche Praxis- und Gemeindeberater ausbilden lassen und auf Abruf zur Verfügung stehen. Häufig sind es Personen, die diese Aufgabe gar nicht hauptamtlich übernehmen, sondern nebenamtlich. Sie arbeiten selbst in einer Pfarrei oder in einer anderen diözesanen Einrichtung.

Wie die Ausbildung zu einem solchen Praxisberater aussieht, kann aus dem angehängten Ausbildungsprogramm des Theologisch-Pastoralen Instituts in Mainz entnommen werden; dieses TPI ist ein gemeinsames Fortbildungsinstitut der südwestdeutschen Diözesen.

(5) Bisherige Erfahrungen in der Diözese Passau

In der Diözese Passau haben wir zur Zeit gute Erfahrungen mit dem Freisinger Kurs für Seelsorgliche Praxisbegleitung. In den letzten drei Jahren haben aus der Diözese etwa 30 Leute, Pfarrer, Laien, Männer und zunehmend viele Frauen (was sich sehr bewährt hat) teilgenommen. Wir betreiben in Passau eine *gezielte Politik:* Vorrangig laden wir die *Mentorenpfarrer* der Berufseinführungszeit zum Kurs ein, also jene Pfarrer, bei denen ein Kaplan oder eine Pastoralassistentin- bzw. ein -assistent während der ersten drei Berufsjahre lebt und arbeitet. Dazu kommen Personen, von denen wir meinen, daß sie für die Entwicklung der Pastoral in einzelnen *Regionen* wichtig sind: indem sie zum Beispiel die Qualität der Pastoralkonferenzen (»Dies«) verbessern können. Deshalb wählen wir Teilnehmer aus verschiedenen Regionen, und trachten, daß auch immer wenigstens zwei aus jeder Region am Kurs teilnehmen. Diese hat auch seinen Grund darin, weil wir hoffen, daß nach dem Kurs sich regional »Supervisionsgruppen« zum gegenseitigen Austausch und Weiterlernen entwickeln. Dies ist bislang auch in einer erstaunlichen Weise geschehen. Der Wunsch, zusätzlich für ehemalige Teilnehmer am Freisinger Kurs weitere Wochen zu veranstalten, wächst. Wir beobachten auch, daß ehemalige Teilnehmer verstärkt das Freisinger Fortbildungsangebot (für Homiletik, in Themenzentrierter Interaktion, etc.) in Anspruch nehmen. Der Freisinger Kurs mobilisiert also offenbar die pastorale Fortbildungswilligkeit in einem erfreulichen Ausmaß.

Schwieriger ist es dann, hauptamtlich Tätige für eine weitere *Ausbildung von der Praxisbegleitung zur Gemeinde- und Praxisberatung* zu gewinnen. Dabei achten wir darauf, daß die Standards der Deutschen Gesellschaft für Pastoralpsychologie EV eingehalten werden (wir dokumentieren auch diese im Anhang). Festzuhalten ist aber, daß die Passauer Diözesanverantwortlichen diese Ausbildung befürworten, nicht zuletzt deshalb, weil der vorhersehbare Priestermangel nicht nur raumpflegerisch durch Zusammenlegen von verwaisten Pfarreien verwaltet werden soll, sondern weil die Diözese ihre pastorale Letztverantwortung auch dadurch wahrnehmen will, daß die Krise pfarrerloser Pfarreien zur Erneuerung der Gemeinden selbst fruchtbar gemacht wird.

3. Anhang

(1) Freisinger Kursprogramm

Freisinger Kurs für Seelsorgliche Praxisbegleitung

Mit diesem Prospekt stellt die Theologische Fortbildung Freising, die im Auftrag der Bayerischen Bischofskonferenz handelt, einen einjährigen Intervallkurs vor, der in Zusammenarbeit von P. Karl Götzinger, P. Hans Günther Wesel, Professor Paul M. Zulehner und Dr. Walter Friedberger entworfen und inzwischen mehrere Male mit gutem Erfolg durchgeführt wurde.

1. Anlässe zu diesem Intervallkurs

Wir sind in einer Kirche des Übergangs. Altbewährte Formen des kirchlichen Arbeitens sind fraglich geworden, neue Formen sind im Entstehen. Eine solche Situation des Übergangs erleben nicht wenige als unüberschaubar und ungewiß. Dazu kommt, daß sich markante Veränderungen in den Gemeinden insofern ergeben haben, als an ihrer Arbeit viele beteiligt sind: nach wie vor der Priester (wenn er nicht an einem anderen Ort wohnt), dazu aber neue pastorale Berufsträger wie Diakone, Pastoralassistenten, Gemeindereferenten, Gemeindehelfer. Von höchster Bedeutung sind schließlich die ehrenamtlich mitarbeitenden Gemeindemitglieder, darunter jene, die in den neuen gemeindlichen Gremien mitmachen. Es stellt sich von da her die Aufgabe, solche Menschen zu pastoraler Arbeit zu befähigen, zu leiten, mit ihnen zusammenzuarbeiten. An die pastorale Kompetenz der Seelsorger werden neue, aber interessante Anforderungen gestellt.
Dazu kommt, daß in den vergangenen Jahren in der Kirche klar erkannt wurde, wie wichtig die ersten Berufsjahre hauptamtlicher pastoraler Mitarbeiter sind (Kapläne, Pastoralassistenten etc.). Ob sie fähig werden zu einem persönlich verantworteten und geistlich vollzogenen selbständigen Dienst, hängt nicht zuletzt von der Qualität des Lebens und Wirkens der Gemeinde und jenem Vorsteher der Gemeinde ab, der zumeist als »Mentorenpfarrer« begriffen wird (vgl. dazu die Rahmenordnungen der Deutschen Bischofskonferenz 1978/79).
Der Intervallkurs »Seelsorgliche Praxisbegleitung« ist ein Angebot für jene Pfarrer, Religionslehrer, Leiter von Institutionen und Verbänden, die mit gewisser Regelmäßigkeit andere in der Zeit der Berufseinführung (berufliche Sozialisation) begleiten. Er ist zudem ein Fortbildungsangebot für jene, die auf vielfältige Weise mit anderen zusammenarbeiten und ein Interesse daran haben, ihre Kompetenz zu erweitern und aus der Praxisberatung mit anderen zusammen zu lernen: z. B. Angehörige von Diözesanleitungen, Dekane, Fortbildungsleiter, Verantwortliche in Seminarien, Pfarrverbandsleiter, Leiter und Leiterinnen von Verbänden in Diözesen und Regionen und alle, die in der Kirche arbeiten und diese pastorale Arbeit zusammen mit anderen überprüfen und aus dem Erfahrungsaustausch lernen wollen.

Aus diesem Ansatz heraus und von diesen Zielgruppen her ergeben sich die Lernziele dieses Kurses:

2. Lern- und Arbeitsziele

Die Teilnehmer dieses Kurses sollen fähiger werden, mit anderen zusammenzuarbeiten und ihre Mitarbeiterinnen und Mitarbeiter in ihrer beruflichen, persönlichen und damit spirituellen Kompetenz zu fördern.
Zum ersten:
Wer mit anderen zusammenarbeitet, soll fähiger werden, diesen fachlich zu helfen: in pastoralen und theologischen Fragen zu raten und klärend zur Seite zu stehen; aus eigener (bedachter) Erfahrung mitzuteilen und bei der Lösung anstehender Probleme hilfreich zu sein.
Dies verlangt nicht nach dem Supertheologen oder Superseelsorger. Wichtig ist, daß solide pastorale Kenntnis erworben wurde und die Begabung gepflogen wird, Kenntnisse entsprechend mitzuteilen.
Zum zweiten:
Wer mit anderen zusammenarbeitet und sich müht, dem Mitarbeiter beruflich weiterzuhelfen, kümmert sich um dessen persönliche Identität. Wie anderswo auch, braucht der kirchliche Mitarbeiter eine weitgehende Übereinstimmung zwischen seiner Tätigkeit und seiner Person, seiner Lebenshoffnungen und Erfahrungen. Zwischen diesen beiden Lebensbereichen »Arbeit« und »Person« entstehen nicht selten schädliche und zerstörerische Spannungen.
Ein Seelsorger, der aufgrund seiner Leitungsaufgabe für andere Verantwortung trägt, sollte besonders fähig sein, einem (in der Regel jüngeren) Mitarbeiter dabei zu helfen, daß er in seinem Beruf sich selbst finden kann und somit Arbeit und persönliches Lebensschicksal heilsam verknüpft.
Eine wesentliche Voraussetzung für diese Aufgabe ist die Erweiterung der eigenen kommunikativen Fähigkeiten.
Wer immer sich verantwortlich anderen zuwendet, braucht Selbsterfahrung und Erfahrung mit Beziehungen und Beziehungsstörungen. Die Zusammenarbeit und die Anleitung von neuen Mitarbeitern wird möglich und fruchtbar, wenn die Beziehungen zwischen den Partnern kommunikativ, d. h. offen, wohlwollend verständig und bejahend sind. Manch einer kann das nicht, weil er mit sich selbst und seinen eigenen Gefühlen und Verhaltensweisen noch wenig Erfahrung gemacht hat. Er kennt sich sozusagen noch nicht gut genug und er kann nicht genügend achtgeben auf Stimmungen und Gefühle, die auch die Beziehungen in pastoraler Zusammenarbeit bestimmen.
Deshalb wird in diesem Kurs besonders Wert darauf gelegt, daß die Teilnehmer sich selbst kennenlernen, ein deutliches Gespür dafür bekommen, wer sie selbst sind, wie sie auf andere reagieren und wie es ihnen mit anderen geht und wie dabei Stimmungen und Gefühle, Verhaltensweise und Reaktionen von Bedeutung sind.
Zum dritten:
Das Arbeiten in der Kirche und das Zusammenarbeiten mit anderen hängt

wesentlich davon ab, wie die eigene pastorale Spiritualität beschaffen ist, wie man die Spiritualität der Mitarbeiter erkennt und würdigt und wie man bei allen Unterschiedlichkeiten sich spirituell gegenseitig fördert. Die Kunst miteinander eine tragfähige Spiritualität zu entwickeln, ist nicht so sehr Frage einer wissenschaftlichen Anstrengung, sondern ein Vorgang, der mit dem Hineingraben in die eigenen Tiefen, mit Verwurzelung und Befreiung zu tun hat.
Spirituelle Kompetenz dieser Art wird nicht unthematisch und in abgegrenzten Arbeitseinheiten vermittelt. Vielmehr ist – eingestreut in die vorgesehenen Arbeitsvorgänge – im Kurs immer wieder Gelegenheit, die spirituellen Dimensionen des Lebens und Arbeitens bei sich selbst und bei anderen aufmerksam sehen und entwickeln zu lernen.

3. Aufbau dieses Kurses

Der Kurs ist ein Intervallkurs mit verschiedenen Kurselementen in der Zeit von November bis Juli. Er bietet pastoraltheologische Informationen, spirituelle Impulse und seelsorgliche Praxisberatung berufsbegleitend während der Kurszeit.

Erste Kurseinheit

Eine Woche
Ort: Theologische Fortbildung Freising
Einführung in den Intervallkurs und die seelsorgliche Praxisberatung
- Aufbereitung des Problembewußtseins und der Kurserwartung
- Formulierung von Arbeitsproblemen
- Darstellung vorliegender Erfahrungen

(2 Tage, Leitung: P. Karl Götzinger, P. Hans Günther Wesel, München)
pastorale Konzeption – pastorale Spiritualität
- Meine pastorale Identität
- Zielvergewisserung
- Schärfung der Empfindsamkeit für die gesellschaftliche Situation kirchlichen Handelns

(3 Tage, Leitung: Prof. Paul M. Zulehner, Passau)

Zweite Kurseinheit

10 Tage
Ort: Theologische Fortbildung Freising oder München
Berufsbegleitende seelsorgliche Praxisberatung
Die Praxisberatung findet in Gruppen nach Absprache mit den Teilnehmern in Freising oder München statt.
Die Teilnehmer bringen Berichte aus ihrer pastoralen Arbeit in die Praxisberatung mit. Die inhaltlichen Schwerpunkte der jeweiligen Treffen hängen von den vorliegenden Berichten und den Interessen der Teilnehmer ab.

Dritte Kurseinheit

Eine Woche
Ort: Theologische Fortbildung Freising
Pastorale Kommunikation
- Praxis und Spiritualität der Kommunikation
- Selbst- und Fremdwahrnehmung im Gespräch und in der Beratung
- Vorgänge bei Konflikten von Mitarbeitern
- Gruppenprozesse
- personenzentrierte Haltungen in der Seelsorge

Leitung: P. Karl Götzinger, P. Hans Günther Wesel, München oder andere Mitarbeiter)

Vierte Kurseinheit

Eine Woche
Ort: Theologische Fortbildung Freising

Den Abschluß bildet ein Kurs, in dem noch einmal pastoraltheologische Themen und Reflexion der eigenen Praxis und des pastoralen Selbstverständnisses einander ergänzen.

Pastoraltheologische Themen können sein z. B. Gemeindeleitung, Umgang mit Distanzierten, Jugendpastoral.

In der Auswertung der berufsbegleitenden Praxisberatung werden die Erfahrungen der Kurszeit und die Möglichkeiten der weiteren Entwicklung in den Aufgaben des eigenen Dienstes bearbeitet.

(Leitung: P. Karl Götzinger, P. Hans Günther Wesel, München; Prof. Paul M. Zulehner, Passau; Dr. Walter Friedberger, Freising)

Voraussetzung der Teilnahme:
Interesse an der Sache und genügende Lernbereitschaft
Anmeldung:
über die zuständige diözesane Dienststelle (in der Regel das Generalvikariat)
Finanzierung:
Die meisten Diözesen übernehmen die Gesamtkosten
Beurlaubung:
Die notwendige Dienstbefreiung wird von den Dienststellen gewährt, wenn die Teilnahme an diesem Kurs zugestanden ist.

Nähere Auskünfte erteilt gerne die
Theologische Fortbildung
Domberg 27
D-8050 Freising
Telefon: 08161/4513 oder 2342
Dr. Walter Friedberger

(2) Ausbildung zu Praxisberatern im Theologisch-Pastoralen Institut in Mainz (TPI)

TPI

Theologisch-Pastorales Institut für berufsbegleitende Bildung der Diözesen Freiburg/Fulda/Limbuginz/Rottenburg/Trier. Ausbildung von pastoralen Praxisberatern für die Zusammenarbeit in Pfarrgemeinden, Pfarrverband und Dekanat (6500 Mainz/Rhein, Augustinerstraße 34, Telefon (06131) 93019), September 1977

0 *Vorbemerkungen*

0.1 Die Zusammenarbeit im kirchlichen Bereich erweist sich in zunehmenden Maße als eine pastorale Notwendigkeit. Dies kann nicht allein mit dem Problem des Priestermangels begründet werden, sondern schließt eine theologische Aussage ein wie sie im »Dekret über Dienst und Leben der Priester« ausgesprochen wurde: »Kein Priester kann abgesondert und als einzelner seine Sendung hinreichend erfüllen, sondern nur in Zusammenarbeit mit anderen Priestern, unter Führung derer, die die Kirche leiten.« (2. Kap., Nr. 7)

Die Synode hat diese Forderung aufgegriffen und in der »Rahmenordnung für die pastoralen Strukturen« zum Ausdruck gebracht.

0.2 Die einzelnen Diözesen versuchen nun durch Pfarrverbandsstatuten, Strukturpläne und Arbeitshilfen eine intensivere Zusammenarbeit in der Pastoral anzuregen. Entsprechende Strukturen sind *eine* Voraussetzung für das Lernen von Zusammenarbeit, gegenseitiger Hilfe und gemeinsamer Planung in der Pastoral.

Es bedarf weiterer spezifischer Dienste, Kenntnisse und Fähigkeiten, um dem Ziel der Zusammenarbeit in der Pastoral näherzukommen.

Schon seit einiger Zeit wurde von seiten der Bistumsleitung, von Dekanen und Priestern im Gemeindedienst an uns der Wunsch herangetragen, Praxisberater vor allem für die immer notwendigere überpfarrliche Zusammenarbeit auszubilden.

0.3 Die Ausbildung zum ›pastoralen Praxisberater‹ möchte erfahrene Seelsorger und hauptamtliche pastorale Mitarbeiter befähigen, Gemeinden, Pfarrverbände und Dekanate bei ihren Versuchen zur Zusammenarbeit zu begleiten und zu beraten.

1 *Lernziel der Ausbildung*

Der pastorale Praxisberater soll im Rahmen einer kooperativen Pastoral den Verantwortlichen in Pfarrgemeinden, Pfarrverbänden oder Dekanaten helfen, in der jeweiligen Situation ihre Fragen und Schwierigkeiten selbst zu lösen, ihre eigenen Fähigkeiten zu entdecken und einzusetzen und gemeinsames Handeln zu planen.

Ziel dieser Tätigkeit ist damit die Verbesserung der beruflichen Kompetenz des

Seelsorgers sowie der Befähigung der pastoralen Mitarbeiter im Einsatz ihrer Kenntnisse, Fähigkeiten und der eigenen Person im Dienst der Verkündigung der Frohen Botschaft.
Der pastorale Praxisberater soll lernen, Hilfen zur beruflichen Identität des Seelsorgers und zu authentischem pastoralen Tun zu vermitteln. Dies geschieht im Prozeß der Beratung und Zusammenarbeit durch Reflexion von pastoralem Handeln und dessen theologischen und spirituellen Hintergründen.

2 *Projektbeschreibung*

2.1 *Vorbereitungsphase*

2.1.1 Zunächst müssen (ca. 20 Bewerber) für die Ausbildung zur Praxisberatung gewonnen werden und ebenso viele kooperationswillige Pfarreigruppen (Pfarrverbände), die bereit sind, mit einem der auszubildenden Bewerber während seiner Ausbildungszeit als Praxisberater zusammenzuarbeiten.

2.1.2 Kriterien für Bewerber:
Die Bewerber müssen im kirchlichen Dienst stehen und gezeigt haben, daß sie für den Umgang mit Gruppen gute Eignung und ein Stück Aus- (bzw. Fort-)bildung besitzen.

2.1.3 Kriterien für Pfarreiengruppen (Pfarrverbände):
Die hauptamtlichen kirchlichen Mitarbeiter dieser Pfarreien und deren Pfarrgemeinderatsvorsitzende müssen an einer Praxisberatung interessiert sein und gewillt, in der kommenden Zeit zu einer funktionsfähigen Zusammenarbeit zu kommen.

2.1.4 Absprache zwischen Diözese, Bewerbern und Pfarreiengruppen: Zwischen jedem Bewerber und einem aus den oben erwähnten Pfarreiengruppen der betreffenden Diözese erfolgt eine Absprache, in der geregelt wird:
von seiten der Diözese,
- daß der Bewerber Teilfreistellung für die Ausbildung und einen späteren Einsatz erhält;
- daß der Bewerber bei erfolgreicher Beendigung der Ausbildung Einsatzmöglichkeiten in Praxisberatung von Pfarreiengruppen und Pfarrverbänden erwarten kann;
- daß und in welchem Maße sich die Diözese an den finanziellen Lasten der Ausbildung beteiligt;

von seiten des Bewerbers,
- daß er bereit ist, den für die Ausbildung erforderlichen Aufwand zu leisten;
- daß und in welchem Umfang er sich an den Kosten der Ausbildung beteiligt;
- daß er bereit ist, später im Rahmen weiterer Teilfreistellung für Praxisberatung von Pfarreiengruppen oder Pfarrverbänden zur Verfügung zu stehen

von seiten der Pfarreiengruppe (Pfarrverband, Gemeinde),
- daß der Bewerber Zugang zu allen die Zusammenarbeit betreffenden Informationen erhält und an den Zusammenkünften teilnehmen kann;
- daß der Bewerber keinerlei Weisungsbefugnis besitzt und an die Diözesanleitung oder andere Stellen allenfalls pastorale, aber keinerlei personale Informationen weiterzugeben berechtigt ist;
- auf welche Zeit die Beratungstätigkeit zunächst befristet ist.

2.2 *Ausbildungsphase*

Die Ausbildung zum pastoralen Praxisberater ist gegliedert in Studienwochen und Supervisionssitzungen.

2.2.1 In den Studienwochen sollen die Teilnehmer die Voraussetzungen und Grundlagen für die Beratung und Begleitung von einzelnen und Gruppen in ihrer pastoralen Arbeit kennenlernen und ansatzweise anwenden. Dabei werden Konzepte der Humanwissenschaften zugrundegelegt. Ausgangspunkt sind Fragen nach den theologischen und pastoralen Zielen und deren Verwirklichung.

Damit möchte die Ausbildung gewährleisten, daß in der Pastoral weder ein reiner Pragmatismus noch eine unreflektierte Übernahme von Sozialtechniken vorherrscht, vielmehr soll Theologie in pastorale Praxis umgesetzt und gerade darin erfahrbar werden.

2.2.2 Die Supervisionssitzung geht aus vom Bericht des Supervisanden, der einen Ausschnitt aus seiner pastoralen Tätigkeit bzw. aus seiner Tätigkeit als Praxisberater darstellt. Dabei werden Inhalte, Methoden sowie das eigene Verhalten in der jeweiligen pastoralen Situation miteinander in Beziehung gesetzt, so daß er lernt, seine Fähigkeiten mehr und mehr zu erkennen und in der pastoralen Praxisberatung einzusetzen. Aufgrund der Analyse der konkreten Praxis, in Entwickeln von Handlungsalternativen und durch die theologische Reflexion dieses Lernens wird die Verbesserung und Weiterentwicklung des pastoralen Handelns angegangen.

2.2.3 In einem ersten Lernabschnitt werden die Bewerber in einem 12tägigen Kurs auf ihre Mitarbeit in einer Pfarreiengruppe vorbereitet. Der Kurs soll vor allem die Fähigkeit zur Prozeßbeobachtung, zum Umgang mit Gruppen fördern.

2.2.4 Danach beginnt der Bewerber mit der Praxisberatung in einer Pfarreiengruppe unter begleitender Supervision durch einen ausgebildeten Supervisor. Als Supervisoren werden Personen ausgewählt, die fachlich qualifiziert und anerkannt sowie katholisch und kirchlich eingestellt sind. Die Supervision umfaßt ca. 15 Gruppenberatungen in Gruppen zu fünf bis sechs Teilnehmern und 10 Einzelberatungen.

2.2.5 In den weiteren Studienwochen werden die gemachten Erfahrungen reflektiert und vertieft bzw. Kenntnisse und Fähigkeiten ergänzt. Thematische Schwerpunkte sind: Beratungskonzepte, Organisationspsychologie, Theologische Grundlagen. Soweit möglich sollen Supervisoren aus der Phase 2.2.3/4 diesen Kurs mitgestalten. Danach wird entschieden, ob der Bewerber weiterhin und in größerem Umfang in der Praxisberatung von Pfarreiengruppen eingesetzt wird. Die Gesamtdauer der Ausbildung wird auf 18–20 Monate veranschlagt.

2.2.6 Nach Möglichkeit sollen parallel zur Ausbildung des Bewerbers die Hauptamtlichen der jeweiligen Pfarreiengruppe und die Pfarrgemeinderatsvorsitzenden an Kursen/Wochenenden über Kommunikation/Kooperation teilnehmen und versuchen, unter Beratung durch den Bewerber ihre Pfarrverbandsarbeit zu entwickeln.

3 *Lerninhalte*

3.1 Erweiterung und Aufarbeitung von Kenntnissen und Erfahrungen in Kleingruppenarbeit, Gruppen- und Intergruppenprozessen, Prozeßbeobachtung und Auswertung, Gruppenleiterverhalten, angemessene Interventionsstile.

3.2 Sozialpsychologische Fragen: Einstellungen, Werte, Vorurteile, Rollenerwartungen, Widerstände, Konflikte.

3.3 Beratungskonzepte: Voraussetzungen, Anwendungsmöglichkeiten und Grenzen; Kontrakt, Zielformulierung, Auswertung; Lernen aus Erfahrung im Beratungsprozeß.

3.4 Fragen zur Zusammenarbeit von Institutionen und Organisationsformen von Gemeinde, Pfarrverband, Dekanat, Diözese

3.5 Theologische Aspekte:
Auftrag der Kirche und Gemeinde in der heutigen gesellschaftlichen Situation
Theologie der Gemeinde, ihrer Dienste und Ämter
Theologie und Erfahrung in der pastoralen Praxisberatung,
Klärung der eigenen theolog. Voraussetzungen, ›Gabe des Rates‹.

4 *Studienwochen*

4.1 Kooperative Pastorale	16. 4. 78–28. 4. 78
4.2 Beratungskonzepte	Herbst 1978
4.3 Organisationsentwicklung	Frühjahr 1979
4.4 Pastorale Praxisberatung: Theologische Voraussetzungen	Herbst 1979

5 *Supervisionen*

5.1 Supervision der eigenen pastoralen Praxis Triade (Supervisor – zwei Supervisanden) oder Gruppensupervison
8–10 Sitzungen à 3–4 Stunden (45 Min.)

5.2 Lehrsupervision für pastorale Praxisberater
Einzel- oder Triadensupervision
10 Sitzungen à 2–3 Stunden

5.3 Lehrsupervision für pastorale Praxisberater
Gruppensupervision
8 Sitzungen à 4 Stunden

Zertifikat – Zusatzausbildung zum Gemeindeberater für überpfarrliche Zusammenarbeit

Inhalte und Themen der Zusatzausbildung:

- Einführung in die Gesetzmäßigkeiten von Kommunikationsprozessen in pastoralen Gruppen
- Konfliktanalyse, Konfliktverarbeitung, Konfliktberatung
- Einübung in den Prozeß der Gruppenberatung:

Kontrakt
Datenerhebung
Interventionsmodalitäten
Reflexion der Rolle und der Aufgabe des Beraters
- Einführung in Lern- und Beratungskonzepte
- Vertiefung theologischer Zusammenhänge von kooperativer Pastoral
- Das Spezifische pastoraler Beratungsbeziehungen:
  Lernen an religiösen Erfahrungen und Vertiefung des Glaubens
  Reflexion der Rolle des Beraters und seiner Glaubensgestalt

Lernformen der Zusatzausbildung:
7 Kurswochen: 35 Tage: 280 Unterrichtsstunden
Gruppen- und Einzelsupervisionen:
100 Stunden im Zeitraum von zwei Jahren

Lernkontrollen:
- Selbst- und Fremdeinschätzung zum jeweiligen Lernstand in den Kurswochen
- Schriftliche und mündliche Falldarstellungen innerhalb der Supervision
- Auswertungen der Supervisionsabschnitte
- 1. Schriftliche Hausarbeit:
  Beschreibung einer Gruppensituation im Rahmen
  kooperativer Pastoral: Diagnose und Beratungsziele
- 2. Schriftliche Hausarbeit:
  Beschreibung des eigenen Lernprozesses und des Konzeptes von Gemeindeberatung
- Abschlußkolloquium

Frau/Herr
hat in der Zeit vom 16. April 1978 bis 13. Juni 1980 an der Zusatzausbildung zum Gemeindeberater für überpfarrliche Zusammenarbeit teilgenommen und erfolgreich abgeschlossen.
Mainz, den

....
(Franz Sieben M.A., Supervisor
und Ausbildungsleiter)

3. Standards einer Ausbildung, nach den Richtlinien der deutschen Gesellschaft für Pastoralpsychologie EV

Deutsche Gesellschaft für Pastoralpsychologie eV
Sektion: »Kommunikations- und Verhaltenspsychologie«

A. Standards
1. Vollstudium (in der Regel Theologie)
2. Zusatzausbildung, orientiert an den Theoriekonzepten von GT, KT, VT

2.1 Selbsterfahrung, vergleichbar 100 Stunden z. B. Encounter, Metakommunikationsanalysen, Einzeltherapie, bei einem anerkannten Supervisor/Trainer

2.2 Theorieelemente 150 Stunden

a) Psychologische Theoriebildung, Auseinandersetzung mit

- Grundlagen der Lerntheorien
  - Kurzer geschichtlicher Überblick
  - die verschiedenen Richtungen
  - praktische Ausformung der einzelnen Lerntheorien (z. B. Konditionieren, Imitationslernen ...)
- Grundlagen der Interaktion und Kommunikation
  - sozial perception
  - Ausdruckspsychologie
  - Kommunikationstheorien
  - verbale und nonverbale Kommunikation
  - Inhalts- und Beziehungsaspekte
  - die Bedeutung von Beziehung und Erwartung in der seelsorglichen Beratung
  - Verzerrung und Ignorierung im Blick auf Selbsteinschätzung
  - verschiedene Formen derInteraktion und Kommunikation und ihre Auswirkungen (z. B Fragen, Feedback, Informationsabgabe, Bagatellisieren, Pushing, Werten ...)
  - Konsequenzen für die partnerzentrierte Beratungs-Seelsorge (z. B. Variablen ...)
- Grundlagen der Motivations- und Konfliktpsychologie
  - lerntheoretisch
  - feldtheoretisch
  - tiefenpsychologisch
  - direktiver versus nondirektiver Ansatz
- Grundlagen der Sozialisationstheorien
  - Anlage-Umwelt-Problem
  - Entwicklungspsychologie
  - Persönlichkeitstheorien
  - religiös-sittliche Sozialisation/Individuation und ihre Fehlformen
- Grundlagen der Psychosen- und Neurosenlehre
  - lerntheoretische Ansätze
  - tiefenpsychologische Schulen
  - Psychosomatik
  - Phänomenologie der Neurosen und Psychosen
  - Therapieformen
  - Indikation und Erfolgsbeurteilung verschiedener Behandlungsmethoden
- Psychodiagnostik
  - Testtheorien
  - Testverfahren
  - differentielle Diagnostik
  - Verhaltens- und Veränderungsdiagnostik (Kontrollmethoden und Verfahren)

- Explorations- und Anamnesegespräch
- Möglichkeiten und Grenzen der Anwendung
- • Kenntnisse über weitere Methoden und Wege der Konflikthilfe
- Methoden der Sozialarbeit (z. B. Case-Work ...)
- Institutionen der Sozialarbeit und kirchlichen Diakonie
- Kenntnisse über Supervisionsmethoden

b) Theologische Theoriebildung; Auseinandersetzung mit folgenden Fragekomplexen:

- • Selbstverständnis des Seelsorgers
- Rollenkongruenz und Rollenkonflikte als Theologe und Psychologe
- Fehlformen der religiös-sittlichen Persönlichkeitsentwicklung und ihre kritisch theologisch-psychologische Reflexion
- • Theologische Perspektiven und Korrelationen zwischen Theorie und Praxis der GT, KT, VT, und partnerzentrierter Seelsorge
- bibeltheologisch
- systematisch-theologisch (z. B. Gnadenlehre) im Blick auf die Gesprächsvariablen, Gesprächsphasen und Problemfälle
- • religiös-sittliche Inhalte der Krisen-Seelsorge, z. B.
- Schuld
- Angst
- Glaubensverlust
- religiöse Zwänge
- • sozial-ethische Implikationen pastoralpsychologischen Handelns in bezug auf
- Moraltheologie
- kirchliche Normen
- soziale Normen
- Selbstkonzept (Ichidentität)
- • pastorale Situationen partnerzentrierter Seelsorge
- allgemeine Gemeindeseelsorge
- Spezialseelsorge
- • Theologie und Anthropologie
- • gemeinsame Probleme von Theologie und GT, KT, VT, z. B.
- Wecken von religiös-sittlicher Handlungsmotivation
- ursprünglicher Religiosität und religiöser Erlebnisformen
- Verhältnis von Persönlichkeitsbildung und religiös-sittlicher Existenz
- Freiheit, Verantwortung, Schuld, Gewissensbildung
- Probleme der direktiven oder nondirektiven Entscheidungshilfe, des Tröstens, Ermahnens, Ermutigens, Informierens, Bekennens, der Glaubensdiskussion, von Beichte, Buße, Absolution

2.3 Praktische Ausbildungselemente

a) Nachweis über mehrjährige Tätigkeit (haupt- oder nebenberuflich) entweder in Gemeinde, Krankenhaus, Gefängnis, Beratungsstelle oder vergleichbarem seelsorglichem Aufgabenfeld

b) praktischer Kurs 100 Stunden (in mehreren Einheiten)

– Therapeutisches Verhalten in Kleingruppen
– Sensibilisierung für die Prozesse in der Beratung
– Erlernen der Haltung, in der Beratung echt, offen, emotional zugewandt und kontrolliert zu sein
– Flexibilitätstrainings
– Rollenspiele
– Skalendiskriminierung
– Verhaltensanalysen
– Therapieplanerstellung
– Hausaufgabenstellung

c) Praxissupervision mindestens 100 Stunden
– Mikro- und Makroanalyse von Bändern und Protokollen
– Peer-rating
– Fallbesprechung in Balintgruppen

d) Ko-Supervision bzw. Supervision 100 Stunden von Aus- bzw. Fortbildungsveranstaltungen

3. Spirituelle Persönlichkeitsbildung

4. Vortrag oder Veröffentlichung oder Fachgespräch, bezogen auf die in 2.2.a und 2.2.b angesprochenen Bereiche

5. Teilnahme an Fortbildungsveranstaltungen, Regionalgruppen und Sektionstreffen

B. Ausführungsbestimmungen

Die in den Standards festgelegten Aufnahmekriterien sollen wie folgt erbracht werden:

1. *Vollstudium* (in der Regel Theologie)

Durch Mitteilung der Ausbildungsdaten ist diese Voraussetzung zu belegen.

2. *Zusatzausbildung,* orientiert an den Theorienkonzepten von GT, KT, VT

2.1 *Selbsterfahrung,* vergleichbar 100 Stunden z. B. Encounter, Metakommunikationsanalysen, Einzeltherapie, bei einem anerkannten Supervisor/Trainer
Der Nachweis der Selbsterfahrung soll durch Teilnahmebescheinigungen oder schriftliche Eigen-Mitteilung erfolgen. Die Methode der Selbsterfahrung ist anzugeben.

2.2 *Theorieelemente* 150 Stunden

a) *Psychologische Theoriebildung*
– Die Theorieelemente sind durch den akademischen Grad des Dipl.-Psych. nachgewiesen.
– Soweit eine Ausbildung zum Berater im Rahmen des Theologiestudiums oder bei der EKFEUL und ähnlichen Ausbildungsinstituten absolviert wurde, sind die Theorieelemente einzeln (d. h. zu den großen Theorieblocks: Lerntheorien, Interaktion und Kommunikation, Motivations- und Konfliktpsychologie, Sozialisationstheorien, Psychosen- und Neurosenlehre, Psychodiagnostik, weitere Methoden und Wege der Konflikthilfe und Supervisionsmethoden) zu belegen.
– Durch einen Kurzbericht über ein entsprechendes Literaturstudium kann

diese Standardbestimmung ebenfalls erfüllt werden (vgl. Literaturempfehlung der Sektion). Das quantitative Ausmaß dieses Eigenstudiums sollte etwa dem angegebenen Zeitmaß von 150 Stunden entsprechen.

- Ein weiterer Nachweis kann durch Teilnahme an Regionaltreffen und Arbeitsgruppen der Sektion erfolgen, soweit sie sich thematisch mit den genannten Theorieblocks beschäftigen.

b) *Theologische Theoriebildung*

Die Ausbildung mit den Fragekomplexen: Selbstverständnis des Seelsorgers, Theologische Perspektiven und Korrelationen zwischen Theorie und Praxis der GT, KT, VT und partnerzentrierter Seelsorge, religiös-sittliche Inhalte der Krisen-Seelsorge, sozial-ethische Implikationen pastoralpsychologischen Handelns, pastorale Situationen partnerzentrierter Seelsorge, Theologie und Anthropologie und Probleme von Theologie und GT, KT, VT kann durch einen Kurzbericht erbracht werden, der die inhaltlichen Schwerpunkte der Auseinandersetzung mit mindestens einem oder zwei Theorieelementen skizzenhaft wiedergibt.

Literaturstudium, Aufarbeitung in einer eigenen Arbeit (z. B. wissenschaftliche Arbeit) oder Teilnahme an einer entsprechenden Veranstaltung (z. B. Seminar, Arbeitsgemeinschaft, Sektionstreffen u. a.) zu einem oder zwei der genannten Theorieelemente decken ebenfalls dieses Standardkriterium ab.

2.3 *Praktische Ausbildungselemente*

a) Nachweis über *mehrjährige seelsorgspraktische Tätigkeit*

Es genügt eine kurze Zeitangabe über die Tätigkeit in entsprechenden seelsorglichen Arbeitsgebieten.

b) *Praktischer Kurs 100 Stunden* (in mehreren Einheiten)

Dieser Punkt kann durch Teilnahmebescheinigungen an entsprechenden Kursen belegt werden. Als solche gelten: Ausbildungskurse auf der Basis der GT, KT, VT. Über vergleichbare Ausbildungselemente kann die Aufnahmekommission im Einzelfall entscheiden.

c) *Praxissupervision von mindestens 100 Stunden*

Vorzulegen sind Teilnahmebescheinigungen an Praxissupervisionen und Nachweis von mindestens drei erfolgreichen Gesprächsverläufen (entsprechend den Kriterien von GT, VT, KT). Einzel- oder Gruppen-Gespräche gelten in gleicher Weise.

d) *Ko-Supervision bzw. Supervision* über 100 Stunden von Aus- bzw. Fortbildungsveranstaltungen

Als Beleg gilt: Teilnahmebescheinigung an Ko-Supervision bzw. Supervision von pastoralpsychologisch ausgerichteten Aus- bzw. Fortbildungsveranstaltungen im Sinne der Sektion. Ferner soll eine summarische Protokollierung von mehreren Veranstaltungsreihen (insgesamt ca. 100 Stunden) vorgelegt werden, die stichpunktartig über den inhaltlichen und methodischen Prozeßverlauf und die Feed-back-Kontrolle (standardisierte und unstandardisierte Verfahren) Auskunft gibt.

3. *Spirituelle Persönlichkeitsbildung*

Die in diesem Punkt angesprochenen Bemühungen um die persönliche theologisch-psychologische Identität werden als Voraussetzung erwartet. Mit dem Antrag um Aufnahme in die Sektion sind sie als gegeben anzusehen.

4. *Vortrag/Veröffentlichungen/Fachgespräch* bezogen auf die in 2.2.a und 2.2.b angesprochenen Bereiche

Nach Möglichkeit soll der Vortrag vor der Sektion gehalten werden, während das Fachgespräch von der Aufnahmekommission im Beisein des Vorstandes abgenommen werden kann.

5. *Teilnahme an Fortbildungsveranstaltungen, Regionalgruppen und Sektionstreffen*

Entsprechende Bemühungen werden von den einzelnen Mitgliedern auch nach der Aufnahme erwartet.

Anmerkungen

1. Teil

1 Die pastoralen Dienste in der Gemeinde, in: Gemeinsame Synode der Bistümer in der Bundesrepublik Deutschland (im folgenden zitiert: SYN), Freiburg [2]1976, 622–624. – Die Deutschen Bischöfe, Zur Ordnung der pastoralen Dienste, Bonn 1977. – Die Deutschen Bischöfe, Rahmenordnung für die Priesterbildung, Bonn 1978. – Die Deutschen Bischöfe, Rahmenstatuten und -ordnungen für Diakone und Laien im pastoralen Dienst, Bonn 1978/79.

2 Das Recht der Gemeinde auf Eucharistie. Die bedrohte Einheit von Wort und Sakrament, hrsg. v. d. SOG Speyer, Trier 1978. – Das Recht der Gemeinde auf ihren Priester (ungezeichneter Leitartikel), in: Diakonia 8 (1977), 218ff. – *H. Blasche,* Das Recht der Gemeinde auf Eucharistie, in: Priester für heute, hrsg. v. *G. Denzler,* München 1980, 153–159. – *N. Greinacher,* Das Recht der Gemeinde auf einen eigenen Priester, in: Concilium 16 (1980), 195–199. – *H. Waldenfels,* Anspruch auf einen Priester, in: Concilium 16 (1980), 190–195.

3 *K. Rahner,* Pastorale Dienste und Gemeindeleitung, in: Stimmen der Zeit 195 (1977), 733–743. – *F. Klostermann,* Die pastoralen Dienste heute, Linz 1980. – *Ders.,* Gemeinde ohne Priester. Ist der Zölibat eine Ursache?, Mainz 1981. – *J. A. Komonchak,* »Ordinierte« und »nichtordinierte« Dienstträger in der Ortskirche, in: Concilium 16 (1980), 178–181. – *H. Krätzl,* Laientheologen im pastoralen Einsatz. Offene Fragen und Probleme, in: Theologisch-praktische Quartalschrift 126 (1978), 22–30.

4 Ausnahmen sind: *M. Kratz/F. Schlösser,* Gemeinden ohne Priester, Analysen, Modelle, Anregungen, Limburg 1973. – *A. Kraxner,* Gemeinde auf sich selbst gestellt – ohne hauptamtliche Priester, in: Theologisch-praktische Quartalschrift 124 (1976), 370–376. – *H. Graf,* Priestermangel – Neue Aufgaben für die Gemeinde: Wie wir uns helfen können, München 1973.

5 *K. Pirker,* Kirchliches Leben in besetzten und unbesetzten Kärntner Pfarreien, zit. in: Der Priestermangel und seine Konsequenzen, hrsg. v. *F. Klostermann,* Düsseldorf 1977, 16f.

6 *P. M. Zulehner,* Religion im Leben der Österreicher, Wien 1982, 107–113.

7 SYN 602. – *A. Exeler,* Von der versorgten zur engagierten Gemeinde, in: Gemeinde im Wandel von Gesellschaft und Kirche (Veröffentlichungen der Akademie Klausenhof, H. 13), Bocholt, o. J. 44ff.

8 *R. Kellerhof/W. Wessel u. a.,* Wer mitmacht erlebt Gemeinde. Modell Dortmund-Scharnhorst. Eine Zwischenbilanz, Limburg [2]1973.

[9] *J. Brandner/P. M. Zulehner,* Lebe! Das Anliegen Gottes als Schwerpunkt der Pastoral seiner Kirche, Freising [2]1981.

[10] *K. Lehmann,* Neuer Mut zum Kirchesein, Freiburg 1982.

[11] Dieses Referat habe ich am 4. 9. 1982 auf dem 87. Katholikentag in Düsseldorf gehalten.

[12] Vgl. *II. Vat. Konzil.* Die dogmatische Konstitution über die Kirche, Lumen gentium, 52–68, *K. Rahner/H. Vorgimler,* Kleines Konzilskompendium (im folgenden zit.: KKK), Freiburg 1966, 186–196.

[13] *G. Hensel/M. Limbeck,* Zu neuem Ansehen. Eine Gemeinde entdeckt Gnade, Stuttgart 1981.

[14] *H. Mühlen,* Einübung in die christliche Grunderfahrung, 2 Bde, Mainz [7]1980 und [7]1979. – *Ders.,* Charismen wieder gefragt. Wege der Gemeinde-Erneuerung, in: Gottesdienst 11 (1977), 73–74.

[15] *Paul VI.,* Octogesimo adveniens, Rom 1971, Nr. 46.

[16] *P. J. Riegger,* Corpus Iuris Ecclesiastici Bohemici et Austriaci, Wien 1770, Nachtrag 12–15.

[17] *II. Vat. Konzil.* Dekret über das Apostolat der Laien, 2–4, KKK 390–395; 406ff. – Die dogmatische Konstitution über die Kirche, Lumen gentium, 9–17, KKK 132–143; sowie 30–38, KKK 161–169. – *K. Forster,* Die Sendung des Laien, in: Lebendige Seelsorge 32 (1981), 76–84. – Verantwortung des ganzen Gottesvolkes für die Sendung der Kirche, SYN 651–658.

[18] *R. Kellerhof/W. Wessel u. a.,* Mitarbeiter gewinnen – Mitarbeiter schulen. Aktion Partner für die Gemeinde, Limburg 1973. – *W. Wessel,* Mitarbeiter gewinnen für den Gemeindedienst, in: Diakonia 4 (1973), 319–323. – *G. Reichert,* Wie in einer Pfarrgemeinde neue Mitarbeiter gewonnen werden können, in: Oberrheinisches Pastoralblatt 75 (1974), 1–12; 33–40. – *F. J. Wothe,* Pastorale Bildung nebenamtlicher Mitarbeiter – Erfahrungen einer Diasporadiözese, in: Diakonia 8 (1977), 407–411. – *R. Sauer,* Bildungsprogramm für Mitarbeiter im Kindergottesdienst, in: Katechetische Blätter 102 (1977), 429–431. – *M. Krause-Lang,* Der ehrenamtliche Mitarbeiter im sozialen Dienst einer Kirchengemeinde, in: Stimmen der Zeit 197 (1979), 640–644.

[19] Auf Gedeih und Verderb. Mikroelektronik und Gesellschaft, Bericht an den Club of Rome, hrsg. v. *G. Friedrichs* u. *A. Schaff,* Wien 1982.

[20] Pfarrseelsorge von der Gemeinde mitverantwortet. Österreichische Pastoraltagung 28.–30. Dez. 1976, Wien u. a. 1977. – *J. Meier,* Die lebendige Pfarrgemeinderatssitzung, Regensburg 1973. – *Ders.,* Das geistliche Gespräch im Pfarrgemeinderat. Vorbereitung – Ablauf – Gespräch, Regensburg 1976. – *F. Oertel,* Pfarrgemeinderat ernst genommen. Erfahrungen und Konsequenzen, Limburg 1970. – *F. Schlösser,* Testfall Pfarrgemeinderat. Orientierungen für die Praxis, Limburg 1969. – *H. Schroer,* Der Pfarrgemeinderat als gesamtkirchliche Aufgabe. Grundlegung – Aufgaben – Organisation, Trier 1971. – *W. Zauner* (Hrsg.): Der Pfarrgemeinderat. Struktur – Spiritualität – Funktion – Organisation, Wien

u. a. 1972. – *G. Schmied,* Kommunikation des PGR, in: Lebendige Seelsorge 31 (1980), 143–153. – Arbeitsplan für die PGR im Bistum Passau. Hrsg. Kath. Aktion im Bistum Passau, 1977. – *A. Hagedorn,* Pfarrgemeinderäte – Chance für die Kirche? Erfahrungen, Orientierung, Anregungen für Mitglieder in PGR, Osnabrück o. J. – Der Kirchengemeinderat: Aufbau und Arbeitsweise des Kirchengemeinderates. Hrsg.: Diözese Rottenburg, Rottenburg o. J. – Kleines ABC für PGR. Hrsg. Diözesanrat der Katholiken Eichstätt, Eichstätt o. J. – *B. Regner,* Pfarrgemeinderatsbildung, in: Diakonia 8 (1977), 404–407. – *D. R. Tröndle,* Was tun im Pfarrgemeinderat?, Regensburg [3]1977. – *G. Schmied,* Pfarrgemeinderat und Kommunikation. Zur Soziologie einer neuen Institution, München 1974. – Probleme und Arbeitsweise der Pfarrgemeinderäte, IKSE-81, Essen 1972. – Einstellungen, Motive und Wertorientierungen der Mitglieder der Pfarrgemeinderäte, IKSE-82, Essen 1972. – *H. Bogensberger,* Erfahrungen mit Pfarrgemeinderäten in Österreich, in: Theologisch-praktische Quartalschrift 130 (1982), 261–267. – *G. Born,* Reflexionen und Anregungen eines langjährigen Pfarrgemeinderatsmitglieds, in: Diakonia 7 (1976), 275–281. – *F. Mayrhofer,* Erfahrungsbericht über die Pfarrgemeinderäte der Diözese Linz, in: Diakonia 7 (1976), 209–212. – *H. Luthe,* Pfarrgemeinderäte – Erfahrungen und Erwartungen, in: Pastoralblatt 10 (1981), 306–310.

21 Wie findet der PGR Schwerpunkte – Arbeitshilfe für den PGR. Hrsg.: Diözesansynodalamt Limburg, 1978. – Schwerpunkt: Gemeindeverständnis – Arbeitshilfe für den PGR. Hrsg. Diözesansynodalamt Limburg, [2]1978. – *R. Ruppert,* Lebendige Liturgie – Ein Lernprozeß der ganzen Gemeinde. Überlegungen zur Praxis der liturgischen Erwachsenenbildung, Frankfurt 1975. – *J. Buck,* Gottesdienst – Aufgabe der Gemeinde, Regensburg 1976. – Sachbereich Gottesdienst – Arbeitshilfe für den Pfarrgemeinderat. Hrsg.: Diözesansynodalamt Limburg, [2]1977. – *D. Emeis* u. *K. H. Schmitt,* Grundkurs Gemeindekatechese, Freiburg 1977. – *A. Steiner* u. *V. Weymann,* Jesus Begegnungen – Bibelarbeit in der Gemeinde, Themen und Materialien, Benziger 1977. – Schwerpunkt: Theologische Bildung – Arbeitshilfe für den Pfarrgemeinderat. Hrsg.: Diözesansynodalamt Limburg, Limburg o. J. – *N. Siebert,* Erwachsenenbildung in der Gemeinde – Eine praktische Handreichung, Regensburg 1975. – Erwachsenenarbeit – Arbeitshilfe für PGR auf dem Sektor Erwachsenenbildung. Hrsg.: Diözesansynodalamt Limburg, Limburg 1978. – Handreichung für die Sachausschüsse bzw. Beauftragten »Berufs- und Arbeitswelt« in den Pfarrgemeinderäten. Hrsg.: Diözesanrat der Katholiken, München o. J. – Schwerpunkt: Kirche und Arbeiterschaft – Pastoralplan Diözese Augsburg. Anregungen und Hilfen für den Pfarrgemeinderat. Hrsg.: Generalvikariat der Diözese Augsburg, Augsburg o. J. – Berufs- und Arbeitswelt – Ein Aufgabenfeld für den Pfarrgemeinderat Nr. 30: Mitteilungen für PGR im Bistum Münster. Hrsg.: Hauptabteilung Seelsorge im Bischöfl. Generalvikariat, Münster 1976. – Sachbereich Ökumene

– Arbeitshilfe für den Pfarrgemeinderat. Hrsg.: Diözesansynodalamt Limburg, Limburg [2]1977. – Ökumenische Arbeit in der Pfarrgemeinde – Eine Handreichung für die Seelsorger und Pfarrgemeinderäte. – Hrsg.: Diözesanrat der Katholiken, München o. J. – Öffentlichkeitsarbeit – Arbeitshilfe für den Sachbereich Öffentlichkeitsarbeit im PGR. Hrsg.: Diözesansynodalamt Limburg, Limburg. – Sachbereich »Caritas der Gemeinde«: Arbeitshilfe für den Pfarrgemeinderat. Hrsg.: Diözesansynodalamt Limburg, Limburg [2]1980. – Sachbereich Jugendarbeit – Arbeitshilfe für Pfarrgemeinderäte. Hrsg.: Diözesansynodalamt Limburg, Limburg [2]1978. – *V. B. Ganter,* Jugendarbeit in der Pfarrgemeinde: Themen-Methoden-Möglichkeiten, Freising 1977. – Jugend und Pfarrgemeinderat: Eine Gesprächs- und Arbeitsunterlage für Pfarrgemeinderäte im Bistum Eichstätt, Eichstätt o. J. – *M. Ulrich,* Berufswelt in der Gemeindearbeit, Probleme der Arbeitswelt in der Gemeinde, Regensburg 1974. – Öffentlichkeitsarbeit der Pfarrgemeinde – System – Methoden – Praxis, Hrsg. Österreichisches Pastoralinstitut, Wien 1973. – Unser Auftrag: Frieden-Entwicklung-Mission. Handreichung für die Gemeindearbeit. Hrsg. Diözesanrat der Katholiken, Köln o. J. – Ausländer unter uns: Eine Handreichung für die Gemeindearbeit. Erarbeitet vom Sachausschuß »Ausländische Arbeitnehmer« im Diözesanrat, Köln, Köln o. J. – Behinderte – ein Anruf an unsere Pfarrgemeinde. Handreichung für Pfarrgemeinderäte. Hrsg. Diözesanrat der Katholiken, Augsburg o. J. – *A. Emrich,* Soziale Dienste in der Gemeinde, Regensburg 1977. – *J. Scharrer/F. Schlösser,* Gemeinde lebt von Kontakten, Limburg 1978. – *K. Zillober,* Schule und Erziehung in der Gemeinde, Regensburg 1978. – *D. R. Tröndle,* Familie und Gemeinde. Familienarbeit im Pfarrgemeinderat, Regensburg 1973. – *J. Lange* u. *B. Liss,* Zielgruppe: Familie, Freiburg 1977. – *D. Emeis* u. *R. Lühker,* Zielgruppe: Eltern, Freiburg [4]1979. – Ehe und Familie – Arbeitshilfen für Sachbeauftragte/Sachausschuß »Ehe und Familie« im Pfarrgemeinderat und für Familiengruppen. Hrsg. Familienreferat des Erzb. Seelsorgeamtes, Freiburg o. J. – Konzeption und Methodik der Ehevorbereitung. Hrsg. Kath. Landesarbeitsgemeinschaft für Erwachsenenbildung in Rheinland-Pfalz, Sachausschuß »Ehe und Familie« o. J. – *M. Kabitz/W. Kneer/G. Peuschel,* Treffpunkt: Alleinerziehende Mütter und Väter. Erfahrungen – Impulse – Perspektiven, München/Düsseldorf 1978.

22 *P. M. Zulehner u. a.,* Leibhaftig glauben. Lebenskultur nach dem Evangelium, Freiburg 1983.

23 Zur Ordnung der pastoralen Dienste 2.3, S. 13.

24 Das geistliche Amt in der Kirche. Gemeinsame Römisch-Katholische/Evangelisch-Lutherische Kommission, Paderborn, Frankfurt [3]1982. – *K. Rahner,* Priestertum der Frau, in: Stimmen der Zeit 195 (1977) 291–301.

25 *Augustinus,* Sermo 340, 1, PL 38, 1483.

26 *P. M. Zulehner,* Zur Lage der Kirche in Passau, Passau 1977, 72ff.

27 *G. Stein,* Pfarrer von zwei Pfarreien, in: Pastoralblatt 33 (1981), 364–366.

28 Zur Ordnung der pastoralen Dienste 1.6, S. 11.

[29] *U. Katzenbach,* Pfarrer von zwei Gemeinden, in: Pastoralblatt 33 (1981), 337–342.

[30] *Stein,* Pfarrer, a.a.O. 366.

[31] Zur Ordnung der Pastoralen Dienste 2.3, S. 13.

[32] *P. M. Zulehner,* Pastoral: Entriegelung des Menschen, in: Theologie der Gegenwart 23 (1980), 6–11.

[33] *W. Schmidbauer,* Die hilflosen Helfer. Über die seelische Problematik der helfenden Berufe, Reinbek 1977.

[34] *Johann Paul II.,* Schreiben an alle Priester der Kirche zum Gründonnerstag 1979, Nr. 10.

II. Teil

[35] *F. Klostermann* (Hrsg.) Der Priestermangel und seine Konsequenzen. Einheit und Vielfalt der kirchlichen Ämter und Dienste, Düsseldorf 1977. – *F. Klostermann,* Die pastoralen Dienste heute, 11–94.

[36] *P. M. Zulehner,* Gemeindepriester für morgen, in: 150 Jahre Priesterseminar St. Stephan in Passau 1828–1978, 83–106.

[37] Siehe Anm. 2 – Dazu: *F. Klostermann,* Die pastoralen Dienste heute, 241–248.

[38] Gemeinsame Synode, Rahmenordnung für die pastoralen Strukturen und für die Leitung und Verwaltung der Bistümer in der Bundesrepublik Deutschland, 1.2., SYN 696–698.

[39] *Zulehner,* Leutereligion, 93f. – *P. M. Zulehner,* Zur pastoralen Entwicklung in priesterlosen Gemeinden, in: Das Recht der Gemeinde auf Eucharistie, hrsg. v. d. SOG Speyer, Trier 1978, 47–63.

[40] *Zulehner,* Religion im Leben der Österreicher, 109.

[41] Kirche und Priester zwischen dem Auftrag Jesu und den Erwartungen der Menschen, Wien 1974, 55.

[42] *Zulehner,* Religion im Leben der Österreicher, 110.

[43] *W. Breuning/K. Hemmerle,* Wie als Priester heute leben? Freiburg 1982.

[44] Das Dekret über Dienst und Leben der Priester. »Presbyterorum ordinis«, KKK 561–598.

[45] Schreiben der Bischöfe des deutschsprachigen Raumes über das priesterliche Amt. Eine biblisch-dogmatische Handreichung, Trier 1969.

[46] *F. Klostermann,* Priester für morgen, Wien 1970. – *E. Schillebeeckx,* Das kirchliche Amt, Düsseldorf 1981. – *K. Lehmann,* Geistlich handeln, Freiburg 1982. – *G. Greshake,* Priestersein, Freiburg 1982. – *N. Brox,* Priesterideal – welcher Preis? Zu einer neuen Veröffentlichung von G. Greshake, in: Orientierung 46 (1982), 150–152. – *G. Greshake,* Zuschrift und Replik, a.a.O., 175f.

[47] *G. Schmidtchen,* Priester in Deutschland, Freiburg 1975. – *P. M. Zulehner/S. Graupe,* Wie Priester heute leben..., Wien 1970. – Kirche und Priester, Wien 1974. – *P. M. Zulehner,* Seelsorgliche Folgen des

Priestermangels, in: Orientierung 41 (1977), 26f. – *Ders.*, Zur Emigration aus dem Priesteramt, in: Orientierung 38 (1974), 123–125. – *W. Kasper,* Die schädlichen Nebenwirkungen des Priestermangels, in: Stimmen der Zeit 195 (1977), 129–135.

48 Die Deutschen Bischöfe, Zur Ordnung der pastoralen Dienste, Bonn 1977, 1.6, S. 11. – Man lese im übrigen diesen Text einmal mit Rücksicht auf seine Sprache durch: Es ist die Sprache toter Verwaltung, die zudem munter Stilblüten hervorbringt. Von Leben und Tod, Auferstehung und Leiden, von liebender Umarmung durch Gott oder anderen liebenswerten biblischen Vorstellungen ist kein Hauch mehr zu spüren. Es überwiegen Wörter wie: »Profil« (vgl. Autoreifen); Einheiten (Physik); rechtlich gegenüber tatsächlich, Substrukturen bilden und dann öffnen, so funktioniert ein Diakon: Ich möchte, wenn dies ein Diakon wirklich macht, ihm lieber nicht in die Hände fallen. Am Werk sind hier eben die Verwalter des Priestermangels.

49 *N. Greinacher,* Das Problem der nichtordinierten Bezugspersonen in Katholischen Gemeinden, in: Diakonia 9 (1978), 404–412.

50 Die Deutschen Bischöfe, Zur Ordnung der pastoralen Dienste, Bonn 1977.

51 *F. Klostermann,* Gemeinde ohne Priester, Mainz 1981.

52 Berufsbild und Selbstverständnis von Laientheologen, IKSE-88, Essen 1975. – *M. Gartmann,* »Laien«-Theologen in der Gemeindepastoral, Düsseldorf 1981.

53 Allensbacher Jahrbuch der Demoskopie Bd. 6. 1974–1976, 145.

54 *T. Lindner/L. Lentner/A. Holl,* Priesterbild und Berufswahlmotive, Wien 1963.

55 *K. Rahner,* Pastorale Dienste und Gemeindeleitung, in: Stimmen der Zeit 195 (1977), 733–743.

56 *P. M. Zulehner,* Die alten und die neuen pastoralen Berufe in der Kirche. Eine pastoralsoziologische Problemskizze, in: Prophetische Diakonie, hrsg. v. *H. Erharter u. a.,* Wien 1977, 201–218.

57 Vgl. *J. Blank,* Das Herrenmahl als Mitte der christlichen Gemeinde im Urchristentum, in: Das Recht der Gemeinde auf Eucharistie, 25f.; vgl. auch in: Ders., Vom Urchristentum, zur Kirche. Kirchenstrukturen im Rückblick auf den biblischen Ursprung, München 1982.

58 Arbeitsweise und Probleme des Pfarrgemeinderates, IKSE-81, Essen 1972. – Einstellungen, Motive und Wertorientierungen der Mitglieder der Pfarrgemeinderäte, IKSE-82, Essen 1972. – Pfarrgemeinderäte, IKS-129, Wien 1979. – *P. M. Zulehner,* Einige Ergebnisse der Essener Untersuchung über die Pfarrgemeinderäte, oder: Nichttheologische Aspekte des Synodalen Prinzips, in: Pastoraltheologische Informationen, hrsg. v. Beirat der Konf. d. deutschspr. Pastoraltheologen, Frankfurt 1977, 100–107.

59 *P. M. Zulehner,* Von der Versorgung zur Mystagogie. Theol. Implikationen seelsorglicher Praxis, in: Lebendige Seelsorge 33 (1982), 177–182.

60 *T. Steeman,* The Priest as a Socioreligious Leader, in: Clergy in Church and Society, Rom 1967, 179.

61 »Das Verhältnis der Kirche zu den Handlungen der einzelnen Sakramente wird oft mit dem sehr mißverständlichen Ausdruck wiedergegeben, die Kirche habe die Sakramente zu verwalten, man kann das nicht einfachhin leugnen. Aber dieser Ausdruck legt sehr leicht die Vorstellung von einem Depot nahe, in dem Werkzeug und Utensilien aufbewahrt liegen, um dem, der ein Recht auf ihren Gebrauch nachweisen kann, vom ›Depotverwalter‹ ausgeliefert zu werden. Da wendet der, dem es um den Gebrauch der gelagerten Gegenstände geht, sich nicht deshalb an den Depotverwalter, weil ihm am Zusammentreffen mit diesem etwas läge. Sein Interesse richtet sich auf die Gegenstände, die er in Gebrauch nehmen will. Das Depot interessiert ihn nur, weil die Gegenstände nun einmal dort gelagert sind; und der Verwalter nur deshalb, weil er den Zugang dazu öffnen und verschließen kann. Für den Depotverwalter umgekehrt haben die Gegenstände des Depots selber keine Bedeutung, es sei denn, die sehr äußerliche, daß ihm deren Verwaltung den Lebensunterhalt einbringt.« *O. Semmelroth,* Vom Sinn der Sakramente, Frankfurt 1963, 87f. – Dazu auch *K. Rahner,* Kleine Anmerkungen zur Frage des Amtsverständnisses, in: *P. Neuner/F. Wolfinger* (Hrsg.), Auf Wegen der Versöhnung, Frankfurt 1982.

62 Epistola pastoralis Josephi Dominici Episcopi et S. R. I. Principis Passaviensis ad Clerum Passaviensem, Passavii Anno 1726, 3–6.

63 1971 hatten 32% der Österreichischen Priester dem Satz voll zugestimmt: »Die Laien müssen den Priestern gehorchen, da die Priester Mittler zwischen Gott und den Menschen sind.« in: Kirche und Priester, 167.

64 *Zulehner,* Religion im Leben der Österreicher, 37–55. – *Ders.,* Leutereligion, 54–71.

65 *A. Lorenzer,* Das Konzil der Buchhalter, Düsseldorf 1981. – *E. Cassirer,* Wesen und Wirkung des Symbolbegriffs, Darmstadt 1965. – *S. Langer,* Philosophie auf neuem Wege. Das Symbol im Denken, im Ritus und in der Kunst, Mittenwald ^{2}1979.

66 *J. Wach,* Religionssoziologie, Tübingen 1951, 375–427.

67 *M. Oraison,* Berufsfindung und Berufung, Frankfurt 1972.

68 *Wetzer und Welte's* Kirchenlexikon, Freiburg i. Br., ^{2}1884, Bd. 3, Sp. 538–547. – Vgl. dazu *II. Vat. Konzil,* Lumen gentium (Dogmatische Konstitution über die Kirche), 10, KKK 134f. – Dekret über das Laienapostolat, KKK 389ff.

69 *II. Vat. Konzil.* Erklärung über das Verhältnis der Kirche zu den nichtchristlichen Religionen, KKK 355–359.

70 Lumen gentium 8, KKK 131.

71 Lumen gentium 16, KKK 141f.

72 Lumen gentium 1, KKK 124. – Gaudium et spes 45, KKK 495. – Ad gentes 1, KKK 607; 5 KKK 611. – *K. Lehmann,* Neuer Mut zum Kirchesein, Freiburg 1982, 24–26: Dort werden als Väter dieser Kirchentheologie genannt: *J. M. Scheeben, J. H. Oswald, H. de Lubac, K. Rahner, E. Schillebeeckx, P. Smulders, O. Semmelroth.*

73 Über die Missionspredigt schreibt daher *K. Rahner:* »Dieser missionari-

sche Aufruf setzt, theologisch gesehen, immer schon den ›anonymen Christen‹ im Hörer voraus. Wir verkünden immer nur, was der Hörer schon verehrt, ohne es zu kennen (Apg 17,23); wir rufen den Menschen an, dem Gott sich von Ewigkeit her zugedacht hat, dem er sich in seiner Gnade vielleicht schon so mitgeteilt hat, daß er selber von diesem Menschen schon angenommen und dieser Mensch selbst schon gerechtfertigt ist. Wir müssen bei der Missionspredigt die Gnade voraussetzen, die uns immer schon zuvorgekommen ist und so den möglichen Hörer der Predigt schon konstituiert hat; die Gnade, die ihn eigentlich zu sich selbst, d. h. zu dem Gott bringt, der in Gnade seine innerste (angenommene oder abgelehnte) Wirklichkeit ist. Die Missionspredigt müßte in Inhalt und Predigtweise diese Voraussetzung, die Gott ihr schon gegeben hat, realisieren.« *K. Rahner,* Handbuch der Pastoraltheologie, I, Freiburg 1964, 224f.

[74] *J. B. Metz,* Glaube in Geschichte und Gesellschaft, Mainz 1977, 161–180.

[75] *P. M. Zulehner,* Pastoral: Entriegelung des Menschen, in: Theologie der Gegenwart 23 (1980), 6–11.

[76] Verantwortung des ganzen Gottesvolkes für die Sendung der Kirche, SYN 651–677. *Y. Congar,* Der Heilige Geist, Freiburg 1982. – *H. J. Venetz,* So fing es mit der Kirche an, Zürich u. a., 1981, 136–164. – *W. Kasper,* Kirche Ort des Geistes, Freiburg 1976. – *O. Knoch,* Der Geist Gottes und der neue Mensch, Stuttgart 1975. – *J. Finkenzeller,* Die Gabe des Geistes zur Auferbauung der Gemeinde, Freising 1975. – *U. Brockhaus,* Charisma und Amt. Die paulinische Charismenlehre auf dem Hintergrund der frühchristlichen Gemeindefunktionen, Wuppertal 1972. – *H. Schürmann,* Die geistlichen Gnadengaben in den paulinischen Gemeinden, in: *Ders.* Ursprung und Gestalt. Erörterungen und Besinnungen zum Neuen Testament, Düsseldorf 1970. – *G. Hasenhüttl,* Die Charismen im Leben der Kirche, in: Der Seelsorger 39 (1969), 167–174. – *Ders.,* Charisma. Ordnungsprinzip der Kirche, Freiburg u. a. 1969. – *H. Küng,* die charismatische Struktur der Kirche, in: Concilium 1 (1965), 282–290. – *H. Gunkel,* Die Wirkungen des hl. Geistes nach der populären Anschauung der apostolischen Zeit und Lehre des Apostels Paulus, Göttingen [2]1899.

[77] *H. Müller,* Die gemeinsame Berufung der Christen und besondere Berufungen in der Kirche, in: Theologisch-praktische Quartalschrift 128 (1980), 358–367. – *F. Hahn,* Charisma und Amt. Die Diskussion über das kirchliche Amt im Lichte der neutestamentlichen Charismenlehre, in: Zeitschrift für Theologie und Kirche 76 (1979), 419–449.

[78] Der priesterliche Dienst 4, KKK 565–567.

[79] *Johannes Paul II.* Catechesi tradendae, 1979, Nr. 72: »Am Ende dieses Apostolischen Schreibens wendet sich unser Herz dem zu, der die innere Triebkraft aller katechetischen Tätigkeit ist und in allen wirkt, die sie ausüben: der Geist des Vaters und des Sohnes, der Heilige Geist.
Bei der Beschreibung der Sendung, die dieser Geist innerhalb der Kirche haben würde, braucht Christus die bezeichnenden Worte: ›Er wird euch alles lehren und euch an alles erinnern, was ich euch gesagt habe‹. Ferner:

›Wenn aber jener kommt, der Geist der Wahrheit, wird er euch in die volle Wahrheit führen ... das Kommende wird er euch verkünden.‹

Der Geist ist also der Kirche und jedem Gläubigen verheißen als ein innerer Lehrer, der im Verborgenen des Gewissens und des Herzens das verstehen läßt, was man gehört hat, aber noch nicht fassen konnte. Der heilige Augustinus sagt hierzu: ›Der Heilige Geist unterweist von nun an die Gläubigen nach der geistigen Fassungskraft eines jeden. Er entzündet in ihrem Herzen ein um so lebendigeres Verlangen, je mehr einer in der Liebe voranschreitet, die ihn das lieben läßt, was er schon kennt, und nach dem verlangen läßt, was er noch nicht kennt.‹

Der Geist ist ferner dazu gesandt, die Jünger zu Zeugen für Christus zu machen: ›Er wird Zeugnis für mich ablegen. Auch ihr seid Zeugen.‹ Aber noch mehr. Für den heiligen Paulus, der zu diesem Punkt eine im ganzen Neuen Testament verborgene Theologie zusammenfaßt, besteht das ganze ›Christsein‹, das ganze christliche Leben, im neuen Leben der Kinder Gottes, in einem Leben nach dem Geist. Nur der Geist gestattet uns, zu Gott ›Abba, Vater‹ zu sagen. Ohne den Geist können wir nicht bekennen: ›Jesus ist der Herr‹. Vom Heiligen Geist stammen alle Charismen, die die Kirche, die Gemeinschaft der Christen, auferbauen. In diesem Sinne gibt der heilige Paulus jedem Jünger Christi den Auftrag: ›Laßt euch vom Geist erfüllen.‹ Der heilige Augustinus sagt es sehr deutlich: ›Beides (unser Glauben und Gutestun) sind unsere eigenen Akte kraft unserer Willensentscheidung, und doch ist das eine wie das andere, ein Geschenk, das vom Geist des Glaubens und der Liebe herkommt.‹ Die Katechese, die Wachstum im Glauben und Reifung des christlichen Lebens auf seine Fülle hin bedeutet, ist folglich ein Werk des Heiligen Geistes, ein Werk, das nur er in der Kirche erwecken und nähren kann. Diese Feststellung, die sich aus der Aussage der oben zitierten Texte und vieler anderer Stellen des Neuen Testaments ergibt, führt uns zu einer zweifachen Überzeugung.

Vor allem ist klar, daß die Kirche, wenn sie ihre katechetische Sendung erfüllt – und das gleiche gilt von jedem Christen, der sich in der Kirche und im Namen der Kirche dafür einsetzt –, sich immer sehr bewußt bleiben muß, daß sie dabei als lebendiges und gelehriges Werkzeug des Heiligen Geistes tätig wird. Ständig diesen Geist anrufen, in Gemeinschaft mit ihm bleiben, sich bemühen, seine wahren Anregungen zu erkennen, das muß die Grundhaltung der lehrenden Kirche und jedes Katecheten sein. Ferner muß das tiefe Verlangen, das Wirken des Geistes besser zu erfassen und sich immer mehr ihm zu öffnen – da wir doch ›in der Kirche einen Augenblick erleben, der in besonderer Weise vom Heiligen Geist gekennzeichnet ist‹, wie mein Vorgänger Paul VI. in seinem Apostolischen Schreiben ›Evangelii Nuntiandi‹ bemerkte –, ein Erwachen der Katechese hervorrufen. Tatsächlich ist die ›Erneuerung im Geist‹ schon dann echt und wirklich fruchtbar für die Kirche, wenn sie nicht so sehr außerordentliche Charismen weckt, sondern eine größtmögliche Zahl von Gläubigen auf den alltäglichen Wegen zum bescheidenen, geduldigen und beharrlichen Bemühen anregt, das Geheimnis Christi immer besser zu erkennen und von ihm Zeugnis zu geben.«

80 Gemeinsame Synode, Die pastoralen Dienste, 2.5.1, SYN 607. – Das geistliche Amt in der Kirche. Gemeinsame Römisch-Katholische/Evangelisch-Lutherische Kommission, Paderborn, Frankfurt [3]1982, 25–31.

81 Priesterteam Wien-Machstraße, Unser Priesterbild, Graz 1971.

82 *J. B. Metz,* Jenseits bürgerlicher Religion, Mainz 1980, 111–127.

83 *H. Lefebvre,* Das Alltagsleben in der modernen Welt, Frankfurt 1972. – *D. Sölle,* Die Hinreise, Stuttgart 1975. – *E. Fromm,* Haben oder Sein, Stuttgart 1976. – *P. P. Pasolini,* Freibeuterschriften, Berlin 1978. – *Zulehner,* Leutereligion, 39–53.

84 *P. M. Zulehner* mit *J. Brandner* und *J. Fischer,* Leibhaftig glauben. Lebenskultur nach dem Evangelium, Freiburg 1983. – *J. B. Metz,* Zeit der Orden, Freiburg 1977. – *J. Bours/F. Kamphaus,* Leidenschaft für Gott, Freiburg [2]1982. – *K. H. Michel,* Zeichenhaft leben. Biblische Richtlinien zu Arbeit und Besitz, Wuppertal 1980.

85 *Zulehner,* Leuterreligion, 87–98. – *Klostermann,* Gemeinde ohne Priester, 93–104. – Brief von *C. Caretto* an die Bischöfe, zit. ebd. 98–101. – Erinnerung an eine Hoffnung. Die Synode beim Wort genommen, o. J.

86 *A. Exeler,* Die Sorge um einen dialogfähigen Glauben, in: Gemeindekatechese – Dienst am Glauben der Gemeinde durch die Gemeinde, Wien 1981, 21–28.

87 *J. Habermas,* Soziologische Notizen zum Verhältnis von Arbeit und Freizeit, in: Konkrete Vernunft, hrsg. v. *G. Funke,* Bonn 1958, 219–231.

88 Soziologie der Freizeit. Bearb. u. hrsg. v. *E. M. Wallner* und *M. Pohler-Funke.* Soziologie der Gegenwart, Bd. 4, Heidelberg 1978. – *W. Droth,* Eine individualistische Theorie des Freizeitverhaltens. Zur Anwendung des Werterwartungskonzeptes auf die Erklärung des Auftretens von Freizeitaktivitäten, Diss. Hamburg 1979. – *W. Kramer,* Freizeitgestaltung. Aufgabe der Industriegesellschaft. Beiträge zur Gesellschafts- und Bildungspolitik 11/1976, Köln. – ADAC Freizeit 2000. Eine Studie des ADAC über die Tendenzen der Freizeitentwicklung und die Notwendigkeit einer verbraucherorientierten Freizeitpolitik, Mai 1980. – *B. Badura,* Bedürfnisstruktur und politisches System. Macht, Kultur und Kommunikation in »pluralistischen« Gesellschaften, Stuttgart 1972. – *A. Mehnert,* Bedürfnisse-Manipulierung-individuelle Konsumption in der BRD (Ost-) Berlin 1973. – *D. Kramer,* Freizeit und Reproduktion der Arbeitskraft. Kleine Bibliothek, 52, Köln [2]1977. – *J. Fourastié,* Die 40000 Stunden. Aufgaben und Chancen der sozialen Evolution, Wien 1968. – *H. Kahn/A. J. Wiener,* Ihr werdet es erleben. Voraussagen der Wissenschaft bis zum Jahr 2000, Reinbek 1971. – Auf Gedeih und Verderb. Mikroelektronik und Gesellschaft. Bericht an den Club of Rome, Hrsg. v. *G. Friedrichs* u. *A. Schaff,* Wien 1982.

89 *G. Christiansen/K. D. Lehmann,* Chancenungleichheit in der Freizeit. Eine Sekundäranalyse von Umfragedaten. Schriftenreihe des Bundesministers

für Jugend, Familie und Gesundheit, Bd. 101, Stuttgart u.a. 1976. – *H. Funk/H. Lösch,* Freizeit im Alltag von Jugendlichen. Erfahrungen und Analysen. Reihe Deutsches Jugendinstitut – Analysen, Bd. 14, München 1980. – Freizeitmöglichkeiten der Bevölkerung im ländlichen Raum. Hrsg. v. *J. K. Fleischhauer.* Mitarb. *G. Ruwenstroth/E. Kuller.* Schriftenreihe des Bundesministers für Jugend, Familie und Gesundheit, Bd. 113, Stuttgart u.a. 1978. – *H. W. Opaschowski,* Probleme im Umgang mit der Freizeit, B.A.T. Schriftenreihe zur Freizeitforschung, Bd. 1, Hamburg 1980.

90 Perspektiven zur Freizeitgesellschaft (Evangelischer Arbeitskreis für Freizeit und Erholung in der EKD; ständiger Arbeitskreis Freizeit im Zentralkomitee der Deutschen Katholiken, Mai 1974); Thesen zur Freizeitpolitik (Evangelischer AK für Freizeit und Erholung in der EKD., Katholisches Auslandssekretariat 27. 6. 1977); Freizeit: Freiheit und soziale Bindung (ein Arbeitspapier der Kommission 9 »Freizeit« des Zentralkomitees der Deutschen Katholiken, 15. 10. 1977). – *Ch. Hell,* Freizeitpädagogik und Kirche. Zur Aufgabe einer Neuorientierung sozialer Institutionen in der nachindustriellen Gesellschaft. Bielefelder Hochschulschriften, Abtl. Freizeitpädagogik/Sozialpädagogik, Bd. 55, Bielefeld 1979.

91 *R. Bleistein,* Animation, Begriff-Geschichte-Praxis, in: Kirche und Freizeit-Politik, Dokumente und Meinungen, hrsg. v. *H.-G. Pust,* Düsseldorf 1979, 55–72.

92 *J. Moltmann,* Die ersten Freigelassenen der Schöpfung, München 1971. – *Ders.,* Neuer Lebensstil, München 1977, 71–95.

93 *J. B. Metz,* Unterbrechungen. Theologisch-politische Perspektiven und Profile, Gütersloh 1981. – *J. Brandner/Zulehner,* Lebe! 38–47.

94 *W. Jetter,* Symbol und Ritual. Anthropologische Elemente im Gottesdienst, Göttingen 1978. – *J. Scharfenberg/H. Kämpfer,* Mit Symbolen leben. Soziologische, psychologische und religiöse Konfliktbearbeitung, Olten 1980.

95 *W. Zauner,* Die Feier des Sonntags als Katechese für die Gesellschaft, in: Gemeindekatechese. Dienst am Glauben der Gemeinde durch die Gemeinde, hrsg. v. *J. Wiener* u.a., Wien 1982, 55–64.

96 Dazu: *P. M. Zulehner,* Kirche – Anwalt des Menschen, Wien [2]1981, 60–117.

97 *R. Bärenz,* Das Sonntagsgebot, München 1982.

98 *K. Schlemmer,* Der priesterlose Gottesdienst und seine Gestaltung, 3 Bde. Freiburg 1983ff. – *U. Ruh,* Priesterlose Sonntagsgottesdienste. Zur Diskussion über eine Folgeerscheinung des Priestermangels, in: Herder Korrespondenz 34 (1980), 203–206. – *M. Brulin,* Sonntagsgottesdienste ohne Priester in Frankreich – Ein begrenztes Feld grundsätzlicher Fragen, in: Concilium 16 (1980), 170–173. – *A. Schilson,* »Notlösungen sind oft Fehllösungen« – Zur theologischen Problematik der »Kommunionfeiern«, in: Heiliger Dienst 33 (1979), 147–174. – *Ders.,* Sonntägliche Kommunionfeiern ganzer Gemeinden, in: Theologie und Glaube 70 (1980), 117.

– *D. Eissing,* Zur Diskussion um die Gestalt sonntäglicher Gemeindegottesdienste ohne Priester, in: Theologie und Glaube 69 (1979), 203–219. – *R. Kaczynski,* Umstrittene Kommunionfeier. Zur Diskussion um den Sonntagsgottesdienst ohne Priester, in: Gottesdienst 13 (1979), 177–179. – *O. Knoch,* Von der Urkirche lernen. Über die Bedeutung der nichteucharistischen Gottesdienste, in: Gottesdienst 13 (1979), 57–59. – *F. Mußner,* Die sonntägliche Versammlung der Gemeinde zum priesterlosen Gottesdienst; in: Liturgisches Jahrbuch 29 (1979), 226–231. – *M. Klöckener,* Sonntagsgottesdienst unter der Leitung von Laien. Zur Praxis und Diskussion in Frankreich, in: Theologie und Glaube 68 (1978), 77–89. – *K. Schlemmer,* Priesterloser Gottesdienst – aber wie?, in: Liturgisches Jahrbuch 28 (1978), 31–44. – *R. Schwarzenberger,* Der priesterlose Sonntagsgottesdienst. Erfahrungen – Bedeutung – Probleme. in: Theologisch-praktische Quartalschrift 126 (1978), 138–144. – *A. Heinz,* Ersatzgottesdienste für dic Sonntagsmesse. Beispiele aus der Geschichte zu einer aktuellen Problematik, in: Trierer theologische Zeitschrift 86 (1977), 11–24. – *A. Kraxner,* Gemeinde auf sich selbst gestellt – ohne hauptamtliche Priester, in: Theologisch-praktische Quartalschrift 124 (1976), 370–376. – Dokumentation: Gemeindegottesdienst ohne Priester, in: Gottesdienst 11, (1977), 117. – *J. Schmitz,* Aktivierung der Gemeinde. Der Sachausschuß »Liturgie« im Pfarrgemeinderat, in: Gottesdienst, 11 (1977), 129–131. – *B. Kleinheyer,* Sonntagsgottesdienste ohne Priester. Zur Differenzierung von Kommunion- und Eucharistiefeier, in: Gottesdienst 11 (1977), 57–59. – *B. Frei,* Priesterloser Gottesdienst. Modelle und Anregungen, Regensburg 1976. – *M. Kratz/F. Schlösser,* Gemeinde ohne Priester. Analysen, Anregungen, Modelle. Offene Gemeinde Bd. 21, Limburg 1973. – *W. Dürig,* Sonntäglicher Gemeindegottesdienst ohne Priester, in: Heiliger Dienst 30 (1976), S. 142ff. – *H. Aufderbeck,* Sonntagsgottesdienst ohne Priester, in: *Th. Maas-Ewerd/K. Richter* (Hrsg.), Gemeinde im Herrenmahl, Freiburg 1976, 91–96. – *R. Kaczynski,* Erfahrungen mit priesterlosen Gottesdiensten, in: Gottesdienst 14 (1973), 105–107. – *Ders.,* Drei Strukturmodelle. Erfahrungen mit priesterlosen Sonntagsgottesdiensten, a. a. O., 111–112.

99 So schreibt *Tertullian:* »Wo aber kein Kollegium eingegliederter Diener vorhanden ist, mußt Du, Laie, die Eucharistie feiern und taufen; dann bist Du Dein eigener Priester, denn wo zwei oder drei versammelt sind, dort ist die Kirche, selbst wenn diese drei Laien sind.« Zit. nach *Schillebeeckx,* Amt, 88. – Ähnlich: *L. Boff,* Neuentdeckung der Kirche, Mainz 1980, 100–109.

100 *Knoch,* Der Geist Gottes, 193–225.

101 Dazu als Beispiel: Bistum Trier: Zum Sonntagsgottesdienst ohne Priester, dokumentiert in: Pastoralblatt 34 (1982) 283–285. – *G. Moser,* Sonntagsgottesdienst – auch wenn kein Priester da ist (Hirtenwort), in: Kirchl. Amtsblatt für die Diözese Rottenburg 17/1977, 181f.

102 *Brandner/Zulehner,* Lebe!, 33.

103 *K. Schlemmer,* Gottesdiensthelfer, Würzburg 1979. – *H. J. Willen,* Gottesdiensthelfer, in: Liturgisches Jahrbuch 30 (1980), 114–119. – *W. Blasig* (Hrsg.) Praktikum für Gottesdiensthelfer. Aktivierung der Laien in der Kirche, München 1974. – *H. Hucke* u. *H. Rennings,* Die gottesdienstlichen Versammlungen der Gemeinde. Handreichung für den pastoralen Dienst, Mainz 1973.

104 Fundiert ist die Ausbildung von Gottesdiensthelfern an der Domschule Würzburg. Auch Fulda und Augsburg haben Modelle entwickelt. Dazu: *K. Schlemmer,* Die Leitung des priesterlosen Gottesdienstes, in: Anzeiger für die Seelsorge 1/1981.

105 *K. Rahner,* Strukturwandel der Kirche als Aufgabe und Chance, Freiburg 1972, 38–41. – *P. M. Zulehner,* Ungleichzeitigkeit des Wandels. Pastoral im Übergang, in: Katechetische Blätter 105 (1980), 7–10.

106 *P. M. Zulehner,* Wie kommen Menschen zum Glauben?, in: Pastoralblatt 34 (1982), 226–234.

107 *P. M. Zulehner,* Religion nach Wahl, Wien 1974. – *Ders.,* Kirche – Anwalt des Menschen, 60–117. – *Ders.,* »Auswählendes Gespräch« zwischen den Menschen und ihrer Kirche, in: Signum 51 (1979), 2–5, 37–42, 104–110; 52 (1980), 10–12. – *Ders.,* Auswahlchristen, in: Volkskirche – Gemeindekirche – Parakirche, Zürich 1981, 109–137.

108 *D. Sölle,* Die Hinreise, Stuttgart 1975. – *Dies.,* Wählt das Leben! Stuttgart 1980. – *Dies.,* »Du sollst keine anderen Jeans haben neben mir«, in: Stichworte zur »Geistigen Situation der Zeit«, hrsg. v. *J. Habermas,* Frankfurt 1979, 541–553.

109 *J. B. Metz,* Messianische oder bürgerliche Religion, in: *Ders.,* Jenseits bürgerlicher Religion, 9–28.

110 *H. Lefebvre,* Das Alltagsleben in der modernen Welt, Frankfurt 1972.

111 *R. Oltmanns,* Du hast keine Chance, also nütze sie! Eine Jugend steigt aus, Reinbek 1980.

112 *J. B. Metz,* Produktive Ungleichzeitigkeit, in: Stichworte, 529–538.

113 *L. Kaufmann,* Johannes XXIII. Nachfolge statt Nachahmung. Zum Erfahrungshintergrund der Eröffnungsansprache, in: Orientierung 46 (1982), 209f.

114 Das Lernen des Seelsorgers. Identität – Zielsetzung – Handeln im pastoralen Dienst, hrsg. v. *W. Bruners* u. a. Mainz 1982. – *P. M. Zulehner,* Berufseinführung: neue Aufgabe für eine Universität, in: Tradition und Entwicklung, hrsg. v. *K.-H. Pollok,* Passau, 1981, 103–114. – *H. Stenger,* Die Sorge um die Kompetenz des Priesters, in: Lebendige Seelsorge 33 (1982), 170–177.

115 *I. Adam/E. R. Schmidt,* Gemeindeberatung, Gelnhausen 1977. – *H. Andriessen,* Pastorale Supervision, Mainz 1978.